Les Parrott

Einfach nervig!

Vom Umgang mit anstrengenden Mitmenschen

LES PARROTT

EINFACH NERVIG!

Vom Umgang mit anstrengenden Mitmenschen

SCHULTE & GERTH

Die amerikanische Originalausgabe erschien
im Verlag Tyndale House Publishers, Wheaton, Illinois,
unter dem Titel „High Maintenance Relationships"
© 1996 by Les Parrott
© der deutschen Ausgabe 1997 Verlag Klaus Gerth, Asslar
Aus dem Amerikanischen übersetzt von Marita Wilczek

Bestell-Nr. 815 507
ISBN 3-89437-507-8
1. Auflage 1997
Umschlaggestaltung: Michael Wenserit
Titelillustration: Detlef Mueller
Satz: Die Feder GmbH, Wetzlar
Druck und Verarbeitung: Ebner Ulm
Printed in Germany

Inhalt

Stecken Sie in Beziehungen, die Ihre ganze Kraft kosten?

Wenn es Ihnen so geht wie mir, hätten Sie eigentlich nie gedacht, daß Beziehungspflege harte Arbeit sein könnte. Als Kind wäre mir nie in den Sinn gekommen, an irgendeiner meiner Freundschaften zu „arbeiten". Sie funktionierten einfach. Und wenn sie es aus irgendeinem Grund nicht taten, dann wechselte ich sie eben. Ohne viel Federlesens und ohne großes Bedauern.

> *„Verärgerung im Herzen des Gläubigen stellt immer eine Einladung an den Teufel dar, sich bereitzuhalten."*
> Eleanor Doan

Aber irgendwann fand ich mich schließlich auf dem Feld reiferer Beziehungen wieder, und die Sache wurde wesentlich komplizierter. Ich machte die Erfahrung, daß einige Menschen es mir schwer, wenn nicht sogar unmöglich machten, mit ihnen auszukommen. Vertraute Freunde konnten mir in den Rücken fallen. Autoritätspersonen, zu denen ich bewundernd aufgeschaut hatte, konnten mich rücksichtslos abfertigen. Die ständige Kritik eines Kollegen konnte mich mürbe machen. Doch ebenso lernte ich, nicht gleich jede Beziehung, die irgendeinen Haken hatte, über Bord zu werfen, wenn ich nicht als Einsiedler leben wollte.

Die Versuchung, vor schwierigen Beziehungen davonzulaufen, besteht auch heute noch. Wenn „unmögliche" Leute mir zu schaffen machen, wünschte ich manchmal, ich wäre Robinson Crusoe. Allein auf einer einsamen Insel zu leben – weit weg von allen schwierigen Menschen – das wäre das Paradies. Doch was Defoe Robinson Crusoe in den Mund legt, holt mich wieder in die Realität zurück. „Auch wenn mir die Mannschaft nicht gefällt", schrieb er, „werde ich das Schiff nicht versenken. Ja, ich werde bei Stürmen sogar mein Bestes tun, es zu retten." Sehen Sie, wir sitzen alle im selben Boot und müssen gemeinsam entweder sinken oder schwimmen. Das ist der Haken bei schwierigen Menschen – wir sinken oder schwimmen tatsächlich gemeinsam.

> *„Soweit es euch möglich ist, haltet mit allen Menschen Frieden!"*
> Römer 12,18

Unmöglichen Leuten begegnen wir täglich in unseren Familien, in der Nachbarschaft, in Gemeinden, am Arbeitsplatz. Als Angestellte gefragt wurden: „Was ärgert Sie an Ihrem Arbeitsplatz am meisten?", richteten sich die meisten Klagen gegen Kollegen. Berufliche Zufriedenheit hängt offensichtlich stärker von unseren Beziehungen als vom Einkommen ab. Beziehungen entscheiden darüber, ob die Arbeit uns Spaß macht oder ob uns vor ihr graut.[1]

Funktionierende Beziehungen sind jedoch nicht nur im Berufsleben von großer Bedeutung. Ein Forschungsteam beschäftigte sich mit der uralten Frage, was Menschen im allgemeinen glücklich macht und stieß auf überraschende Antworten. Spitzenreiter ihrer Wunschliste waren weder Erfolg noch gutes Aussehen, noch sonstige derart beneidenswerte Extras, sondern eindeutig Beziehungen. Und zwar enge Beziehungen.[2]

Was mich wieder auf den Punkt bringt: Wenn Beziehungen so viel zu unserem Glück beitragen, warum machen so viele unserer Beziehungen uns das Leben dann so schwer? Und noch wichtiger: Was können wir tun, um die Nerven nicht zu verlieren, den Überblick zu behalten und positive Lösungen zu entwickeln, wenn wir mit „unmöglichen" Leuten konfrontiert werden und sehen müssen, wie wir mit ihnen klarkommen? Dieses Buch ist meine Antwort auf diese Frage.

Menschen, die meckern, murren und Magengeschwüre verursachen

Vor etwa vierzig Jahren beauftragte die amerikanische Marine einen Mann namens William Schutz mit der Entwick-

lung einer Methode, wie sich geeignete Besatzungsmann-
schaften für U-Boote zusammenstellen lassen – Gruppen
von Männern, die über längere Zeiträume hinweg ohne
größere Konflikte Seite an Seite zusammenleben können.
Schutz gelangte (wenig überraschend) zu dem Schluß, daß
vor allem eine „entsprechende Veranlagung" darüber bestimmt, ob Menschen sich verstehen. Menschen kommen
mit anderen Worten dann gut miteinander aus, wenn sie
sich nicht besonders darum bemühen müssen. Eine solche
Beziehung erfordert nicht viel Arbeit.

Ich hoffe, daß Sie einige arbeitsextensive Beziehungen haben – Menschen, mit denen Sie sich ganz von selbst gut verstehen. Gewiß mag es da einige gelegentliche Turbulenzen
geben, aber die gehen auch wieder vorüber, und die Beziehung bleibt intakt. Wenn es Ihnen
jedoch so geht wie den meisten
Menschen, dann haben Sie auch so
manche Beziehung, die nicht ganz
so glatt verläuft. Das sind eben
Beziehungen mit „unmöglichen"
Leuten, die meckern, murren und
Magengeschwüre verursachen. Sie
zeigen Ihnen die kalte Schulter, ver-

> *„Wir alle – jeder
> einzelne von uns – sind
> Engel mit nur einem
> Flügel. Und wir können
> nur fliegen, wenn wir es
> Arm in Arm tun."*
> Luciano de Crescenzo

breiten Gerüchte, schäumen vor Neid, spielen das ewige
Opfer oder trampeln auf Ihren Gefühlen herum. In einigen
Fällen handelt es sich auch um Personen, die Sie einfach
nicht ausstehen können. Kurz gesagt: solche Beziehungen
erfordern enormen Einsatz. Es sind Ihre arbeitsintensiven
Beziehungen.

Als meine Frau Leslie und ich vor einigen Jahren nach
Seattle zogen, wohnten wir zuerst in einem Apartment mit
Tiefgarage. Einer unserer Nachbarn war als Geschäftsmann
ständig auf Achse. Obwohl sein Parkplatz sich direkt neben
unserem befand, wußten wir lange nicht, was für ein Auto
er fuhr – es steckte unter einer Abdeckplane. Jedesmal,
wenn John den Wagen einparkte, breitete er die Plane über

die Karosserie, um den Lack zu schützen. Eines Morgens, als ich gerade mein Auto abstellte, entdeckte ich, was John da versteckt hatte. Er stand neben seinem Auto, die Plane in der Hand. Es war ein silberner Jaguar XJ – glänzend wie ein funkelnagelneuer Silberdollar.

„Wow!" pfiff ich, als ich das Fenster herunterkurbelte und meinen Wagen einparkte. „Kein Wunder, daß Sie diesen Schlitten so gut pflegen", rief ich aus.

„Tja, also, ich will ihn loswerden", erwiderte John mit geringschätzig heruntergezogenen Mundwinkeln.

„Aber warum?"

„Der Wagen ist viel zu empfindlich; allein für die Instandhaltung geht meine ganze Freizeit drauf."

Dasselbe gilt auch für arbeitsintensive Beziehungen. Wie ein Auto, das ständige Wartung verlangt, zehren sie an unserer Energie, nehmen unsere Zeit in Anspruch und verursachen jede Menge unnötiges Theater. Unmögliche Leute machen uns das Leben schwerer als nötig. Und arbeitsintensive Beziehungen scheinen – wie Johns Jaguar – manchmal mehr Mühe zu machen, als sie es wert sind.

Bevor Sie allerdings den Schluß ziehen, dieses Buch wolle Ihnen jede Beziehung zu unmöglichen Leuten ausreden, denken Sie noch einmal darüber nach. Nachdem ich Bibliotheken durchforstet, Klienten zugehört, Dutzende von Fällen ausgewertet und bewährte Prinzipien in meinem eigenen Leben praktiziert habe, bin ich zu der Überzeugung gelangt, daß sich mit den richtigen Mitteln auch die schwierigsten und aufwendigsten Beziehungen wesentlich verbessern lassen. In vielen Fällen können Sie Ihre arbeitsintensiven Beziehungen besser gestalten, als Sie sich je hätten vorstellen können.

In der Bibel steht: „Soweit es euch möglich ist, haltet mit allen Menschen Frieden!" (Römer 12,18). Die Mühe, die Sie aufwenden, um eine schwierige Beziehung zu verbessern, wird fast immer mit neuer Kraft und Motivation belohnt. Außerdem zahlt sie sich durch weniger Sorgen, klarere Gedanken, positivere Aussichten, ein stärkeres Gefühl der Effektivität und bessere Gesundheit aus. Der eigentliche Nutzen liegt in der Tatsache, daß verbesserte Beziehungen Ihnen das Leben wesentlich erleichtern.

Wenn Ihr Leben frei ist von klettenhaften Freunden, aggressiven Angestellten, heuchlerischen Kollegen, aufdringlichen Verwandten, unentschlossenen Mitarbeitern, gefühllosen Chefs oder sonstigen Individuen, die sich unter dem Stichwort „schwieriger Charakter" zusammenfassen lassen, dann brauchen Sie nicht weiterzulesen. Schätzen Sie sich glücklich; Sie sind ein extremer Sonderfall. Aber wenn Sie mit schwierigen Leuten zu tun haben, sollten Sie weiterlesen.

Beginnen wir damit, einmal Ihre eigene Situation auszuwerten. Wie sehr belasten die Spannungen in Ihren Beziehungen Sie eigentlich? Welche Nebeneffekte werden durch solche arbeitsintensiven Beziehungen hervorgerufen?

Der folgende Test kann Ihnen helfen herauszufinden, ob einige Ihrer Beziehungen Ihr körperliches und emotionales Gleichgewicht beeinträchtigen.

Test: Wie sehr belasten Sie Ihre Beziehungen?

Wenn Sie folgende Fragen für sich auswerten, können Sie besser einschätzen, ob Sie in schwierigen, arbeitsintensiven Beziehungen stehen, die Sie belasten. Beantworten Sie jede Frage sorgfältig und ehrlich.

J   N   Fühlen Sie sich unbehaglich, wenn eine bestimmte Person angerufen und um Ihren Rückruf gebeten hat?

J   N   Hatten Sie in letzter Zeit mit einer Beziehung zu tun, die Ihren Enthusiasmus dämpft und an Ihren Kräften zehrt?

J N Scheuen Sie sich manchmal davor, eine bestimmte Person zu sehen oder mit ihr reden zu müssen?

J N Gibt es eine Beziehung, in der Sie ständig mehr geben, als Sie zurückbekommen?

J N Beginnen Sie nach einem Gespräch mit der betreffenden Person, an Ihren Fähigkeiten zu zweifeln?

J N Werden Sie in Gegenwart dieses Menschen selbstkritischer?

J N Sind Sie in Ihrer Kreativität blockiert oder wird die Klarheit Ihres Denkens getrübt, weil Sie sich mit einer schwierigen Person auseinandersetzen müssen und keine Aussicht auf eine Änderung besteht?

J N Versuchen Sie nach einem Kontakt mit dem betreffenden Menschen, die Fassung wiederzugewinnen, indem Sie mehr essen, an Ihren Nägeln kauen oder sich andere ungesunde Gewohnheiten zulegen?

J N Führen Sie in Gedanken gelegentlich Gespräche oder Diskussionen mit dieser Person, in denen Sie sich verteidigen oder Ihre Sicht des Problems zu erklären versuchen?

J N Sind Sie anfälliger für Erkältungen, Magenprobleme oder Verspannungen geworden, seit Sie mit diesem Menschen zu tun haben?

J N Sind Sie verärgert, daß diese Person andere Menschen besser zu behandeln scheint als Sie?

J N Fragen Sie sich manchmal, warum diese Person Sie zur Zielscheibe ihrer Kritik macht, es aber selten anerkennt, wenn Sie etwas gut gemacht haben?

J N Haben Sie aufgrund des Konflikts mit dieser schwierigen Person schon einmal daran gedacht, die Arbeitsstelle zu wechseln?

J N Haben Sie bemerkt, daß Sie bei Menschen, die Sie lieben, gereizter oder ungeduldiger reagieren, weil Sie die Frustration über den Kontakt mit dieser schwierigen Person noch mit sich herumtragen?

J N Fühlen Sie sich entmutigt, weil diese schwierige Beziehung Sie immer noch auslaugt, obwohl Sie sich bemüht haben, sie zu verbessern?

Auswertung: Addieren Sie alle Fragen, die Sie mit Ja beantwortet haben. Wenn es zehn oder mehr sind, können Sie sicher sein, daß Sie mit arbeitsintensiven und belastenden Beziehungen zu tun haben.

Identifizieren Sie Ihre „unmöglichen Beziehungen"

Jeder bedeutet für irgendeinen anderen Menschen manchmal einen Streßfaktor. Aber selten stellt jemand ständig für alle anderen eine Belastung dar. Denken Sie einmal darüber nach. Natürlich kennt jeder von uns ein oder zwei Menschen, die anderen das Leben schwerzumachen scheinen, aber solche Leute sind doch eher die Ausnahme.

Eine einfache Faustregel erinnert uns deshalb daran, daß die Schwierigkeiten, die Sie mit den meisten unmöglichen Leuten erleben, nicht in der Person selbst liegen, sondern in Ihrer Beziehung zu dieser Person. Schließlich kann ein Mensch, den Sie sehr mögen, gut mit einer Person zurechtkommen, der Sie am liebsten aus dem Weg gehen.

Meine Frau und ich haben einen gemeinsamen Bekannten, der meiner Meinung nach völlig unsensibel im Umgang mit Menschen ist. Leslie ist da anderer Ansicht. Sie kommt prima mit ihm klar. Unmöglichkeit liegt – wie Schönheit – nun einmal im Auge des Betrachters.

Als ich beschloß, dieses Buch zu schreiben, wußte ich sofort, welche Art von Menschen mir auf die Nerven geht und es „verdient" hätte, in einem Kapitel behandelt zu werden (meistens, weil sie mich an häßliche Charakterzüge erinnern, die ich selbst besitze!). Da mir jedoch bewußt war, daß ich kein Monopol auf unmögliche Leute besitze, befragte ich mehr als hundert Personen über die Art von Leuten, die ihnen besonders zu schaffen machen. Ich präsentierte ihnen eine Liste mit zwei Dutzend arbeitsintensiven Beziehungen und bat sie, ihre fünf Spitzenreiter anzukreuzen.

> *„Gebt, dann wird auch euch gegeben werden. In reichem, vollem, gehäuftem, überfließendem Maß wird man euch beschenken; denn nach dem Maß, mit dem ihr meßt und zuteilt, wird auch euch zugeteilt werden."*
> Lukas 6,38

Hier sind die Ergebnisse dieser Umfrage: Die häufigsten Beschwerden über schwierige Beziehungen beziehen sich auf Personen, die überkritisch sind und ständig nörgeln („Der Kritiker"). Als nächstes folgen Leute, die in Selbstmitleid schwelgen und immer das Opfer spielen („Der Märtyrer"). An dritter Stelle stehen Menschen, die von vornherein immer negativ und pessimistisch eingestellt sind („Der Miesmacher"). Auf Rang vier folgen Leute, die stur und unsensibel für andere sind („Die Dampfwalze"). Zu den häu-

14

figsten Beschwerden gehörten fünftens auch solche über Personen, die Gerüchte verbreiten und Geheimnisse durchsickern lassen („Die Plaudertasche").

Unter den zwei Dutzend schwierigen Beziehungen auf meiner Liste gab es jedoch noch mehr als diese fünf, die auffallend oft angekreuzt wurden.[3] Fünfzehn Prototypen schwieriger Menschen kristallisierten sich heraus. Die Typenbezeichnungen, die ich für solche Leute gewählt habe, dienen als griffige Kurzform, dürfen aber nicht als Karikatur mißverstanden werden. Es handelt sich um reale Beziehungen aus dem wirklichen Leben; natürlich sind die meisten Menschen nicht so oder so in Reinkultur, aber zur Verdeutlichung ist es nötig, sie zugespitzt darzustellen.

Wenn Sie dies berücksichtigen, welche der folgenden Typen erinnern Sie dann an Personen, die Sie kennen? Lesen Sie die folgenden kurzen Beschreibungen, und kreuzen Sie fünf Beziehungen an, die besonders viel Kraft kosten und in die Sie am meisten investieren müssen (die Person, die Sie am stärksten belastet und bei der Ihnen am meisten daran gelegen wäre, zu wissen, wie Sie mit ihr umgehen sollten, erhält eine „1").

Der Kritiker: hat an allem etwas auszusetzen und erteilt unerwünschte Ratschläge

Der Märtyrer: fühlt sich ewig als Opfer und schwelgt in Selbstmitleid

Der Miesmacher: pessimistisch und aus Prinzip negativ eingestellt

Die Dampfwalze: stur, rücksichtslos und unsensibel für andere

Die Plaudertasche: klatscht und tratscht, verbreitet Gerüchte und läßt Geheimnisse durchsickern

Der Kontrolletti: unfähig loszulassen; manipuliert und lähmt andere

Der Verräter: zeigt nie sein wahres Gesicht, intrigiert und fällt anderen in den Rücken

Die kalte Schulter: unnahbar, unpersönlich und kühl

Der Neidhammel: mißgönnt allen alles und will ständig „haben"

Der Vulkan: steht ständig unter Hochdruck und kann jeden Moment explodieren

Der Schwamm: braucht ständig Hilfe, gibt aber nie etwas zurück

Der Wettkämpfer: führt über jede Kleinigkeit Buch, steht ständig zu allen in Konkurrenz

Das Arbeitstier: macht immer Dampf, „malocht" ununterbrochen und ist nie zufrieden

Die Flirtnudel: kokettiert und spielt mit dem Feuer; macht Annäherungsversuche, die an Belästigung grenzen können

Das Chamäleon: hängt sein Fähnchen nach dem Wind, will es allen recht machen und vermeidet Konflikte

Jeder dieser fünfzehn anstrengenden Menschentypen steht im Mittelpunkt eines eigenen Kapitels. Vermutlich werden Sie zuerst diejenigen Kapitel lesen wollen, die sich mit Ihren fünf ganz persönlichen Problemfällen beschäftigen, bevor Sie andere erkunden. Fühlen Sie sich frei, das zu tun. Jedes dieser fünfzehn Kapitel wurde so konzipiert, daß es unabhängig von den anderen gelesen werden kann, und vermittelt spezielle Strategien für das entsprechende Beziehungsproblem.

Bevor Sie loslegen, möchte ich allerdings noch etwas klarstellen. Es geht in diesem Buch nicht so sehr darum, andere Menschen zu verändern, sondern vielmehr darum, Ihr eigenes Verhalten gegenüber diesen Menschen zu ändern. Ich möchte Ihnen helfen, Fähigkeiten zu entwickeln, die es Ihnen ermöglichen, bessere Beziehungen aufzubauen. Meinen

College-Studenten sage ich oft, daß zwischenmenschliche Beziehungen eine Charakterschule darstellen, die uns die einmalige Gelegenheit bietet, Persönlichkeiten und Temperamente zu studieren, die sich von unserem eigenen unterscheiden. Ein wesentlicher Schritt in der Annäherung an andersartige Menschen besteht darin, die Möglichkeiten und Grenzen des anderen zu erforschen und dann mit diesen Gegebenheiten Frieden zu schließen.

Alle Vorteile ausschöpfen

Sie brauchen Ihr Leben nicht von Menschen mit schwierigen Persönlichkeitsstrukturen beherrschen zu lassen! Und glauben Sie nur nicht, ein schneller Ausstieg aus dieser Beziehung wäre Ihre einzige Alternative. Dieses Buch wird Ihnen einen anderen Weg aufzeigen.

Jedes der fünfzehn Kapitel über eine spezielle arbeitsintensive Beziehung ist ähnlich aufgebaut. Nach einigen einleitenden Bemerkungen werden die charakteristischen Merkmale der betreffenden Beziehungsschwierigkeit skizziert.

> *„Wir müssen als die Starken die Schwäche derer tragen, die schwach sind, und dürfen nicht für uns selbst leben."*
> Römer 15,1

Danach folgt ein kurzer Test, der Ihnen hilft festzustellen, ob Sie mit irgendeinem Menschen in einer solchen Beziehung stehen.

Anschließend erkläre ich, welche Dynamik dem Verhalten dieser Person zugrunde liegt. Wer von uns würde nicht gern begreifen, warum ein Mensch ein störendes Verhalten an den Tag legt? Was löst die ärgerlichen Verhaltensweisen des Verräters, des Chamäleons, der Plaudertasche oder des Vulkans aus? Welche Hintergründe, Einstellungen und Beweggründe können sein bzw. ihr Verhalten erklären?

In jedem Kapitel folgt dann ein Abschnitt mit praktischen Hinweisen für den konstruktiven Umgang mit solchen Verhaltensweisen. Dabei werden Sie übrigens fast jedesmal herausgefordert, einige Merkmale der schwierigen Persönlichkeitsstruktur auch in sich selbst zu entdecken. Dieser erste Schritt ist wichtig, weil Sie mehr Geduld mit anderen haben, wenn Sie einige ihrer Schwächen in sich selbst erkennen. Außerdem werden Sie dann mehr Einfühlungsvermögen besitzen und eher in der Lage sein, andere so zu behandeln, wie Sie auch von ihnen behandelt werden wollen.

Jedes Kapitel schließt mit Querverweisen auf verwandte Problemtypen, die in diesem Buch erörtert werden. Da diese Charakterprofile nie in Reinform auftreten, helfen Ihnen diese Querverweise, andere hilfreiche Strategien zu prüfen, die Ihnen bei einer bestimmten Person mit ihren individuellen Beziehungsschwierigkeiten helfen können.

DER KRITIKER:

hat an allem etwas auszusetzen und erteilt unerwünschte Ratschläge

Letzten Montag platzte ich unangemeldet ins Büro unseres Pastors. Mark saß zurückgelehnt in seinem Stuhl, mit den Füßen auf dem Schreibtisch und einigen Blättern Papier in der Hand.

„Habe ich einen ungünstigen Zeitpunkt erwischt?" fragte ich, als ich den Kopf zur Tür hereinsteckte.

„Absolut nicht", erwiderte er. „Kommen Sie nur herein. Sonntags kriege ich immer eine Reihe anonymer Mitteilungen von Leuten, die mir Ratschläge erteilen wollen, und ich bin gerade dabei, sie durchzugehen."

„Na, das ist sicher ein Segen", bemerkte ich sarkastisch. Wir mußten lachen, als er einige anonyme Zuschriften vorlas, in denen Leute sich über alles und jedes beschwerten, von der Beleuchtung und Temperatur im Gottesdienstraum angefangen bis zum Tempo der Musik und dem Thema der Predigt. Es scheint, als hätten gewisse Leute den Hang, auf jede Kleinigkeit kritisch zu reagieren und zu allem und jedem ihren Senf dazuzugeben.

Bei der Umfrage, die im letzten Kapitel erwähnt wurde, stellte sich heraus, daß die meisten Befragten die größten Beziehungsprobleme mit kritischen Menschen hatten. Gewiß kennen Sie solche Typen. Es sind die selbsternannten Nervensägen, die Sie von Kopf bis Fuß abschätzen und Sie für zu konservativ, zu liberal, zu leichtfertig oder zu ernsthaft befinden. Es sind die Chefs, Kollegen, Geschäftspartner, Bekannten, Freunde oder Angehörigen, die in jeder Suppe ein Haar finden; sie hinterfragen ungebeten Ihre Entscheidungen und sind stolz darauf, Ihre Fehler beim Namen zu nennen. Der Tonfall ihrer Stimme verrät tiefe Enttäuschung über Ihre fehlgeleiteten Bestrebungen. Und ohne auch nur einen Finger zu rühren, können solche Leute jede Ihrer Ideen abschießen und in Grund und Boden stampfen. Sie haben einen wunderbaren Plan für Ihr Leben und können Ihnen diesen Plan auch in allen Einzelheiten erläutern. Fragen Sie sie nur. Aber nein, eigentlich brauchen Sie nur abzuwarten und zuzuhören. Sie werden es Ihnen sowieso sagen. Es sind eben Kritiker.

„Dieser Junge wird es zu nichts bringen."
Jakob Freud über seinen Sohn Sigmund

Ich habe immer gern Biographien über erfolgreiche Menschen und die Schwierigkeiten gelesen, die sie überwinden mußten, bevor sie ihre Ziele verwirklichen konnten. Erfolgreiche Menschen bekommen es unweigerlich mit Kritikern zu tun, oft gleich scharenweise.

Der Manager Jim Denney feuerte Elvis Presley 1954 und erklärte: „Du wirst es hier zu nichts bringen, Kleiner. Besser, du fährst wieder deine Brummis." Der Geschäftsführer der Plattenfirma Decca Records äußerte sich 1962 über die Beatles: „Ihr Sound gefällt uns nicht. Gitarrenbands sind sowieso bald out." Alan Livington, der Geschäftsführer der Capitol Records, sagte 1964 zu Beginn der Beatles-Tour in den Vereinigten Staaten: „Wir glauben, daß sie auf dem amerikanischen Markt keinen Erfolg haben werden."

Hätten Sie gedacht, daß Walt Disney mit Kritik bombardiert wurde? Er war pleite, als er mit seiner Cartoon-Idee für Micky Maus, der damals noch „Steamboat Willie" hieß, nach Hollywood ging. Können Sie sich die Reaktionen vorstellen, als er in der Zeit des Stummfilms eine sprechende Maus mit Fistelstimme zu verkaufen versuchte? Disney hatte große Träume, die er trotz aller Kritiker verwirklichte, zur Freude vieler Kinder in aller Welt. Leute aus seiner engeren Umgebung glauben sogar, daß Kritik Disney erst recht anspornte. Man sagt, daß er zehn Leute zu fragen pflegte, was sie von einer Idee hielten; und wenn sie sie einmütig ablehnten, machte er sich sofort an die Arbeit.

Was immer Sie auch empfinden, wenn Sie kritisiert werden

– erwarten Sie nicht, von Kritik verschont zu bleiben! Egal, wie hart Sie arbeiten, wie großartig Ihre Ideen sind oder wie begabt Sie auch sein mögen: Sie werden mit hoher Wahrscheinlichkeit immer wieder zur Zielscheibe der Kritik werden. Daran kommt keiner vorbei. Selbst die vollkommenen Beweggründe Jesu wurden oft mißverstanden und zogen üble Kritik nach sich. Ich habe einmal alle vier Evangelien durchgelesen und jede Kritik aufgelistet, die gegen unseren Erlöser vorgebracht wurde. Man nannte Jesus einen Fresser (Matthäus 11,19; Lukas 7,34). Man beschimpfte ihn als Säufer (Matthäus 11,19; Lukas 7,34). Man kritisierte Jesus, weil er sich mit Sündern abgab (Matthäus 9,11; Markus 2,16; Lukas 5,30). Das schlimmste war, daß man Ihn Samariter nannte, eine der schärfsten Verleumdungen jener Zeit (Johannes 8,48). Eine derartige Beschimpfung bedeutete soviel, als hätte man Jesus des Hochverrats bezichtigt.

> *„Mir macht es allerdings nichts aus, wenn ihr oder ein menschliches Gericht mich zur Verantwortung zieht; ich urteile auch nicht über mich selbst."*
> 1. Korinther 4,3

Vielleicht sehen Sie sich am Arbeitsplatz mit Kritikern konfrontiert, vielleicht in der Gemeinde oder auch zu Hause, aber Sie können sicher sein, daß solche schwierigen Leute überall zu finden sind. Solange Sie kein Filmstar sind, können Sie sich zumindest damit trösten, daß Sie die Ansichten Ihrer Kritiker nicht in der Tageszeitung wiederfinden müssen. Sie brauchen nichts weiter zu tun, als einige bewährte Prinzipien anzuwenden, um mit chronischen Kritikern fertig zu werden.

Die Anatomie eines Kritikers

Kritiker finden das Haar in jeder Suppe. Sie mögen den Eindruck haben, daß die Dinge sich doch insgesamt ganz positiv entwickeln, aber ein Kritiker spürt immer einen Fehler auf. Dieser Spürsinn ist ihm angeboren, obwohl er noch

21

weitere Markenzeichen aufweist: er ist perfektionistisch, ruhelos, herrisch, abschätzend, machthungrig, arrogant, ermüdend, pedantisch und kleinlich.

Perfektionistisch

„Ich bin mit dem perfekten Mann verheiratet", sagte Claire. „Das Problem ist nur, daß er auch von mir erwartet, perfekt zu sein. Und das bin ich nicht. Nach dreiundzwanzig Ehejahren weiß ich wirklich nicht, ob ich diese ständige Nörgelei und Ablehnung noch länger ertragen kann."

> *„Die Stärke der Kritik liegt in der Schwäche der Sache, die kritisiert wird."*
> Henry Wadsworth Longfellow

Leider wirken sich die perfektionistischen Tendenzen des Kritikers auf fast alle seine Beziehungen aus, und seine hohen Maßstäbe sind der sicherste Weg, alles zu ruinieren. Schon der winzigste Patzer – ein Fleck auf dem Hemd, ein nachlässig gedeckter Tisch, anders angeordnete Möbel – kann eine regelrechte Schimpfkanonade auslösen.

Ruhelos

Überraschenderweise gehen Kritiker gewöhnlich auch mit sich selbst hart ins Gericht. Sie kritisieren ihre eigenen Leistungen genausosehr wie die aller anderen, und deshalb gehen sie in ihrem Tatendrang oft zu weit. Sie wollen, daß die Dinge auf ihre Art und Weise erledigt werden, und mischen sich in vielen Situationen ein, um dafür zu sorgen, daß alles richtig gemacht wird. Sie hetzen und piesacken andere. Kritiker kommen scheinbar nie zur Ruhe.

Herrisch

„Meine Mutter glaubt besser zu wissen als ich, wie man meine Kinder erzieht", stöhnte eine frustrierte dreifache

Mutter. „Sie sagt nicht einfach nur ihre Meinung, sondern erwartet, daß ich ihren Rat befolge. Punkt. Aus."

Wie die Mutter dieser Frau bringen viele Kritiker ihre Mißbilligung mehr als deutlich zum Ausdruck und sind nicht nur übermäßig kritisch, sondern mischen sich auch ungefragt überall ein und kommandieren andere herum.

Abschätzig

„Mein Mann kann anscheinend nicht anders, als mich ständig zu kritisieren", klagte eine Frau. „Wenn es nicht das Essen ist – zu jedem vernünftigen Gericht gehören seiner Meinung nach zwei Sorten Gemüse –, dann ist es die Tatsache, daß unsere Kinder später ins Bett gehen, als er es für richtig hält. Er gibt mir das Gefühl, eine schlechte Mutter zu sein."

Das haben Kritiker so an sich. Sie sitzen auf ihrem selbstgezimmerten Thron, erlassen Gesetze und verkünden Urteilssprüche.

Machthungrig

Da gibt es irgend etwas in der Art, wie Kritiker erklären: „Ich habe recht, und du tust gut daran, auf mich zu hören", das sogar die selbstsichersten Menschen in tiefe Zweifel stürzen kann. Keine Frage: Kritiker beziehen aus ihrer Art Macht. In seinem Buch „Control Theory" (Kontrolltheorie) schreibt der Psychologe William Glasser: „Nichts, womit wir konfrontiert werden, läßt uns schneller und stärker die Kontrolle verlieren, als kritisiert zu werden. Und ebenso fällt es uns nie so schwer, die Kontrolle wiederzugewinnen, wie dann, wenn wir kritisiert werden."[1]

Als das Radio erfunden wurde, gaben Experten diesem Medium keine Zukunft.

Kritiker wissen das intuitiv und nutzen jede Gelegenheit, um in anderen Leuten Zweifel zu wecken, indem sie sich den Anschein der Überlegenheit geben.

Arrogant

Viele Kritiker sind allzusehr von ihrer eigenen Wichtigkeit überzeugt. Sie spielen sich immer als Experten auf. „Ich hoffe, Sie haben nicht etwa vor, das hierhin zu setzen", erklären sie schnippisch. „Sie haben doch wohl nicht gedacht, daß ich das übersehen würde."

Kritiker stellen selten Fragen. Statt dessen tun sie so, als seien sie allwissende Fachleute, die sich auf fast jedem Gebiet auskennen.

Ermüdend

„Mein Chef ist unglaublich kleinlich. Wenn etwas schiefläuft, dann muß immer irgendeiner etwas falsch gemacht haben – und das bin normalerweise ich. Er nennt das ‚konstruktive Kritik' und behauptet, ich sei überempfindlich. Aber seine Art zermürbt mich. Abends komme ich immer ganz erschöpft und frustriert nach Hause."

Wenn Sie sich mit dieser Aussage identifizieren können, dann wissen Sie, wie es ist, wenn man mit Kritikern zu tun hat. Sie rauben einem mit ihrer Nörgelei alle Kraft und machen einen mürbe.

Pedantisch

Kritiker sind die geborenen Lehrmeister. Sie präsentieren ihr Wissen gern vor anderen und konzentrieren sich auf triviale Einzelheiten.

„Moment mal", pflegen sie zu unterbrechen, „weißt du nicht mehr, was passiert, wenn man zu dieser Zeit in die Innenstadt will?"

Kritiker haben eine Art, Ihnen das Gefühl zu vermitteln, Sie seien wieder ein Erstklässler, dem Betragensnoten erteilt werden.

Kleinlich

Autohändler in Amerika stöhnen über sogenannte „Wheel-kickers". Das sind die Leute, die sich nie zu einem Kauf durchringen können, weil sie immer irgend etwas auszusetzen haben. Sie hören sich den Motor an und registrieren ein Klopfgeräusch, das niemand sonst wahrzunehmen vermag. Sie sehen Unebenheiten in der Polsterung, die kein anderer je bemerken würde. Sie hören die Ameisen husten. Das ist ganz typisch für Kritiker.

Kennen Sie einen Kritiker?

Der folgende Test kann Ihnen helfen zu ermitteln, ob Sie sich in einer anstrengenden Beziehung zu einem Kritiker befinden. Identifizieren Sie die Person, die Ihnen beim Lesen der bisher genannten Merkmale in den Sinn kam. Kreuzen Sie „J" an, wenn eine Beschreibung auf diese Person zutrifft. Kreuzen Sie „N" an, wenn die Aussage sich nicht auf die betreffende Person beziehen läßt.

J   N   Diese Person ist manchmal ein arroganter Besserwisser.

J   N   Wenn es irgendwo einen Fehler gibt, dann wird diese Person ihn ganz bestimmt ausfindig machen.

J   N   In Gegenwart dieser Person fühlt man sich oft wie auf der Anklagebank.

J N Diese Person scheut sich nicht, Leuten bei allem und jedem zu sagen, was, wann und wie sie es zu tun haben.

J N Ich fühle mich manchmal an meinen Lehrer aus dem dritten Schuljahr erinnert, wenn ich mit dieser Person zusammenarbeite.

J N Die ständige Kritik dieser Person ist zermürbend.

J N Aufgrund der ständigen Kritik fühle ich mich dieser Person gegenüber minderwertig.

J N Diese Person ist herrisch und kommandiert andere herum.

J N Wenn ich einen Fleck im Gesicht oder auf der Kleidung habe, wird diese Person mich darauf aufmerksam machen – und zwar nicht sehr taktvoll.

J N Diese Person hat oft eine belehrende Art.

J N Ich kann damit rechnen, daß diese Person fast jeden Tag etwas an mir oder anderen auszusetzen hat oder sich über irgend etwas beschwert.

J N Diese Person scheint in unserer Beziehung die meisten Entscheidungen zu treffen und ist sehr bestimmend.

J N In Gegenwart dieser Person fühle ich mich oft in die Defensive gedrängt.

J N Selbst wenn ich den Eindruck habe, daß alles gut läuft, macht diese Person noch irgendein Problem ausfindig.

Auswertung: Addieren Sie alle Aussagen, die Sie mit Ja beantwortet haben. Wenn es zehn oder mehr sind, befinden Sie sich mit Sicherheit in einer belastenden Beziehung zu einem Kritiker.

Einen Kritiker verstehen

Kritiker mögen die Art nicht, wie Sie Auto fahren oder wie Sie einparken. Wenn Sie ihre CDs anfassen, werden sie nervös. Man möchte meinen, daß ihr eigenes Genörgel sie irgendwann ermüden müßte, aber wie ein Dynamo surren und surren sie ohne Ende. Die Frage ist nur, warum? Warum sind Kritiker so kritiksüchtig?

Oft halten Kritiker ihr Gemecker ernsthaft für hilfreich. Sie glauben an den Mythos, man könne Menschen helfen, indem man sie – auch ungebeten – auf ihre Fehler aufmerksam macht. „Ich möchte ja nicht kritisieren, aber . . ." bekommt man oft von solchen Leuten zu hören. Dabei entgeht ihnen die Tatsache, daß ihre Verbesserungsversuche oft das Gegenteil bewirken. Wenn wir frontale Kritik zu hören bekommen, besteht unsere erste, spontane Reaktion normalerweise darin, uns zu verteidigen, nicht uns sofort reumütig zu ändern. Die meisten echten Veränderungen geschehen nicht infolge von Kritik, sondern in der persönlichen Zwiesprache mit einem Menschen, der uns geduldig und wohlwollend begleitet und von dem wir wissen, daß ihm unser Wohl am Herzen liegt.

> *„Erst wenn wir Meinungen und Einstellungen, die sich von unseren eigenen unterscheiden, völlig verstehen und auch ihre Gründe kennen, erst dann können wir unseren eigenen Platz in der Gesamtheit aller Dinge erkennen."*
> S. I. Hayakawa

Kritiker handeln oft aus dem einfachen Wunsch heraus, Probleme zu lösen. Sie sehen etwas Verkehrtes und platzen

27

sofort mit einer Lösung heraus, die dann eher kritischen als hilfreichen Charakter hat.

„Ich kann mir nicht vorstellen, daß Sie an diesem Gerät kein Verlängerungskabel haben sollen." – „Mit einem Unkrautmittel wäre das Problem in Ihrem Garten schnell behoben."– „Hoffentlich treiben Sie genug Sport, wenn Sie sich so kalorienreich ernähren."

Kritiker filtern ihre Gedanken nicht und machen sich nicht die Mühe, ihre vielleicht berechtigte Kritik in konstruktive Worte zu kleiden. In dem Bestreben, Probleme zu lösen, werfen sie einfach mit ihren – erwünschten oder unerbetenen – Ratschlägen um sich.

Kritiker halten es oft für ihre Pflicht, Fehler aufzuspüren. Sie kommen einfach nicht zur Ruhe, bis ihr Nachforschen und Bohren irgend etwas ans Licht gebracht hat, was sie kritisieren können. Selbst wenn Sie Ihre Sache ausgezeichnet gemacht haben, müssen solche nörglerischen Menschen noch einen Haken finden, den sie bemängeln können. Das ist Teil ihrer Veranlagung.

> *„Dieser Fresser und Säufer, dieser Freund der Zöllner und ‚Sünder'!"*
> Matthäus 11,19

Manche dieser Leute betrachten ihre kritische Art nur als „Unverblümtheit" oder „Ehrlichkeit". Besonders destruktiv ist das in einer Ehe. Manche Leute respektieren jeden Menschen – außer dem eigenen Ehepartner. Ich habe mit Klienten gearbeitet, die ihre Kollegen mit Samthandschuhen anfassen, zu Hause aber gnadenlos auf dem Ehepartner herumhacken. Eine Frau verausgabte sich völlig in dem Bemühen, allen Leuten im Büro zu gefallen und sich höflich zu verhalten; aber sobald sie zu Hause war, ließ sie sich gehen, benutzte vulgäre Ausdrücke und schnauzte ihren Mann ununterbrochen an.

Viele Kritiker wurden dazu erzogen, kritisch zu sein. Margret hatte zum Beispiel eine alleinerziehende Mutter, die große Probleme hatte, mit ihrer Situation fertig zu werden. Von ihrem Ehemann verlassen, reagierte diese Frau

sehr aggressiv auf ihre Umgebung. Ihre Gereiztheit übertrug sich auf alles, was sie berührte. Da Margret das einzige
Kind war, bekam sie die Klagen ihrer Mutter gehörig zu
spüren. Als Kind war Margret unfähig, etwas an ihrer Situation zu ändern, und sah sich gezwungen, die endlosen
Tiraden ihrer Mutter über sich ergehen zu lassen. Ständig
gab Lucia Kommentare über alle möglichen Leute von sich,
ob Mann oder Frau, Bekannter oder Fremder. Margret
wuchs in dem Glauben auf, ein solches Verhalten sei normal. Sie übernahm den „Nörgelismus" ihrer Mutter und
setzte die Tradition fort, ohne zu merken, wie unerwünscht
und abstoßend ein solcher mit Verurteilungen und Kritik
gespickter endloser Monolog ist.

Die Dynamik, die dem Charakter eines Kritikers zugrunde
liegt, mag verschieden sein. Wichtig ist, zu erkennen, daß
nicht alle Kritiker gleich sind, sich aber alle in ein Kontinuum
einordnen lassen.

Am einen Ende der Skala steht der boshafte Kritiker, der
an einem derart zerbrechlichen Selbstwertgefühl leidet, daß
er zwanghaft über jeden anderen herzieht, um selbst in einem besseren Licht zu erscheinen. Solche Leute sind Gift für
eine Familie oder ein Unternehmen.

Am anderen Ende der Skala steht die Person, die sich aufrichtig für das Wohlergehen ihrer Mitmenschen verantwortlich fühlt. Das sind die Kritiker, die vielleicht in einem unerwünschten Moment mit ihrer Meinung herausplatzen, die es
aber gut meinen und unsere Aufmerksamkeit verdienen. Mit
dem Wissen um diese beiden Extreme auf der Kritikerskala
sind Sie besser gerüstet, um mit dieser Art von Beziehungsschwierigkeit konstruktiv umzugehen.

Mit Kritikern klarkommen

Es fällt schwer, Kritikern gegenüber objektiv zu bleiben.
Manchmal empfinden wir sie wie Nadeln in einer Ballonfa-

brik. Andererseits haben manche Kritiker uns aber auch hilfreiche Anregungen zu bieten. Der Trick besteht darin, das Gute vom Schlechten unterscheiden zu lernen. Die folgenden Prinzipien können Ihnen helfen, Ihre Beziehungsprobleme mit Kritikern zu lösen und bei diesem Prozeß auch mehr über sich selbst zu erfahren.

Stellen Sie sich dem Kritiker in Ihnen selbst

Ein Team von Soziologen führte unter den Bewohnern einer amerikanischen Kleinstadt eine Befragung durch. Unter anderem mußten sie feststellen, daß jeder zwar zugab, seine Nachbarn zu kritisieren, gleichzeitig aber entrüstet war zu erfahren, daß er selbst von anderen kritisiert wurde.

Diese Doppelmoral existiert überall. Wir sind schnell bereit, Urteile über andere Leute zu fällen, reagieren aber mit Empörung, wenn wir feststellen, daß andere *uns* zur Zielscheibe ihrer Kritik machen. Sehen wir den Tatsachen also ins Gesicht: Wir alle haben eine kritische Ader. Wer hat nicht schon einmal über jemanden gemeckert? Welcher Ehepartner hat noch nie die Macht der Kritik dazu benutzt, den anderen zu beeinflussen? Welche Eltern haben ihr Kind noch nie wegen eines peinlichen Verhaltens kritisiert? Wir alle haben einen gewissen Hang zur Kritik und werden erst dann im Umgang mit Kritikern die ersten Fortschritte erzielen, wenn wir mit dem Kritiker in uns selbst fertig werden.

> *„Tadel ist ungefährlicher als Lob."*
> Ralph Waldo Emerson

Versetzen Sie sich in die Lage des Kritikers

Wenn Sie sich dem eigenen Hang zur Kritik stellen, werden Sie sicher schon mehr Verständnis für Ihren persönlichen Nerv-Kritiker aufbringen. Aber Sie können noch einen Schritt weiter gehen, indem Sie versuchen, sich einmal in die Lage des anderen zu versetzen.

Ich habe mehrere Jahre lang im Schatten eines sehr geschätzten Professors gearbeitet. Ich legte viel Wert auf seine Meinung und wollte, daß er stolz auf meine Arbeit sein konnte. Wenn wir beide jedoch zusammenkamen, hatte er immer viel mehr Tadel als Lob für mich übrig. Nach jedem Gespräch war ich niedergeschlagen und fragte mich, warum ich es ihm eigentlich nie recht machen konnte.

Jeder sagte Renoir, er solle das Malen aufgeben, weil er kein Talent hätte.

Dann traf ich Ned, einen anderen ehemaligen Studenten dieses Professors. Durch das Gespräch mit Ned wurde mir bewußt, daß unser Professor aus einer familiären Situation stammte, wie man sie keinem Kind wünscht; er hatte nie Bestätigung durch seine Eltern erfahren. Als ich mehr über den Hintergrund meines Professors wußte, konnte ich seine Kritik leichter an mir abprallen lassen. Natürlich hätte ich mich noch immer gefreut, auch mal eine Bestätigung für meine Arbeit oder meinen Dienst von ihm zu erhalten, aber heute ist mir das wesentlich weniger wichtig, weil ich ihn als Person besser kenne.

Machen Sie nicht dicht!

Die größte Versuchung im Umgang mit Kritikastern besteht darin, einfach die Ohren auf Durchzug zu stellen. Die meisten Kinder beherrschen diese Strategie meisterhaft. Wir Psychologen sprechen hier von „Mami-Taubheit", einer plötzlichen, vorübergehenden Unfähigkeit, die Worte zu hören, die eine Mutter äußert. Kinder sind tatsächlich in der Lage, das Klingeln des Eiswagens zu vernehmen, der einen ganzen Häuserblock entfernt ist; aber ihre Mutter, die direkt vor ihnen steht, hören sie nicht.

Auch Sie und ich können das ganz gut. Aber uns entgeht etwas, wenn wir uns bei allem taub stellen, was unsere Kritiker sagen. Warum? Weil sie manchmal recht haben!

Kritiker können etwas erkennen, was uns entgangen ist. E. Stanley Jones sagte einmal über seine Kritiker: „Sie sind die unbezahlten Wächter meiner Seele."[2]

Der beste Weg, Ihre Ohren offenzuhalten, besteht darin, die Beschwerden Ihrer Kritiker zu wiederholen, um sicherzustellen, daß Sie richtig verstanden haben, was sie sagen wollen. „Lassen Sie mich mal sehen, ob ich Sie richtig verstanden habe. Sie meinen also, daß . . ."

Wiederholen Sie die Kritik mit eigenen Worten und bitten Sie den Kritiker um Bestätigung. Hören Sie sich offen an, was er zu sagen hat, und überprüfen Sie den Inhalt. Wenn Sie allerdings merken, daß seine Vorwürfe offensichtlich auf böser Absicht beruhen und daß es sich um einen notorischen Kritiker handelt, der jede Autorität aus Prinzip hinterfragt und aus Gewohnheit nörgelt, dann schalten Sie getrost ab. Das Verhalten eines solchen Menschen sagt mehr über ihn aus als über Sie!

Begrenzen Sie die Kritik, die Sie an sich heranlassen

Haben Sie sich je von einer einzigen kritischen Person daran hindern lassen, die Bestätigung von hundert anderen wahrzunehmen, die mit Ihnen übereinstimmen? Mir ist das schon so ergangen.

> *„Wie kannst du also deinen Bruder richten? Und du, wie kannst du deinen Bruder verachten? Wir werden doch alle vor dem Richterstuhl Gottes stehen."*
> Römer 14,10

Wenn ein Student meinen Unterricht kritisiert, dann kann es mir passieren, daß ich meine gesamte emotionale Energie auf diesen einen Studenten konzentriere. Nichts könnte für mich und die anderen Studenten schlimmer sein. Ich habe immer bewundert, wie Billy Graham auf seine Kritiker reagiert. Sie mögen ihm sagen, was sie wollen – er läßt sich durch Kritik nicht von seinem Ziel abbringen, das Evangelium zu predigen. Ich kenne einen Geschäftsmann, der sich mit sehr viel Kritik auseinandersetzen muß und irgendwann den Entschluß faßte, Kritik nur noch von solchen Leuten zu akzeptieren, denen sein Erfolg zugute kommt.

Diese Bedingung ist mir zwar etwas zu eng gefaßt, aber wir können alle von einem solchen Prinzip profitieren. Der Apostel Paulus machte es ähnlich. Er berichtete Timotheus von einem seiner Kritiker, dem Schmied Alexander, der ihm „viel Böses getan" hatte (2. Timotheus 4,14.17–18).

Wenn Sie einen Kritiker haben, der ständig auf Kleinigkeiten herumhackt und Sie dadurch von Ihrer eigentlichen Aufgabe abhält, dann setzen Sie der Sache für sich selbst Grenzen. Ziehen Sie einen Freund zu Rate, der Ihnen helfen kann, die belanglosen von den wesentlichen Aspekten der Kritik zu unterscheiden.

Behalten Sie Ihren inneren Zwiespalt unter Kontrolle

Jeder von uns hat seine „wunden Punkte" – Bereiche, in denen wir besonders verletzbar und empfindlich reagieren. Wenn Kritiker diese Bereiche ansprechen, löst das bei uns die Alarmglocke aus. Kritiker aktivieren unsere Selbstkritik.

Der Familientherapeut Richard Carson beschäftigt sich mit dieser inneren Stimme, die uns zermürbt und uns einreden möchte, alles, was Kritiker sagen, sei wahr. Achten Sie also darauf, daß diese Stimme in Ihnen nicht die Oberhand gewinnt; schützen Sie Ihre wunden Punkte gegen Kritiker, und erklären Sie diese Bereiche zur Tabuzone. Sagen Sie: „Sie können alles bewerten oder kritisieren, was ich tue, aber sagen Sie mir nicht, wie ich die Beziehung zu meiner Schwester in Ordnung zu bringen habe. Im Augenblick ist das meine Angelegenheit, nicht Ihre."

Vereinbaren Sie einen „Beschwerde-Termin"

Wenn die ständigen Beschwerden eines Kritikers Ihnen zu schaffen machen, Sie in Ihrer Arbeit beeinträchtigen oder Sie daran hindern, sich zu entspannen, dann versuchen Sie, mit der betreffenden Person einen besonderen Gesprächstermin zu vereinbaren, an dem sie ihre Kritik äußern kann. Wenn ein Kritiker zu meckern beginnt, dann sagen Sie: „Ich sehe, wie betroffen Sie sind. Können wir vielleicht heute mittag (oder in zehn Minuten oder nach der Besprechung) über Ihr Anliegen sprechen?"

Geben Sie dem Betreffenden dann auch wirklich die Gelegenheit, seinem Ärger Luft zu machen. Einigen Sie sich im voraus darauf, seine Beanstandungen auf diese Zeit zu beschränken, und helfen Sie ihm dann dabei. Überraschenderweise sind Kritiker normalerweise zu einer solchen Absprache bereit. Es kommt ihrem Wunsch nach einer Problemlösung entgegen und bietet ihnen die Gewähr, gehört zu werden. Außerdem schützt es Sie vor dem Gefühl, jederzeit mit Beschwerden und Kritik bombardiert werden zu können.

Wenn Sie also den Eindruck haben, daß es angebracht ist, dann vereinbaren Sie mit Ihrem Kritiker einen Termin.

Rücken Sie die Dinge ins rechte Licht

Was es so schwierig macht, mit Kritikern zusammenzuleben oder mit ihnen zu arbeiten, ist die Tatsache, daß wir uns oft zu Herzen nehmen, was sie uns sagen. Ihre Kommentare zu übertünchen wäre Verdrängung. Schließlich möchten wir, daß andere eine gute Meinung von uns haben. Aber wir können negativen Kommentaren die Spitze nehmen, wenn wir sie ins rechte Licht rücken.

Der Apostel Paulus erklärte seine Freiheit gegenüber seinen Kritikern mit den Worten: „Mir macht es allerdings nichts aus, wenn ihr oder ein menschliches Gericht mich zur Verantwortung zieht" (1. Korinther 4,3). Er forderte damit einige aufdringliche Christen in Korinth auf, ihn in Ruhe zu lassen, und wir können aus diesem Beispiel etwas lernen. In freier Übertragung läuft es auf folgendes hinaus: „Was Ihr über mich sagt oder denkt, ist mir nicht gleichgültig. Aber

nachdem ich mich mit meinen eigenen Überzeugungen aus-
einandergesetzt und meine Entscheidungen getroffen habe,
spielt euer Urteil keine große Rolle mehr. Es hat zwar eine
gewisse Bedeutung, aber keine große. Ich werde mir nicht
durch die Einschätzung kritischer Leute vorschreiben lassen,
wie ich über mich oder mein Handeln zu empfinden habe. Ich
überlasse meine Angelegenheiten nicht den Kritikern."

Halten Sie an Ihren Träumen fest

Das vernichtendste Gift der Kritik bekommen wir vielleicht
dann zu spüren, wenn sie unsere Hoffnungen und Ziele ins
Visier nimmt. Vor vielen Jahren litt die Schwester eines erfin-
derischen College-Professors an einer Hörschwäche. Bei seinen Bemühungen, ihr zu einem besseren Gehör zu verhelfen,
erfand er eine ungewöhnliche Konstruktion. Nach vielen Jahren des Herumprobierens, die schließlich von Erfolg gekrönt
wurden, wollte der Professor seine Erfindung in Produktion
geben. Er reiste überallhin, um finanzielle Unterstützung für
die Realisierung seines Traums zu bekommen. Aber wo er
auch hinkam, spotteten die potentiellen Geldgeber nur über
die Idee, die menschliche Stimme könne durch ein Kabel
übertragen werden. Der Professor hätte sich durch seine Kritiker entmutigen lassen können; er hätte aufgeben können,
aber er tat es nicht. Und heute lacht niemand mehr über Alexander Graham Bell, den Erfinder der Hörgeräte.

Lassen Sie sich Ihre Träume nicht von Kritikern kaputt-
machen. Schirmen Sie sich gegen solche törichten Reaktionen ab, indem Sie mit Leuten Kontakt halten, die Ihre Ideen
unterstützen und fördern. Halten Sie an Ihren Träumen fest.

Machen Sie sich geschlechtsspezifische Unterschiede bewußt

Es scheint, als würden Frauen weit öfter als „Meckerliese"
abgestempelt als Männer. Das könnte laut Deborah Tannen,
der Autorin des Bestsellers „Du kannst mich einfach nicht

verstehen. Warum Männer und Frauen aneinander vorbei-
reden" (Goldmann) auf die unterschiedliche Erziehung von
Männern und Frauen zurückzuführen sein.[3]

Frauen werden oft dazu erzogen, anderen gefällig zu sein
und das Eingehen auf eine Bitte als Ausdruck von Liebe zu
verstehen. Männer dagegen setzen eine Bitte leicht mit einem Befehl gleich und reagieren entsprechend: „Hör auf,
mir vorzuschreiben, was ich zu tun habe!" Die Folge ist, daß
Frauen sich verletzt fühlen oder irritiert sind, wenn ihre
Männer nicht tun, worum sie sie gebeten haben. Also bitten
sie wieder. Und noch einmal. Doch mit jeder neuen Bitte
wächst sein Widerstand. Oft wartet er so lange, bis er das
Gefühl hat, die Bitte seiner Frau aus eigener Entscheidung
zu erfüllen – und nicht, weil er dazu aufgefordert wurde.

Wenn Sie also mit einem kritischen Ehepartner verheiratet sind, dann behalten Sie diesen fundamentalen ge-
schlechtsspezifischen Unterschied im Gedächtnis.

Hüten Sie sich vor dem Kritiker-Dreieck

Manche Kritiker bringen ihre Beschwerden auf sehr destruktive Weise zum Ausdruck. Statt Ihnen ihre Kritik ins
Gesicht zu sagen, beschweren sie sich hinter Ihrem Rücken
bei anderen Leuten über Sie und
schaffen damit ein wahres Ber-
muda-Dreieck der Kritik. Ähnlich
wie bei Klatsch und Tratsch breiten
diese Kritiker ihre Ansichten über
Sie vor Ihren Kollegen aus, wenn
Sie nicht da sind.

> *„Beim Schnitzen gilt dieselbe Regel wie bei Kritik: Schneide nie mit einem Messer, was du mit einem Löffel schneiden kannst."*
> Charles Buxton

Normalerweise können Sie solche Leute daran erkennen, daß sie
Ihnen gegenüber abfällige Bemerkungen über andere machen. Lassen Sie sich nicht verleiten, Ihre normale Vorsicht
abzulegen, weil diese Leute Ihnen das Gefühl geben, einer
Ihrer engsten Vertrauten zu sein. In Wirklichkeit sind Sie

36

ebenso wie alle anderen eine Zielscheibe ihrer Kritik. Wenn Sie mit solchen Leuten zu tun haben, dann wahren Sie Ihre Zurückhaltung und arbeiten Sie unbeirrt weiter.

Erkennen Sie, wer Ihr hartnäckigster Kritiker ist . . . und nehmen Sie Gottes Gnade an

Unser hartnäckigster Kritiker ist jemand, der uns nur zu gut kennt: Gott. Er weiß alles. Der Psalmist sagt: „Du hast mich erforscht, und du kennst mich . . . Von fern erkennst du meine Gedanken . . . Noch liegt mir das Wort nicht auf der Zunge – du, Herr, kennst es bereits" (Psalm 139, 1–2.4).

Gott hat unser Telefon angezapft. Er kennt unsere Beweggründe, unsere Pläne, unsere Entschuldigungen. Friedrich Nietzsche hat eine Geschichte über einen Mann geschrieben, der aus Verzweiflung Gott tötete. Als die Leute ihn fragen, warum er Gott getötet habe, erwidert der Mann: „Er wußte zuviel."

Wir können Gottes wachsamen Augen nicht entfliehen. Doch aufgrund seiner Gnade brauchen wir nicht in Angst vor ihm zu leben. Wir können ihn kennenlernen und freigemacht werden. Das war Paulus' Geheimnis; er kannte seinen göttlichen Kritiker auf eine Art, die ihn freimachte, denn er begegnete Jesus und sah, daß unser Gott seinen eigenen Sohn an unserer Stelle gerichtet hat. Am Kreuz verwandelte sich Gottes anklagender Finger, der einst auf uns deutete, in eine offene, ausgestreckte Hand. Unser Richter wurde zu unserem Erlöser. Unser schärfster Kritiker wurde zu unserem besten Freund.

Querverweis

Weitere im Hinblick auf Kritiker relevante Informationen finden Sie auch in den Kapiteln über verwandte Persönlichkeiten: den Verräter, den Kontrolletti, die Plaudertasche und den Miesmacher.

DER MÄRTYRER:

fühlt sich ewig als Opfer und schwelgt in Selbstmitleid

Der Umgang mit Märtyrern stand in der Umfrage über Beziehungsprobleme an zweiter Stelle. Wir alle haben Tage, an denen wir uns wie ein Märtyrer vorkommen und das Selbstmitleid uns überwältigt. Bei den meisten Menschen geht diese Phase jedoch vorüber; sie erinnert uns daran, daß das Leben nicht immer fair ist.

Bei manchen Leuten kann Selbstmitleid jedoch die Züge einer fiebrigen Infektion annehmen: Wenn es nicht rechtzeitig erkannt und energisch bekämpft wird, kann es zur chronischen Krankheit werden, und der Betreffende fühlt sich ständig als Opfer.

Das ist bei Märtyrern der Fall. Sie lassen sich durch die kleinste Schwierigkeit aus der Bahn werfen – ein angebranntes Essen, ein einsames Wochenende, ein Verkehrsstau – und machen keinerlei Anstalten, sich wieder aufzurappeln. Wie eine vom Wind umgeknickte Blume bleiben sie am Boden liegen. Hilflos und ohne Hoffnung fügen sie sich in die wirkliche oder vermeintliche Ungerechtigkeit und weisen die helfende Hand eines Freundes zurück: „Ach, mach dir um mich keine Gedanken. Ich komme schon klar." Oder: „Du hast doch gar nicht die Zeit für meine Probleme. Geh nur."

Märtyrer fühlen sich von der Welt verachtet. Oft verweigern sie sich jeder Hilfe und bleiben an ihrem selbstgezimmerten Marterpfahl hängen. Mütter können sich selbst mit Haushaltspflichten überlasten und dann erklären: „Keiner nimmt mich wichtig. Die ganze Familie betrachtet mich doch nur als Dienstmädchen." Väter können es genauso machen: „Ich schufte mir die Knochen kaputt, aber keiner kümmert sich darum. Alle nutzen mich nur aus."

Vicky ist eine typische Märtyrerin. Wegen ihrer stillen, bescheidenen Art bemerkt man ihre Anwesenheit kaum. Sie leidet unter unerträglichen Rückenschmerzen und kann es manchmal kaum aushalten, mehr als fünf Minuten hintereinander aufrecht zu sitzen. Aber das Angebot einer Freundin, ihr die Wohnung zu putzen und einmal etwas zu kochen, lehnt sie ab. „Ich muß schon allein zurechtkommen", sagt sie. „Ich kann doch nicht erwarten, daß immer jemand für mich da ist."

Vicky schlägt jede Hilfe aus, fühlt sich aber paradoxerweise trotzdem völlig im Stich gelassen, wenn ihre Freunde nicht vorbeischauen. Wie alle Märtyrer schwelgt sie in Selbstmitleid. Ihre Seele ist so anfällig dafür geworden, daß sie regelrecht gefangen ist. Ihre Freunde befürchten, daß sie nie wieder aus diesem Loch herausfindet und ein fröhliches, zufriedenes Leben führen kann. Und ihr trauriges Dasein wird selbst für ihre Familie und ihre engsten Vertrauten immer ermüdender.

Wenn Sie in Ihrer Umgebung mit Märtyrern zu tun haben, wissen Sie aus erster Hand, wie solche Leute endlos in ihrem Elend dahintreiben. Keine noch so überzeugende Lösung ihrer Probleme scheint ihre Klagen durchbrechen zu können. Märtyrer sind fest in ihrer Opferzelle eingeschlossen.

Das bedeutet aber nicht, daß Sie ebenfalls darunter leiden müßten. Sie können mehrere effektive Strategien einsetzen, um selbst dann mit eingefleischten Märtyrern zusammenzuleben oder mit ihnen zu arbeiten, wenn diese sich jeder Hilfe verweigern.

Die Anatomie eines Märtyrers

Leider gibt es in unserer Gesellschaft Scharen von Märtyrern. Schalten Sie irgendeine Talkshow ein, und Sie werden Leute sehen, die in einer zerrütteten Ehe stecken, zu dick oder sonstwie zu elend sind, um mit dem Leben fertig zu werden. Sie werden auch hören, wie diese Menschen die Schuld dafür ihren Eltern, ihrer Schule, ihrem Einkommen, ihren Geschwistern, ihren Freunden, ihrer Gemeinde, ihrer Regierung und – natürlich – sich selbst geben.

Welche Dinge haben Märtyrer gemeinsam? Sie sind resigniert, passiv, selbstanklagend, hilflos, irrational, schwermütig und sorgenvoll.

Resigniert

Jeder jammert mal über die kleinen Unannehmlichkeiten des Lebens: Man bekommt zur ungelegensten Zeit einen häßlichen Pickel, man verliert seine Schlüssel, man wird bei einer Verabredung sitzengelassen. Wer würde da nicht mal stöhnen? Aber den meisten von uns gelingt es, solche negativen Gefühle mehr oder weniger schnell in den Griff zu bekommen, das Gleichgewicht wiederzugewinnen und weiterzumachen. Anders dagegen Märtyrer. Sie geben schnell auf und verharren lange in ihrer Resignation.

> *„Ich glaube, das Unangenehmste an Märtyrern ist, daß sie auf Leute herabsehen, die keine sind."*
> Samuel N. Behrman

Der alttestamentliche Prophet Jona verkörpert diese Lähmung durch Entmutigung und Resignation. Selbst nachdem die Einwohner Ninives Buße getan hatten, klagte Jona: „Nimm mir jetzt lieber das Leben, Herr! Denn es ist für mich besser zu sterben als zu leben" (Jona 4,3).

Passiv

Wenn man eine Parole für Märtyrer formulieren sollte, würde sie lauten: „Ich kann nicht!": „Ich kann nicht abnehmen. Ich kann keine Beförderung bekommen. Ich kann mich nicht ändern. Ich kann keine neuen Freundschaften schließen."

40

Märtyrer machen kaum Anstrengungen, gegen deprimierende Gedanken oder Umstände anzukämpfen. Und selten akzeptieren sie Hilfe, sogar – oder insbesondere – wenn diese Hilfe bereitwillig und freundlich angeboten wird.

Märtyrer können verzweifelt Hilfe brauchen, aber eine Geste der Fürsorge und Anteilnahme dennoch abweisen.

Selbstanklagend

In seinem Buch „When Bad Things Happen to Good People" (Wenn guten Menschen Böses widerfährt) berichtet Rabbi Harold Kushner über Beileidsbesuche bei den Familien zweier Frauen, die an einer natürlichen Todesursache gestorben waren.

Im Haus der ersten Familie erklärte der Sohn der Verstorbenen dem Rabbi: „Hätte ich meine Mutter nur nach Florida geschickt und sie aus dieser Kälte hier rausgeholt, dann wäre sie jetzt noch am Leben. Es ist meine Schuld, daß sie gestorben ist." Im zweiten Haus sagte der Sohn dem Rabbi: „Hätte ich doch nur nicht darauf bestanden, daß meine Mutter nach Florida geht, dann würde sie jetzt noch leben. Ich bin schuld an ihrem Tod."

Wie diese beiden Söhne sind Märtyrer oft notorische Selbstankläger. Doch wenn es auch heißt, daß Selbsterkenntnis der erste Weg zur Besserung ist, so trifft das auf Märtyrer nicht zu. Denn erstens stimmt ihre Selbstanklage oft nicht, und zweitens führt sie sie nicht dazu, Schritte zu unternehmen, sondern bestärkt sie noch in ihrer Passivität.

Hilflos

Es gibt einen alten Witz über einen Farmer. Als er auf seinem Feld steht, sieht er, wie ein Reiter im gestreckten Galopp die Straße entlangjagt. Der Farmer ruft ihm zu: „He, wohin reiten Sie?" Der Reiter dreht sich um und ruft zurück: „Fragen Sie nicht mich; fragen Sie mein Pferd."

Wie dieser Reiter haben Märtyrer das Gefühl, ihre eigenen Geschicke nicht steuern zu können. Sie haben die Zügel schießen lassen und scheinen völlig hilflos zu sein. Sie leben nicht, sondern werden gelebt.

Irrational

Märtyrer fühlen sich oft zum Verhängnis verurteilt, selbst wenn so manchen unter ihnen relativ viel Glück beschieden ist.

In dem amerikanischen Film „Reversal of Fortune" (Umkehrung des Glücks), der auf der wahren Geschichte des Millionärsehepaars von Bülow beruht, sind die Eheleute beide klassische Märtyrer. Claus von Bülow bedauert sich selbst, weil er nur eine Million Dollar „wert" ist, während seine Frau acht Millionen besitzt. Doch auch sie bemitleidet sich selbst, weil ihr untreuer Ehemann die Scheidung verlangt. Völlig blind für die Realität, sinkt das privilegierte Adelspaar immer tiefer in Medikamentenabhängigkeit und eine echte Tragödie.

Schwermütig

Viele Märtyrer empfinden eine grenzenlose Schwermut, die eine Kette entmutigender Gedanken und damit weitere Bedrückung auslöst und sie unendlich runterziehen kann. Alles ist schwierig und kompliziert, und die Umstände sind immer irgendwie gegen sie.

Als Julia mit Maria und ihrem Vater essen geht, trägt Marias Vater einen gepflegten Anzug. Im Verlauf des Abends wirkt Julia bedrückt. Später sagt sie zu Maria: „Wenn ich deinen Vater sehe, dann weiß ich, warum du so viel Erfolg hast. Er sieht so gepflegt aus. Und er trägt einen Anzug, wenn er ausgeht. Mein Vater läuft meistens im Trainingsanzug herum. Er ist nie ein guter Vater gewesen. Ich frage mich, ob ich überhaupt je eine Chance im

Leben hatte. Was habe ich denn bei so einem Vater schon zu erwarten?"

Sorgenvoll

Der christliche Schriftsteller A. W. Tozer schrieb etwas, was sich jeder Märtyrer zu Herzen nehmen sollte: „Wenn wir nur endlich aufhören würden zu jammern und aufschauen würden. Gott ist hier. Christus ist auferstanden. All das ist uns als theologische Wahrheit bekannt. Es liegt nur an uns, es zu einer beglückenden geistlichen Erfahrung werden zu lassen."

Märtyrer machen sich unaufhörlich Sorgen und lassen sich dadurch von der Wahrheit ablenken. Sie stellen sich die schlimmsten Szenarien vor und sind überzeugt, daß beispielsweise die Party für sie äußerst unangenehm sein wird, daß keiner mit ihnen sprechen wird und daß alles schieflaufen wird, noch bevor sie überhaupt das Haus verlassen.

> „Sehr viele Leute scheinen ihre Sorgen einzubalsamieren. Mir ist immer nach Weglaufen zumute, wenn ich sie kommen sehe."
> Dwight L. Moody

Auf Märtyrer trifft das Sprichwort zu, daß sie ihren Schirm aufspannen, lange bevor der Regen fällt.

Kennen Sie einen Märtyrer?

Der folgende Test kann Ihnen helfen zu ermitteln, ob Sie sich in einer arbeitsintensiven Beziehung zu einem Märtyrer befinden. Halten Sie sich die Person vor Augen, die Ihnen beim Lesen der bisher genannten Merkmale in den Sinn kam. Kreuzen Sie „J" an, wenn eine Beschreibung auf diese Person zutrifft. Kreuzen Sie „N" an, wenn die Aussage sich nicht auf die betreffende Person beziehen läßt.

J N Wenn das Leben nach einem Plan verläuft, dann fühlt diese Person sich davon ausgeschlossen.

J N Diese Person rechnet schon mit einem Mißerfolg, bevor sie eine Sache überhaupt angeht.

J N Diese Person wälzt sich in Selbstmitleid.

J N Auf jeden Rat, den man dieser Person anbietet, weiß sie einen Grund, warum er nicht funktionieren kann.

J N Man gewinnt den Eindruck, daß diese Person von vornherein vor dem Leben resigniert.

J N Andere Leute würden diese Person als pessimistisch und ständig besorgt bezeichnen.

J N Diese Person hat den Eindruck, sie stehe unter einem Fluch.

J N Diese Person reagiert oft nicht rational, wenn es um die Lösung von Problemen geht.

J N Diese Person schätzt ihr Leben nicht realistisch ein.

J N Die allgemeine Einstellung dieser Person zu sich selbst ist von Selbstmitleid geprägt.

J N In den Augen dieser Person haben es alle anderen besser als sie.

J N Diese Person unternimmt so gut wie gar nichts, um eine Lösung für ihre Probleme zu finden.

J   N   Man kann diese Person oft sagen hören: „Hätte ich doch nur ..."

J   N   Diese Person lebt unter ständiger Selbstanklage, was auch auf andere Menschen in ihrer Umgebung abfärbt.

J   N   Diese Person wirkt völlig hilflos.

Auswertung: Addieren Sie alle Aussagen, die Sie mit Ja beantwortet haben. Wenn es zehn oder mehr sind, befinden Sie sich mit Sicherheit in einer belastenden Beziehung zu einem Märtyrer.

Mit Märtyrern klarkommen

Kein Selbsthilfe-Ratgeber, den ich kenne, ist dem Problemfall des Märtyrers gewidmet. Und das, obwohl jeder Therapeut mit solchen Verhaltensweisen vertraut ist. Betrachten wir einmal mehrere Wege, wie Sie sich im Umgang mit Märtyrern verhalten können.

Stellen Sie sich dem Märtyrer in Ihnen selbst

„Die heutige Einstellung ‚nur ja keine negativen Gefühle' ist unnatürlich", schreibt Lesley Hazleton in ihrem Buch „The Right to Feel Bad" (Das Recht, sich schlecht zu fühlen). „Man will uns einreden, wir müßten in der Lage sein, mit Leichtigkeit von einem Arbeitsplatz zum anderen zu wechseln, von einem Zuhause ins andere zu ziehen oder von einem Alter zum nächsten überzugehen, ohne uns je die Zeit zu nehmen, die Leere und den Verlust zu spüren."[2]

Das sehe ich auch so. Wenn es um eine Emotion geht, die wir bei anderen Menschen verachten, neigen wir nur um so mehr dazu, vor solchen Emotionen in uns selbst davonzulaufen. Doch jeder von uns empfindet gelegentlich Selbstmitleid, und wir mögen sogar insgeheim Gefallen daran finden, Hilfsangebote eines anderen auszuschlagen.

Haben Sie sich noch nie gewünscht, einmal eine gewisse Zeit allein zu sein, allein mit sich selbst an Ihrem schrecklichen, sinnlosen, elenden Tag? Gewiß hatten wir alle schon solche Momente, in denen wir uns selbst bedauern. Lassen Sie einmal zu, daß Sie mit diesem Gefühl in Berührung kommen, und sei es nur, um ein wenig mehr Verständnis für die Märtyrer in Ihrem Leben aufzubringen. Es wird Ihnen helfen, die Spannung abzubauen.

Erwarten Sie keine allzu große Veränderung

Die meisten Märtyrer bewegen sich auf einer festgefahrenen Schiene. Sie wuchsen mit Selbstmitleid auf und wurden mit Schuldgefühlen erzogen. Wenn Sie also auf Dauer mit solchen Leuten zu tun haben, dann schrauben Sie Ihre Erwartungen herunter. Märtyrer ändern sich nur wenig – und das langsam. Die meisten Veränderungen geschehen bei ihnen nur allmählich nach ausgiebiger Psychotherapie.

Für Ihr eigenes Wohlergehen bedeutet dies, daß Sie keinen unerreichbaren Maßstab setzen dürfen. Wenn Sie Märtyrern zum Beispiel ein Geschenk machen möchten, müssen Sie Ihre Freude aus dem Schenken selbst beziehen, denn von Ihrem Märtyrer haben Sie keine euphorische Reaktion zu erwarten. Er wird ganz sicher nicht in Freudengeschrei ausbrechen. Schrauben Sie Ihre Erwartungen herunter, und senken Sie damit auch den Grad Ihrer Frustration.

Bringen Sie Märtyrer zum Lachen

Nennen wir die Dinge ruhig beim Namen: Märtyrer sind nicht gerade Stimmungskanonen. Sie können richtige Spaßverderber sein. Schließlich leiden sie wirklich unter dem Kummer in ihrem Leben; und zugleich resignieren sie und sträuben sich gegen jede echte Veränderung.

In vielen Fällen scheinen Märtyrer auch noch zu glauben, sie hätten ihr Leid verdient. Ähnlich wie den Puritanern erscheint Märtyrern das Leben als düstere, ernste Angelegenheit. Die Puritaner erließen sogar Gesetze gegen das Lachen am Sonntag. Jemand definierte Puritaner einmal als Menschen, die Stierkämpfe abschaffen würden, und zwar nicht, weil es für die Stiere eine Qual ist, sondern weil die Zuschauer sich dabei vergnügen.

> *„Laßt uns an dem unwandelbaren Bekenntnis der Hoffnung festhalten, denn er, der die Verheißung gegeben hat, ist treu."*
> Hebräer 10,23

Ein Märtyrer versteht das. Das heißt aber nicht, daß Sie nicht versuchen könnten, mit Ihrem zugeknöpften Märtyrer zu scherzen. Nutzen Sie jede Gelegenheit, etwas Spaß in das Leben des Märtyrers zu bringen. Es wird Ihre Beziehung entkrampfen und ist vermutlich eines der wertvollsten Geschenke, das Sie ihm zu geben haben.

Der schottische Autor George MacDonald sagte einmal: „Es ist das Herz, das sich seines Gottes noch nicht absolut gewiß ist, das Angst hat, in seiner Gegenwart zu lachen." Das Lachen wird nicht nur Sie und den Märtyrer einander näherbringen, sondern den Märtyrer auch einen Schritt näher zu Gott bringen.

Erteilen Sie keine Ratschläge

Der Versuch, einem Märtyrer einen Rat zu geben, gleicht dem Bemühen, einem Verkehrspolizisten den Strafzettel auszureden, nachdem Sie eine rote Ampel übersehen haben: Es ist völlig sinnlos.

Ein Märtyrer erwidert immer: „Ja, aber . . ." und fährt dann fort, Ihnen zu erklären, warum seine Probleme sich mit Ihren Lösungen nicht beseitigen lassen. Nichts, was Sie sagen oder tun, wird seine mißliche Lage verändern können

– jedenfalls nicht aus seiner Sicht. „Ich habe meiner Freundin Ronda eine ganze Latte von Leuten genannt, die arbeitslos waren, aber dann eine gute Stelle gefunden haben", erklärte Karen. „Aber sie will einfach nicht zuhören." Ronda hat ihr sehr wohl zugehört, will aber nicht darauf eingehen. Als eingefleischter Märtyrer jammert Ronda lieber über ihren lausigen Job, als sich eine neue Arbeit zu suchen. Vielleicht meint sie auch, sie hätte nichts Besseres verdient. Oder sie hat Angst zu versagen. Was immer auch der Grund sein mag: Wie die meisten Märtyrer wird sie keinen Rat befolgen.

> *„Das Resignieren vor der Verzweiflung ist die Lieblingsbeschäftigung des Menschen. Gott bietet uns einen besseren Plan an, aber es kostet Mühe, ihn zu ergreifen, und Glauben, um ihn in Anspruch zu nehmen."*
> Charles R. Swindoll

Rennen Sie also nicht mit dem Kopf gegen die Wand, indem Sie immer wieder versuchen, die Probleme eines Märtyrers durch gute Ratschläge zu lösen. Nach den ersten vorsichtigen Empfehlungen (Sie müssen es ja wenigstens versuchen) sollten Sie den Mund halten; sonst vergeuden Sie nur Ihre Energie.

In seinem Bestseller „The Road Less Traveled" (Die wenig benutzte Straße) berichtet Dr. Scott Peck über die Neigung der Märtyrer, ihren freien Willen aufzugeben, indem sie jeden Rat ausschlagen. „Wenn sie geheilt werden sollen, müssen sie früher oder später lernen, daß das Leben eines Erwachsenen in seiner Gesamtheit auf einer Serie von persönlichen Entscheidungen beruht. Wenn sie diese Ganzheitlichkeit akzeptieren können, dann werden sie freie Menschen werden. In dem Maß, in dem sie diese Tatsache nicht akzeptieren, werden sie sich ewig als Opfer fühlen."[3]

Machen Sie das eigentliche Problem ausfindig

Aus irgendeinem Grund glauben Märtyrer, daß böswillige Kräfte es auf sie abgesehen haben. Wie ein Hund, dem man eine Zeitung um die Ohren haut, wissen sie normalerweise nicht, warum sie „bestraft" werden. Sie wissen nur, daß sie ordentlich etwas abbekommen.

Wenn Sie jedoch Geduld für Freunde aufbringen, die Märtyrer sind, wird es Ihnen vielleicht gelingen, den Code zu knacken und das Geheimnis zu lüften. Wenn Ihr Freund sich beschwert, daß bei ihm aber auch immer alles schiefgeht, können Sie erwidern: „Erzähl mal. Was genau

> *„Wer verzweifelt, der degradiert Gott."*
> Owen Feltham

ist denn schiefgegangen?" Ein solches vorsichtiges Herantasten kann den wirklichen oder eingebildeten Dorn ans Licht bringen, der den Märtyrer am meisten irritiert. Wenn er sich bewußt wird, worum es sich konkret handelt, kommt er schließlich vielleicht doch an den Punkt, etwas dagegen zu unternehmen.

Hilflose Menschen neigen dazu, ihre negativen Gefühle zu verallgemeinern, so daß sie schließlich alles überschatten. Wenn Sie ihnen helfen, ihr wirkliches Problem auf den Punkt zu bringen, wird sie das ermutigen, wachsamer machen und ihre Bereitschaft erhöhen, ihr Leben endlich selbst in die Hand zu nehmen.

Vermeiden Sie die Falle der Schuldgefühle

Märtyrer klagen sich nicht nur selbst an, sondern geben oft auch dem Wetter, ihrem Geschäft, ihrer Kindheit oder sogar Ihnen die Schuld!

Als ewige Opfer schwelgen sie in Selbstmitleid und versuchen mit ihrem ständigen „Ich-Ärmster"-Habitus das Mitleid anderer zu erregen. Märtyrer verstehen sich, mit anderen Worten, meisterhaft darauf, anderen Leuten Schuldgefühle zu vermitteln. Schließlich neigt man schnell zu dem Gedanken, man hätte sich nicht genug bemüht, ihnen über ihren Kummer hinwegzuhelfen, oder man könnte und müßte ihnen mehr helfen.

Die Wahrheit ist, daß Sie nie genug tun können. Akzeptieren Sie diese Tatsache also, und lassen Sie sich nicht auf einen schmerzlichen Schuld-Trip ein!

Unterscheiden Sie zwischen Selbstmitleid und Depression

Das Selbstmitleid eines Märtyrers ist zwar nicht dasselbe wie eine Depression, aber beide sind einander sehr ähnlich: In beiden Fällen verliert der Betreffende alles Interesse an früheren Vergnügungen, wird von düsteren Gedanken überrollt und von einem Gefühl der Sinnlosigkeit geplagt. Sowohl Märtyrer als auch depressive Menschen trifft man gewöhnlich allein und schwermütig zu Hause an, wo sie sich auf ihre Couch verkrochen haben.

Der entscheidende Unterschied zwischen einer Depression und Selbstmitleid besteht darin, daß eine Depression viel tiefer geht und weit gefährlicher ist als bloßes Selbstmitleid. Wenn ein Märtyrer fast jedes Interesse an gewohnten Aktivitäten und Freizeitbeschäftigungen verloren hat und wenn seine Niedergeschlagenheit seinen Appetit, seinen Schlaf oder seine Konzentration beeinträchtigt, dann leidet er vermutlich eher an einer Depression. Weitere Symptome sind Weinerlichkeit, Gereiztheit und übersteigerte Minderwertigkeitsgefühle sowie Hoffnungslosigkeit.

Wenn Sie den Verdacht haben, daß ein Märtyrer an einer echten Depression leidet, sollten Sie ihn unbedingt bitten, fachliche Hilfe in Anspruch zu nehmen. Übrigens sind depressive Menschen im allgemeinen viel eher bereit, Hilfe zu suchen, als „normale", nicht-depressive Märtyrer.

Lassen Sie Ihren eigenen Tank nicht leerlaufen

„Früher hörte ich mir stundenlang Geschichten über Susans schlimmes Leben an", berichtet Linda. „Ihr Onkel verklagte sie wegen des Geldes ihres Großvaters, und ihre Mutter schlug sich auf die Seite des Onkels. Susan war über die ganze Sache so verzweifelt, daß sie ihr gesamtes Erbe in einem vierwöchigen Einkaufsrausch verschleuderte." Doch nach einer Weile fühlte Linda sich ausgenutzt. „Susan dankte mir nie, daß ich ihr zuhörte, und sie interessierte sich nie dafür, wie es mir erging. Inzwischen macht es mich schon fertig, wenn ich nur daran denke, mit Susan zusammenzusein."

> *„Es ist die Ursache und nicht einfach der Tod, der den Märtyrer ausmacht."*
> Napoleon Bonaparte

Der Kontakt mit Märtyrern kann Ihnen sämtliche Kraft rauben. Wenn Sie je einen Abend mit solch schwierigen Leuten verbracht haben, dann hatten Sie am Ende wahrscheinlich das Gefühl, in Klebstoff gebadet zu haben. Märtyrer können über nichts anderes sprechen als über ihre Melancholie – sie überträgt sich auf jeden, der ihnen zuhört, läßt Sie nicht mehr los und laugt Sie völlig aus. Deshalb müssen Sie sorgfältig darauf achten, nicht Ihrer ganzen Energie beraubt zu werden, wenn Sie mit Märtyrern zu tun haben.

Beobachten Sie, wieviel Zeit Sie mit ihnen verbringen, und prüfen Sie Ihren eigenen Energiepegel. Dann werden Sie in kurzer Zeit ein Gespür dafür bekommen, wieviel Sie verkraften können, bevor Sie eine Pause einlegen und wieder auftanken müssen.

Querverweis

Weitere für den Umgang mit Märtyrern relevante Informationen finden Sie auch in den Kapiteln über das Chamäleon, den Schwamm, den Schwarzseher und das Arbeitstier.

DER MIESMACHER:

pessimistisch und aus Prinzip negativ eingestellt

„Jedesmal, wenn ich das Büro meiner Chefin betrat, fühlte ich mich unwohl", sagt Vanessa, eine Zeitschriftenredakteurin. „Ihre negative Einstellung vergiftete den ganzen Raum."

In der ersten Zeit ging Vanessa mit Begeisterung und übersprudelnd vor Ideen in die Redaktionssitzungen. Aber ständig konfrontiert mit einer zynischen Vorgesetzten, die eine lähmende Atmosphäre verbreitete, „dauerte es nicht lange, bis meine Stimmung den Tiefpunkt erreicht hatte. Und ich war nicht die einzige. Auch andere Redakteure kamen mit hängendem Kopf aus den Sitzungen."

Kennen Sie solche Leute wie diese Chefin, Leute, die einem jede Freude verhageln? Kennen Sie Leute, die oft solche Kommentare von sich geben:„Da ist jede Mühe vergeblich." „Sie können es ja mal probieren, aber Sie werden es garantiert nicht schaffen." „Das haben wir schon versucht, aber es hat nicht funktioniert." „Das kann gar nicht klappen." „Das ist unmöglich." „Ausgeschlossen!"

Wenn Ihnen solche Äußerungen vertraut sind, dann kennen Sie einen Schwarzseher. Der Möglichkeit, daß eine Sache vielleicht auch gut ausgehen könnte, begegnen Schwarzseher ablehnend und verächtlich. Ein kostenloser Flug nach Tahiti handelt einem ja doch nur Probleme mit der Zeitumstellung und Moskitostiche ein.

Ausgeprägte Miesmacher können jeden Freudenballon zum Platzen bringen. „So eine schöne Hochzeit. Schade nur, daß der Bräutigam vorher nicht wenigstens ein paar Kilo abgenommen hat. Hoffentlich wird das nicht noch schlimmer!" „Herzlichen Glückwunsch zur Beförderung. Aber Sie haben ja noch eine lange Karriereleiter vor sich, nicht wahr?" „Die neuen Gemeinderäumlichkeiten sehen super aus. Aber wir werden bestimmt nie so stark wachsen, daß wir sie füllen werden oder bezahlen können!"

Freude ersticken und Erfolge abwerten – darauf verstehen Miesmacher sich meisterhaft. Miesmacher finden wir sogar in einigen Geschichten der Bibel wieder. Die Pharisäer in Johannes' Bericht über die Heilung des Blinden sind solche Leute (Johannes 9). Statt sich mit dem Mann über das Wunder seines wiedergewonnenen Augenlichts zu freuen, lassen sie ihm keine Ruhe und versuchen, Jesus als Übertreter des Gesetzes in Mißkredit zu bringen. Und natürlich ist auch die heutige Gemeinde nicht gegen Miesmacher immun. Es gibt scharenweise moderne Pharisäer, die mit Vorliebe geistliche, theologische und moralische Fauxpas nach dem Motto „Hab' ich dich!" ausfindig machen, um andere zu kritisieren. So sind Miesmacher nun einmal.

Der Autor Marshall Shelley sagt, daß solche Leute das Motto haben: „Nichts gewagt heißt nichts verloren." Fügen Sie dem hinzu: „Wenn's nicht gerade völlig kaputt ist, brauchst du auch nichts daran zu ändern", und Sie haben die Grundeinstellung eines Miesmachers. Das sind die Leute, die den Brüdern Wright erklärten: „Wenn Menschen dazu bestimmt wären zu fliegen, dann hätte Gott ihnen Flügel gegeben."

Als Autor habe ich zur Genüge mit Miesmachern Bekanntschaft machen müssen; als Beweis habe ich einen Schuhkarton voller Absagen von Verlegern und Herausgebern zu bieten. Als Professor sah ich Dutzende vielversprechender Studenten unter Miesmachern leiden, die ihre Träume zugrunde richteten und ihre Hoffnungen zerstörten.

In meiner psychologischen Praxis mußte ich mir zahllose Geschichten von guten Leuten anhören, die sich vom Negativismus der Miesmacher an ihrem Arbeitsplatz so lange beeinflussen ließen, bis sie diese pessimistischen Botschaften verinnerlicht hatten und selbst regelrecht depressiv geworden waren.

Erfreulicherweise konnte ich aber auch miterleben, wie viele dieser Menschen gelernt haben, mit den negativen Botschaften von Miesmachern fertig zu werden und sich in ungeahnte Höhen aufzuschwingen. Ihr Geheimnis? Darauf kommen wir gleich noch zu sprechen. Doch zuerst wollen wir die Eigenschaften beschreiben, die für Schwarzseher charakteristisch sind.

Die Anatomie eines Schwarzsehers

Ein Schwarzseher reagiert automatisch negativ, sobald irgend etwas Sie begeistert. Wenn Sie eine Gehaltserhöhung bekommen, hält er diese für zu gering. Wenn Sie einen Wettbewerb gewinnen, ist er über den Preis enttäuscht. Wenn Sie ein Ziel erreichen, erkennt er es nicht an.

> *„Ein Pessimist ist jemand, der sich schlecht fühlt, wenn es ihm gut geht, aus Angst, daß er sich schlechter fühlen wird, wenn es ihm besser geht."*
> Anonym

Die negative Grundeinstellung eines Schwarzsehers weist allerdings mehrere spezifische Züge auf. Schwarzseher sind zynisch, pessimistisch, geringschätzig, ernüchternd, krittelnd, melancholisch, stagnierend, ablehnend und ansteckend.

Zynisch

Harry Emerson Fosdick, ein einflußreicher Prediger des frühen 20. Jahrhunderts, machte einmal eine sehr interessante Feststellung: „Beobachten Sie genau, weshalb Menschen zynisch sind, und Sie entdecken oft, woran es ihnen mangelt."

Das gilt ganz gewiß für Miesmacher. Der Zynismus pulsiert nur so durch ihre Adern, und während er manchmal in der Maske nachdenklicher Betrachtungen daherkommt, handelt es sich in Wirklichkeit immer um eine billige Attacke gegen die Qualitäten des anderen, die ihnen selbst fehlen.

Pessimistisch

Miesmacher leiden an einem prätraumatischen Streßsyndrom – sie glauben, wenn alles gut läuft, muß die Katastrophe unmittelbar vor der Tür stehen. Sie werden Mühe haben, jemanden zu finden, der pessimistischer ist als ein Schwarzseher.

Geringschätzig

„Sicher, diesmal haben Sie es geschafft, aber wir wollen mal sehen, was Sie leisten, wenn es wirklich darauf ankommt", sagte ein Trainer zu einer jungen Sportlerin, die mit ganzem Einsatz versuchte, ihren Rekord im Hochsprung zu übertreffen. Die Studentin bereitete sich im Training auf einen bevorstehenden Wettkampf vor und war gerade höher gesprungen als je zuvor. Trotzdem reagierte der Trainer geringschätzig, weil es sich nicht um den eigentlichen Wettkampf handelte. Das ist typisch für Miesmacher. Sie werten positive Erfahrungen ab, indem sie sie einfach für ungültig erklären.

Ernüchternd

Haben Sie schon einmal nach einer inspirierenden Predigt ein emotionales Hoch erlebt? Haben Sie je eine Nachricht erhalten, die alle Ihre Vorstellungen weit übertraf? Oder haben Sie je einen Traum geträumt, den Sie nicht fassen konnten? Wenn ja, dann sollten Sie Miesmachern nichts davon erzählen. Sie werden Ihre Seifenblase zerplatzen lassen und Ihrer Begeisterung eine kalte Dusche verpassen, bevor Sie überhaupt wissen, wie Ihnen geschieht. Miesmacher werden durch gute Nachrichten angezogen – aber nur, um Sie zu ernüchtern und Ihnen einzureden, daß es so gut nun auch wieder nicht ist.

Krittelnd

Physiker haben gelernt, Defekte in vollkommene Kristalle einzubauen, um die sogenannten Halbleiter zu verstärken. Offenbar bringen die Störstellen die wichtigste Eigenschaft der Kristalle erst zur Geltung.

Miesmacher hätten mit solchen Methoden Probleme. Wie die Kritiker betrachten sie das Leben durch ein Vergrößerungsglas. Prüfend suchen sie ihre Umgebung nach eventuellen Mängeln ab, und wenn sie den geringsten Fehler aufgespürt haben, nehmen sie ihn ins Visier und vergrößern ihn maßlos.

Melancholisch

„Das typische Profil bietet ein Mensch, der seine Vergangenheit als Pleite betrachtet, die Gegenwart für miserabel hält und der Zukunft mit düsteren Vorahnungen entgegensieht", erklärt John P. Kildahl in seinem Buch „Beyond Negative Thinking" (Jenseits des negativen Denkens).[1] „Selbst wenn etwas Gutes geschieht, denken sie, daß sie bald mit einer Lawine unvermeidlicher Mißgeschicke dafür bezahlen müssen."

> „Was immer wahrhaft, edel, recht, was lauter, liebenswert, ansprechend ist, was Tugend heißt und lobenswert ist, darauf seid bedacht!"
> Philipper 4,8

Miesmacher sind oft verzagt und zu Tode betrübt – kein Wunder!

Stagnierend

Da Miesmacher nur wenig Hoffnung für die Zukunft haben, finden sie wenig Energie für Verbesserungen in der Gegenwart. „Warum überhaupt den Versuch unternehmen?" Diese Frage spukt ihnen immer wieder durch den Kopf; also lassen sie es sein. Sie ersticken jede neue Idee – auch die eigenen – schon im Keim. Die Folge ist, daß Miesmacher oft völlig stagnieren; sie sind so reglos wie abgestandenes Wasser.

Ablehnend

Ich hörte einmal, wie Bruce Feirsten, der Autor des Bestsellers „Real Men Don't Eat Quiche" (Echte Männer essen keine Quiche), in einem Interview über seine Erfahrungen als Schriftsteller sprach. Er sagte, daß zwölf Verleger dieses Buch ablehnten, bevor es schließlich veröffentlicht (und ein Verkaufshit) wurde. Ein Verleger schrieb: „Tut mir leid, aber nicht jeder kann Schriftsteller sein. Vielleicht sollten Sie versuchen, Ihre Talente auf einem anderen Gebiet zu nutzen." Da haben Sie einen Miesmacher par excellence!

Ansteckend

Negativ eingestellte Menschen können jede häusliche oder berufliche Umgebung vergiften. Ihr Verhalten verbreitet Streß und weckt auch in anderen negative Gefühle. Warum?

Weil sie das in jedem von uns schlummernde Potential zur Verzweiflung wecken. Irgendwann hatten die meisten von uns schon einmal das Gefühl, Opfer von Umständen zu sein, die außerhalb unserer Reichweite lagen. Weil Miesmacher sich so mutlos und niedergeschlagen fühlen, können ihre pessimistischen Kommentare leicht eine entsprechende Resonanz in Leuten hervorrufen, die ihnen gerade zuhören.

Kennen Sie einen Miesmacher?

Der folgende Test kann Ihnen helfen zu ermitteln, ob Sie sich in einer arbeitsintensiven Beziehung zu einem Miesmacher befinden. Benennen Sie die Person, die Ihnen beim Lesen der bisher genannten Merkmale in den Sinn kam. Kreuzen Sie „J" an, wenn eine Beschreibung auf diese Person zutrifft. Kreuzen Sie „N" an, wenn die Aussage sich nicht auf die betreffende Person beziehen läßt.

J   N   Wenn es eine erfreuliche Nachricht gibt, kann ich sicher sein, daß diese Person sie abwerten wird.

J   N   Die Einstellung: „Wenn's nicht gerade völlig kaputt ist, brauchst du auch nichts daran zu machen" ist für diese Person charakteristisch.

J   N   Diese Person reagiert in den meisten Situationen von vornherein negativ.

J   N   Oft zeigt diese Person die Einstellung: „Es ist ja doch sinnlos."

J   N   Wenn ich über irgend etwas begeistert bin, kann diese Person mich innerhalb einer Minute völlig ernüchtern.

J   N   Andere Menschen reagieren negativer als sonst, wenn diese Person in der Nähe ist.

J   N   Diese Person rechnet immer mit dem Schlimmsten.

J   N   Wenn es irgendwo einen Fehler gibt, dann wird diese Person ihn garantiert aufspüren.

J   N   Diese Person neigt viel stärker zum Pessimismus als zum Optimismus.

J N Es scheint, als finde diese Person Freude daran, die Vorschläge anderer zu zerreden.

J N Von dieser Person bekommt man gewöhnlich Dinge zu hören wie: „Das kann doch gar nicht funktionieren", „Das ist unmöglich" oder: „Ausgeschlossen!"

J N Diese Person umgibt immer ein Hauch von Traurigkeit oder Angst.

J N Gute Ideen stoßen bei dieser Person meist auf Widerstand.

J N Bei dieser Person sind kaum Anzeichen zu erkennen, daß sie persönlich wächst und sich zum Guten verändert.

J N Wenn ich mit dieser Person zusammen bin, neige ich stärker als sonst dazu, negativ zu reagieren.

Auswertung: Addieren Sie alle Aussagen, die Sie mit Ja beantwortet haben. Wenn es zehn oder mehr sind, befinden Sie sich mit Sicherheit in einer belastenden Beziehung zu einem Miesmacher.

Einen Miesmacher verstehen

Ich bin in einer optimistischen Familie aufgewachsen. Jede Idee war es wert, in Betracht gezogen zu werden. Jede Hoffnung war einen Versuch wert. Aber war das vielleicht zu optimistisch? Ist es denn möglich, zu optimistisch zu sein? Neuere Forschungen bestätigen dies.

Julie K. Norem, eine Psychologie-Dozentin am Wellesley College, glaubt, daß nicht jeder Mensch ein Optimist zu sein braucht. „Zu behaupten, Pessimismus wäre immer schlecht", erklärt Norem, „ist eine zu starke Vereinfachung. Es gibt viele Menschen, die sehr gut zurechtkommen, obwohl sie tatsächlich ziemlich pessimistisch sind." Norem nennt solche Leute „defensive Pessimisten", äußerst erfolgreiche Menschen, die ihre Sorge und Angst dazu nutzen, ihren Streß zu bewältigen und ihre Leistungen zu verbessern.

Manche Menschen nutzen ihren angeborenen Pessimismus, um sich zu schützen. Sie laufen dann zu ihrer Höchstform auf, wenn sie sich auf das Negative konzentrieren. Es sind Schwarzseher, die Angst haben zu versagen und ihren Ängsten nichts als Negativismus entgegenzusetzen haben. Wenn sie eine Idee aushebeln können, bevor sie erst richtig in Schwung kommt, dann brauchen sie keine Sorge mehr vor einem möglichen Mißerfolg zu haben. Solche Leute können gar nicht anders, als zu jammern und die Erwartungen anderer zu dämpfen. Sie entwerfen das denkbar schlimmste Szenario und versuchen dann mit aller Kraft zu verhindern, daß dieser schlimmste Fall eintritt; sie wappnen sich also mit ihrer Angst als Motivationsfaktor, um besser als erwartet abschneiden zu können.

> *„Ein Zyniker ist ein Mensch, der sich, wenn er Blumen riecht, nach einem Sarg umschaut."*
> H. L. Mencken

Der Jünger Thomas könnte ein Schwarzseher gewesen sein. Seine Zweifel machten es ihm unmöglich, die Auferstehung Christi zu feiern. Statt dessen forderte er einen Beweis. Sein Negativismus war vielleicht sein Verteidigungsmechanismus, um sich der Wahrheit über Christus nicht stellen zu müssen. Als die anderen Jünger ihm sagten, daß sie den Herrn gesehen hatten, erwiderte er: „Wenn ich nicht die Male der Nägel an seinen Händen sehe und wenn ich meinen Finger nicht in die Male der Nägel und meine Hand nicht in seine Seite lege, glaube ich nicht" (Johannes 20,25). Eine Woche später, als Thomas dem auferstandenen Herrn begegnete, sagte Jesus zu ihm: „Streck deinen Finger aus – hier sind meine

Hände! Streck deine Hand aus und leg sie in meine Seite, und sei nicht ungläubig, sondern gläubig!" (Johannes 20,27).

Pessimismus ergibt für die meisten Leute keinen Sinn; anders ist das bei Miesmachern, zumindest bei „defensiven" Miesmachern. Andere Miesmacher, vermutlich die Mehrheit, reagieren einfach aus weniger „rationalen" Gründen negativ und pessimistisch.

Solche Schwarzseher glauben, daß sie es mit Kräften zu tun haben, die außerhalb ihrer Kontrolle liegen. Rick wollte zum Beispiel verhindern, daß seine Arbeitsgruppe Büroräume einbüßte, aber auf seine Beschwerdebriefe an die Firmenleitung erhielt er nie eine Antwort. Das war's dann wohl, folgerte Rick. Ich habe getan, was ich konnte, und nun sitzen wir fest. Er gab sich geschlagen und verfiel sofort in einen Zustand der Hilflosigkeit und Opfermentalität.

Andere würden nicht so schnell aufgeben, aber für Miesmacher stellen solche Dinge keine Hindernisse dar, die man umgehen, bewältigen oder überwinden kann, sondern absolute, unverrückbare Mauern.

Der Negativismus eines Miesmachers ist kein „Getue". Er ist tatsächlich überzeugt, daß er nur wenig Macht über sein eigenes Leben hat. Das Schicksal lauert an jeder Ecke, und niemand kann im Grunde etwas dagegen unternehmen. Wegen dieser geringen Erwartungen, Einfluß nehmen und eine Veränderung bewirken zu können, lehnt der Miesmacher sich zurück, jammert und hofft, daß das Schicksal ihn nicht so hart anpacken wird.

> *„Der Bedrückte hat lauter böse Tage, der Frohgemute hat ständig Feiertag."*
> Sprüche 15,15

Negativismus ist ein erlerntes Verhalten. Wirklich tiefsitzende negative Einstellungen sind normalerweise nicht angeboren, sondern werden von Eltern, Lehrern, Fußballtrainern oder anderen prägenden Personen übernommen. So hatten die Eltern mancher Leute zum Beispiel eine ziemlich düstere Lebensperspektive, und diese Trübsinnigkeit wirkte ansteckend auf ihre Kinder. Andere haben sich vielleicht angewöhnt, negativ zu reagieren, nachdem sie einen vernichtenden Fehlschlag erlitten haben und zum Beispiel nicht zum Studium ihrer Wahl zugelassen wurden. Sie betrachten sich selbst als geschädigt und glauben nicht mehr, daß überhaupt jemand in ihrer Umgebung Erfolg oder Glück verdient.

Könnte es sein, daß das Problem eines Miesmachers im Kern auf ein geringes Selbstwertgefühl zurückzuführen ist? Könnte es sein, daß Miesmacher in dem vergeblichen Bemühen, mehr Selbstwertgefühl zu entwickeln, wahllos die Ideen und Hoffnungen anderer zertrümmern?

Um eine Antwort auf solche Fragen zu finden, führten Jennifer Crocker und Ian Schwarts unter zweiundvierzig College-Studenten eine Umfrage über ihr Selbstwertgefühl durch.[2]

Anschließend teilten die Forscher die Teilnehmer nach dem Zufallsprinzip in die zwei Gruppen „Alpha" und „Beta" ein. Alle Studenten wurden aufgefordert, die Persönlichkeit jeder anderen Person in beiden Gruppen einzuschätzen und nach wünschenswerten und unerwünschten Eigenschaften zu bewerten. Was hatten die Alphas über die Betas zu sagen und umgekehrt? Obwohl diese Studenten einander nie begegnet waren, stellte sich heraus, daß ihre Einschätzung oft durch ihr Selbstbewußsein beeinflußt war. Studenten mit hohem Selbstwertempfinden bewerteten beide Gruppen positiver als diejenigen mit geringem Selbstwertgefühl. Interessanterweise machten die Studenten, deren Selbstwertgefühl gering war, überhaupt keinen Unterschied: Während sie starke Vorurteile gegen die Angehörigen der anderen Gruppe erkennen ließen, bewerteten sie die Mitglieder der eigenen Gruppe nicht im mindesten besser. Crocker und Schwarts zogen daraus die Schlußfolgerung: „Personen mit geringem Selbstwertgefühl scheinen sich selbst, ihre eigene Gruppe, andere Gruppen und möglicherweise die ganze Welt grundsätzlich negativ zu bewerten."

62

Mit Miesmachern klarkommen

Als Schulkind zog Roger Bannister sich bei einem Unfall schwere Brandverletzungen an den Beinen zu. Sein Arzt teilte ihm mit, daß er nie wieder gehen würde. Als Erwachsener wurde Bannister dann aber der erste, der den Vier-Minuten-Rekord im Meilenrennen überbot.

Ich weiß nicht, ob Bannisters Arzt ein Scharlatan oder nur ein Schwarzseher gewesen ist, aber ich weiß sehr wohl, daß wir nicht alle schlechten Nachrichten glauben dürfen, die wir zu hören bekommen. Beim Kontakt mit Miesmachern ist das von fundamentaler Bedeutung.

Aber auch die folgenden Strategien haben sich im Umgang mit Miesmachern bewährt.

Stellen Sie sich dem Miesmacher in Ihnen selbst

Im Büro eines Freundes hängt ein Schild mit der Aufschrift: „Aber so haben wir es doch schon immer gemacht!" Er meint, es erinnere ihn daran, wie dumm es sei, Innovationen zu ignorieren und kreativen Ideen auszuweichen. „Es ist erstaunlich, wie oft ich in Besprechungen solche Äußerungen zu hören bekomme", berichtet er. Das kann ich nur bestätigen. Und ich muß zugeben, daß auch ich mich schon in dieser Weise geäußert habe.

> „Ein Zyniker kann dich mit einem einzigen Wort abschrecken und entmutigen."
> Ralph Waldo Emerson

Letzten Sonntag fuhren wir wie gewohnt zu einem Restaurant, in dem wir oft nach dem Gottesdienst essen gehen. Unterwegs schlug meine Frau Leslie zur Abwechslung ein anderes Restaurant vor. „Aber wir gehen doch sonntags immer dorthin", entgegnete ich.

Irgendwie habe ich das Gefühl, daß ich nicht allein dastehe. Erzählen Sie mir nur nicht, daß Sie noch nie die Pläne oder Ideen anderer niedergewalzt hätten. Jeder hat sich irgendwann einmal in die Reihen der Schwarzseher eingeordnet und erklärt: „Das klappt doch nie!" Schließlich kostet es nicht viel Mühe, keine Vision zu besitzen. Negativismus ist leicht.

Wenn Sie diese Seite in sich selbst erkennen, werden Sie die Miesmacher in Ihrem Leben besser verstehen können.

Lassen Sie sich nicht anstecken

Achtung: Der Schwarzseher-Virus ist sehr ansteckend. Genau wie eine Grippe kann Negativismus völlig ungewollt übertragen werden. Wenn jemand auf der Autobahn hartnäckig hinter Ihnen klebt und herumhupt, schwillt Ihr Zorn dann nicht im Handumdrehen an, bis Sie genauso wütend sind wie dieser Drängler? Kein einziges Wort wurde gesprochen, doch wenn Sie so reagieren wie die meisten Menschen, dann haben Sie sich vom Negativismus dieses Fahrers anstecken lassen.

Negativismus ist ganz gewiß nichts, womit irgend jemand sich freiwillig infizieren würde. Warum lassen wir es dennoch zu? Ein Grund besteht darin, daß wir so stark auf Gefühle eingestimmt sind, daß wir die Emotionen anderer leicht aufschnappen. Wenn wir offen sind, sind wir offen: positive Eindrücke finden dann ebenso leicht Eingang wie negative. Und wenn wir versuchen, letztere herauszufiltern, werden auch die positiven blockiert. Wenn wir also mit einer negativen Person zu tun haben, zeigen wir ebenfalls negative Tendenzen. Wir werten die Ideen anderer Leute ab und lassen zynische Bemerkungen fallen. Sobald wir mit Negativismus infiziert sind, entwickelt sich diese Einstellung zur natürlichen Reaktion. Sie wird zu unserem Mitgliedsbeitrag der Akzeptanz, und oft bezahlen wir diesen Preis, ohne uns dessen bewußt zu sein.

Wir müssen lernen, objektiv zu sein und die negativen Gefühle eines Schwarzsehers zu beobachten, ohne uns davon anstecken zu lassen. Der Apostel Paulus nannte uns den besten Schutz gegen Negativismus, als er sagte:

„Gleicht euch nicht dieser Welt an, sondern wandelt euch und erneuert euer Denken" (Römer 12,2).

Unterscheiden Sie zwischen kritischem Denken und Schwarzmalerei

Allerdings beruht nicht jede negative Aussage auf Negativismus. Wir müssen lernen, echte Schwarzseherei von kritischem Denken zu unterscheiden. Wenn jemand sagt: „Nur fünf Prozent aller Angebote werden angenommen", gibt er damit vielleicht nur eine wertvolle Information weiter, statt Ihre Idee mieszumachen.

Kritische Denker identifizieren mögliche Desaster im voraus und können Ihnen helfen, solche Gefahrenquellen zu umgehen, zu überwinden oder zu minimieren.

In der Praxis ist es eigentlich leicht, zwischen beiden zu differenzieren. Als Reaktion auf die Aussage: „Aber wenn wir ein Angebot ausarbeiten, müssen wir dafür irgendein anderes Projekt fallenlassen" wird der kritische Denker erwidern: „Das ist ein wichtiges Argument, aber vielleicht können wir dieses Problem irgendwie umgehen" oder: „Vielleicht kommen wir auch mit einem Projekt weniger aus." Der Schwarzseher hört dieselbe Aussage und erklärt: „Ganz genau. Da kann man wohl nichts machen."

Achten Sie auf Ihre innere Stimme

Wenn Sie mit Miesmachern leben oder arbeiten, ist Ihr Selbstbewußtsein mit Sicherheit schon um ein paar Grade gesunken. Wenn man so viele negative Botschaften gehört hat, ist es nur natürlich, sie allmählich zu glauben. Um nicht noch tiefer darin zu versinken und Ihr Selbstbewußtsein wieder aufzubauen, müssen Sie auf Ihre inneren Selbstgespräche achten. Welche Reaktionen laufen in Ihnen ab, wenn Sie einen Fehler gemacht haben? Welche Gedanken gehen Ihnen durch den Kopf, wenn Sie Ihr Ziel nicht erreichen?

Wenn Schwarzseher Sie beeinflußt haben, sind es vermutlich negative Botschaften: „Ich werde es ja doch nie schaffen." Wenn Sie sich nicht darüber im klaren sind, welche Botschaften Sie sich selbst „vorbeten", dann führen Sie eine Zeitlang einen Notizblock mit sich und schreiben Sie auf, was Ihnen durch den Kopf geht, wenn Sie eine neue Idee haben oder ein selbstgestecktes Ziel nicht erreichen. Sollten Sie feststellen, daß Miesmacher Sie stärker geprägt haben als erwartet, ist es noch nicht zu spät. Überprüfen Sie Ihre Selbstgespräche einfach weiter, und fangen Sie an, die negativen Botschaften durch realistische Aussagen zu ersetzen.

> *„Fasse Mut, das Schlimmste kommt noch."*
> Philander Johnson

Reden Sie sich nur nicht ein, so etwas wäre positives Denken, Schönfärberei oder – noch schlimmer – Selbstbetrug. Es geht nicht darum, sich einzureden, Sie wären ein bedeutender Künstler, obwohl Sie aus freier Hand nicht einmal ein Strichmännchen zeichnen können. Das Entscheidende ist, daß Sie falsches, zu stark verallgemeinerndes Denken nach dem Motto: „Ich mache aber auch gar nichts richtig" korrigieren.

Denken Sie daran, daß Selbstgespräche – ob positiv oder negativ – die Tendenz haben, sich irgendwann zu bewahrheiten. Deshalb ist es so wichtig, Ihre negativen Selbstbotschaften zu überwachen und negativistischen Tendenzen mit Realismus zu begegnen.

Halten Sie dagegen

So wie Sie lernen müssen, negativen Selbstgesprächen realistische positive Aussagen entgegenzusetzen, genauso müssen Sie auch lernen, Schwarzsehern mit Objektivität zu begegnen. Wenn ein Miesmacher Ihnen erklärt, daß etwas nicht funktionieren wird, dann nennen Sie ein Beispiel für einen Fall, in dem es geklappt hat. Wenn Ihnen keine ähnliche Situation einfällt, in der die Sache erfolgreich verlief, dann ist eine Feststellung wie: „Ich bin trotzdem überzeugt, daß wir noch nicht jede Möglichkeit versucht haben" immer noch besser als gar nichts.

Wenn Sie Ihre positive Perspektive aussprechen, verstärkt das Ihre eigene Entschlossenheit, und es besteht zumindest die Chance, daß daraufhin auch der innere Zeiger des Schwarzsehers wieder etwas mehr zum Positiven ausschlägt.

Bekämpfen Sie irrationales Denken

Manchmal benutze ich in meinen Therapiegesprächen ein Rätsel (das übrigens Abraham Lincoln gern seinen Mitmenschen stellte), um zu veranschaulichen, wie wichtig es ist, irrationales Denken zu bekämpfen: „Wenn Sie den Schwanz eines Hundes als Bein bezeichnen, wie viele Beine hat der Hund dann?"

Die Antwort gebe ich meinen Patienten in einem verschlossenen Umschlag mit nach Hause und fordere sie auf, gründlich über das Rätsel nachzudenken. Erst nachdem sie eine befriedigende Antwort gefunden haben, dürfen sie den Umschlag öffnen. Und fast ausnahmslos gelangen meine Patienten zu dem Schluß, daß der Hund fünf Beine hat, während Lincoln zur Antwort gab: „Ein Hund hat nach wie vor vier Beine. Wenn man einen Hundeschwanz als Bein bezeichnet, ist er deshalb noch lange kein Bein."

> *„Tut alles ohne Murren und Bedenken."*
> Philipper 2,14

Miesmacher haben meist keine engere Tuchfühlung mit der Realität als himmelhoch jauchzende Optimisten. Und wenn Sie diese Tatsache in Erinnerung behalten, wird es Sie vor der Art von „Logik" bewahren, auf die Lincoln abzielte. Das Entscheidende ist, im Gedächtnis zu behalten, daß das Denken eines Schwarzsehers nicht auf der Realität beruht, und ihm deshalb nicht allzuviel Aufmerksamkeit zu schenken.

Seien Sie beharrlich

Einer der bedauerlichsten Aspekte des Zusammenlebens oder der Zusammenarbeit mit Schwarzsehern ist die Gefahr, daß sie Sie so weit bringen können, Ihre Träume aufzugeben. Nachdem Sie sich ihre negativen Auslassungen angehört haben, glauben Sie sie vielleicht allmählich selbst und lassen Ihre Hoffnungen und Pläne fallen.

Wenn es Ihnen schwerfällt, an Ihren Träumen festzuhalten, dann kämpfen Sie gegen diese Versuchung und beweisen Sie dem Schwarzseher, daß er sich getäuscht hat. Vor einigen Jahren ging ich als frischgebackener Professor in das Büro des Dekans, um eine Idee vorzustellen, wie wir 150.000 Dollar aufbringen könnten, die wir für ein Ehevorbereitungsprogramm benötigten. Schon nach fünfzehn Minuten erklärte er: „Solche Sachen funktionieren auf diesem College nicht", und damit war für ihn das Thema abgehakt. Ich war fast soweit, aufzugeben und zum üblichen Trott zurückzukehren. Aber ich tat es nicht. Ich sprach mit anderen Kollegen und Studenten und wurde immer überzeugter, wie groß der Bedarf an einer solchen Vorbereitung war.

> *„Es erfordert Klugheit, ein Zyniker zu werden, und Weisheit, es nicht zu werden."*
> Fannie Hurst

Ein Jahr später hatten wir das Geld zusammen, und inzwischen läuft das Schulungsprogramm unter dem Titel: „Rette Deine Ehe, bevor sie beginnt" schon seit Jahren. Das ist nur ein Beispiel für Millionen von Ideen, die einmal die Zielscheibe eines Miesmachers waren. Fragen Sie einmal jemanden, der seinen Traum verwirklicht hat, und Sie werden garantiert Geschichten über Miesmacher zu hören bekommen, die ihn daran zu hindern versuchten.

Lassen Sie sich manchmal entmutigen? Das ist nicht schlimm. Aber geben Sie nicht auf!

Nehmen Sie den Miesmacher mit Humor

In Sprüche 17,22 steht: „Ein fröhliches Herz tut dem Leib wohl." Das ist wohl wahr, aber Humor kann auch riskant sein. Was den einen anspricht, ist für den anderen abstoßend. Eine Umfrage unter 14 000 Lesern der Zeitschrift „Psychology Today", die dreißig Witze bewerten sollten, ergab klar polarisierte Ergebnisse. „Jeder einzelne Witz", so wurde berichtet, „fand eine beträchtliche Zahl von Anhängern, die ihn als ‚sehr lustig' bewerteten, während eine andere Gruppe ihn als ‚überhaupt nicht lustig' verwarf."[3] Offenbar ist unser Humorempfinden ganz unterschiedlich geprägt. Doch wenn Humor in der rechten Weise eingesetzt wird, kann er eine ausgezeichnete Strategie sein, um dem Zynismus eines Miesmachers die Spitze zu nehmen – einfach weil Humor Spannungen abbaut.

> *„Skeptizismus ist langsamer Selbstmord."*
> Ralph Waldo Emerson

Während der Kubakrise gerieten die sowjetischen und amerikanischen Unterhändler einmal in eine Sackgasse. Sie saßen schweigend da, bis einer der Russen ein Rätsel nannte: „Was ist der Unterschied zwischen Kapitalismus und Kommunismus?" Antwort: „Im Kapitalismus beuten Menschen Menschen aus. Im Kommunismus ist es umgekehrt."

Humor baut Streß ab, und wenn Sie im Umgang mit Miesmachern Humor entwickeln und bewahren können, werden Sie ihren Negativismus abwenden. „Wenn du einer Situation eine komische Seite abgewinnen kannst", erklärte Bill Cosby, „dann kannst du sie überleben." Das sagt auch die Wissenschaft. Studien zeigen, daß Menschen mit einem starken Sinn für Humor weniger zu Depressionen oder anderen Formen von Stimmungsstörungen neigen.

Lassen Sie Ihre Laune nicht von Miesmachern bestimmen

Als Thomas Jefferson das „Streben nach Glück" in unsere unveräußerlichen Menschenrechte einschloß, deutete er damit auf einen Gedanken, der für uns alle wichtig ist, wenn wir mit innerer Freude leben wollen: Menschen werden unserem Recht auf Glück im Weg stehen, wenn wir es zulassen.

Neulich war ich mit einem Freund an einem Zeitungsstand, wo er eine Zeitung kaufte und sich höflich bedankte. Der Verkäufer ging aber nicht im mindesten darauf ein. Als ich eine Bemerkung über die mürrische Art dieses Mannes machte, zuckte mein Freund die Achseln und meinte: „Ach, so ist der immer." Als ich meinen Freund fragte, warum er sich denn weiter so höflich zeige, erwiderte er: „Warum sollte ich von diesem Typen bestimmen lassen, wie ich mich verhalte?"

> *„Mein Pessimismus geht so weit, daß die Ehrlichkeit der Pessimisten mir verdächtig erscheint."*
> Edmond Rostand

Welch eine Einsicht! Was mich jedoch am meisten beeindruckte, war die Tatsache, daß mein Freund diese Einsicht auch praktizierte. Es ist eine Sache zu wissen, daß unsere Laune nicht von anderen Menschen bestimmt werden sollte; doch nach dieser Überzeugung zu leben ist etwas ganz anderes. Praktizieren Sie diese Erkenntnis bei Miesmachern, wann immer Sie die Gelegenheit dazu erhalten, und es wird Ihnen zur Gewohnheit werden.

Unterscheiden Sie, wo Sie Hilfe suchen sollten und wo nicht

Ich liebe die folgende Geschichte über den Mann, der ein Problem hatte und deswegen seinen Arzt konsultierte.

Nachdem er dem Mann zugehört hat, sagt der Arzt: „Ich bin sicher, daß ich die Antwort auf Ihr Problem habe." Der Mann erwidert: „Das habe ich gehofft, Herr Doktor. Ich hätte gleich zu Ihnen kommen sollen." Der Arzt fragt: „Wo sind Sie denn sonst gewesen?" „Ich habe es in der Apotheke versucht", gibt der Mann zu. Mit verächtlichem Ton bemerkt der Arzt: „Und welchen dummen Rat hat man Ihnen dort gegeben?" „Ich solle zu Ihnen kommen!" sagt der Mann.

Auch Miesmacher werden oft um Rat gebeten. Aus welchem Grund auch immer – sei es aufgrund ihrer Ausbildung, Erfahrung oder Position – werden sie manchmal als Leute angesehen, die man zu Rate ziehen sollte. Aber Miesmacher sollten die letzten sein, an die man sich wendet – es sei denn, man möchte gründlich entmutigt werden.

Wenn Sie Weisheit und Anhaltspunkte für eine Entscheidung brauchen, sollten Sie sich an Menschen wenden, die für ihre optimistische Einstellung und ihre realitätsbezogenen Perspektiven bekannt sind. Das sind die Leute, die Ihren Ideen Flügel verleihen werden.

Drängen Sie nicht auf einen Wandel

Der Versuch, die Einstellung eines Schwarzsehers zu ändern, gleicht oft einem aussichtslosen Kampf. Ein ausgesprochen effektiver Pastor führte mich einmal durch die Gebäude seiner beeindruckenden Gemeinde. Heute ist es eine expandierende Gemeinde mit mehreren tausend Mitgliedern, doch vor wenigen Jahren begann sie mit einer Handvoll Leuten in einem kleinen Vorort der Stadt. Er erzählte mir, wie Gott ihm die Vision gegeben hatte, Menschen zu helfen, positive Prinzipien aus der Bibel zu verinnerlichen, und wie er monatelang daran gearbeitet hatte, seiner kleinen Gemeinde diese Botschaft zu vermitteln. Aber wie ein Stein im Getriebe hatten mehrere Personen, denen sein Stil oder seine Botschaft nicht paßte, einen gehörigen Teil ihrer

Energie darauf verwendet, sich querzustellen und zu murren. Schließlich wollten sie ihn sogar veranlassen, seinen Abschied zu nehmen. Der Pastor unterbrach seinen Bericht und sah mich an. „Weißt du, was für die Gemeinde das Beste war, Les? Als diesen negativen Leuten klar wurde, daß ich nicht gehen würde, waren sie diejenigen, die die Gemeinde verließen."

> *„Ein Zyniker ist ein Mensch, der im Alter von zehn Jahren herausfand, daß es keinen Nikolaus gibt, und das immer noch nicht verkraftet hat."*
> J. G. Cozzens

Manche negativen Leute haben sich von vornherein darauf versteift, negativ zu reagieren. Wenn wir diese Tatsache akzeptieren, können wir leichter den Entschluß fassen, entweder auszuharren und all ihren Negativismus zu ertragen – oder den Hut zu nehmen und uns einen anderen Platz zu suchen.

Querverweis

Weitere im Hinblick auf Miesmacher relevante Informationen finden Sie auch in den Kapiteln über die kalte Schulter, die Plaudertasche, den Kritiker und die Dampfwalze.

DIE DAMPFWALZE:

stur, rücksichtslos und unsensibel für andere

Stefan besitzt das Feingefühl eines Bulldozers. Er poltert, protzt und prahlt, ob zu Hause oder im Büro. Und sein Mangel an Taktgefühl, verbunden mit ungeschickten Kommunikationsversuchen, entfremdet ihn häufig von Kollegen und seiner eigenen Familie. Stefan platzt bei jeder Gelegenheit mit unqualifizierten Kommentaren heraus und ahnt nicht einmal, wie sehr er damit die Gefühle der anderen verletzt. „Wie siehst du denn heute aus?" „Jetzt sprichst du schon wieder über Nebensächlichkeiten. Bleib beim Thema." „Warum erzählst du mir das? Das interessiert mich doch nicht!"

> *„Streite in einer Diskussion nie mit einem törichten, stolzen, positivistischen, gereizten Menschen oder einem Vorgesetzten oder einem Clown."*
> Thomas Fuller

Haben Sie je solche Äußerungen zu hören bekommen? Kennen Sie Menschen wie Stefan, die sich in der Gesellschaft mit der Anmut des berühmten Elefanten im Porzellanladen bewegen? Kennen Sie Leute, die anderen auf den Schlips treten und es nicht mal bemerken?

Wenn ja, dann kennen Sie Dampfwalzen. Sie verletzen die Gefühle anderer mit einer Selbstverständlichkeit, als wäre es das Normalste auf der Welt, und sind dabei ganz unschuldig. Sie poltern geradezu durchs Leben und walzen mit ihrem unsensiblen Naturell jeden platt, der ihnen über den Weg läuft. Ihre Art läßt selbst die dickfelligsten Menschen zusammenzucken.

Meine Bekannte Joan arbeitet für einen solchen Chef. Als sie einen Bericht einreichte, warf er einen kurzen Blick darauf und sagte: „Letztes Mal hat sich der Buchhalter über dieses Format beschwert, und nun haben Sie es schon wieder gewählt!" Joan war so perplex, daß es ihr die Sprache verschlug. In ihrem Büro haßt jeder den Chef. Er nimmt kein Blatt vor den Mund, läßt ständig verletzende Bemerkungen fallen und nimmt keinerlei Rücksicht auf die Gefühle anderer. Joan und ihre Kollegen bemühen sich nach Kräften, den Seitenhieben dieses Mannes auszuweichen, aber mehr als einmal erklärte er bei Besprechungen: „Wir sind nicht in dieser Firma, um nur ja kein Wässerchen zu trüben, sondern um Wellen zu schlagen."

Solche Äußerungen sind typisch für Dampfwalzen. Sie scheuen sich nicht, Wellen zu schlagen, und es macht ihnen auch nichts aus,wenn dabei andere Leute Wasser schlucken oder sogar ertrinken. Ein Bekannter von mir sagte einmal, daß Dampfwalzen ihre Sätze nie mit einem Punkt, sondern immer mit einem Ausrufezeichen beenden. Dampfwalzen sind verbale Terroristen, die bei jedem Gesprächspartner die Alarmglocke auslösen.

Wenn eine Dampfwalze Sie nach Ihrer Meinung fragt, wird sie sie Ihnen vorgeben. Und wenn man nicht auf ihre Wünsche eingeht, ist Vorsicht angesagt! Ihr Motto lautet: „Hier bestimme ich, oder Sie können gleich Ihre Koffer packen."

In der Umfrage, die ich im ersten Kapitel erwähnt habe, stellte sich heraus, daß viele der Befragten täglich mit Dampfwalzen zu tun haben. Bei den meisten rangierte diese Art von Streßbeziehung an vierter Stelle.

Wenn Sie Dampfwalzen kennen, brauchen Sie deswegen nicht zu verzweifeln – selbst wenn Sie mit einer zusammenleben. Sie können die Persönlichkeit solcher Menschen zwar nicht in „drei leichten Schritten" ändern, aber Sie können lernen, mit dieser Art von Beziehungsproblemen umzugehen und sich nicht davon überrollen zu lassen.

Auch hier setzt jeder Fortschritt voraus, daß wir zunächst genauer verstehen, was Dampfwalzen eigentlich zu dem macht, was sie sind.

Die Anatomie einer Dampfwalze

Dampfwalzen können leitende Angestellte oder Geschäftsführer sein, die es gewohnt sind, den ganzen Tag über das Kommando zu führen, und dann auch zu Hause die Kontrolle nicht aufgeben können. Oder sie arbeiten irgendwo in untergeordneter Stellung und können nur dann etwas durchsetzen, wenn sie sich aufspielen. Möglicherweise sind Dampfwalzen auch einfach blind für die Gefühle anderer und lassen völlig ahnungslos verletzende Bemerkungen fallen.

Was immer die Gründe sein mögen, gemeinsam sind allen Dampfwalzen die folgenden Wesenszüge: sie sind arrogant, unabhängig, anklagend, herablassend, manipulativ, achtlos, Unruhe verbreitend, dickköpfig und grob.

Arrogant

„Ich stecke in Schwierigkeiten, weil ich normal und ein bißchen arrogant bin", erklärte der Boxer Mike Tyson kürzlich in schöner Selbstverständlichkeit in einem Interview. „Viele Leute können sich selbst nicht leiden, aber ich bin nun einmal von mir überzeugt."

Allem Anschein nach sind auch die meisten Dampfwalzen völlig von sich selbst eingenommen. So wie ein Pfau seine Schwanzfedern auffächert, um Angreifer abzuschrecken, so verbergen Dampfwalzen ihre Schwäche oft hinter einer arroganten, besserwisserischen Art, die auf alles eine Antwort hat.

Unabhängig

Dampfwalzen strahlen den Anschein von Macht, persönlicher Autorität und Unabhängigkeit aus. Sie scheinen andere Leute nur wenig oder gar nicht zu brauchen und lassen wenig Raum für die Urteilsfähigkeit, Kreativität oder Geschicklichkeit anderer. Sie halten es kaum für nötig, das Wissen und die Fachkenntnis anderer in ihre Arbeit einzubeziehen. Falls Sie es noch nicht bemerkt haben: Dampfwalzen wissen immer am besten, wie man an eine Sache heranzugehen hat.

Anklagend

Trotz ihrer unabhängigen Art drücken Dampfwalzen sich oft vor der Verantwortung, wenn etwas schiefgeht, indem sie die Schuld auf andere abwälzen. Der Fehler liegt in der Inkompetenz gewisser Leute (das sind Sie oder ich), die das ganze Projekt vermasselt haben. Obwohl Dampfwalzen vielleicht ihre eigene Idee eingebracht und auch die Weichen für eine entsprechende Umsetzung gestellt haben, werden sie sofort mit dem Finger auf andere zeigen, wenn der Plan fehlschlägt.

Herablassend

Da Dampfwalzen sich immer im Recht wähnen, wirken sie auf andere Menschen herablassend. „Das hätten Sie besser wissen müssen", werden sie sagen oder: „Ich habe Ihnen gleich gesagt, daß Sie dumm dastehen werden, wenn Sie meinen Rat nicht befolgen." Und während sie solche Äußerungen oft durchaus ohne böse Absicht fallen lassen, vermitteln sie anderen dennoch das Gefühl, wie ein kleines Kind behandelt zu werden, das vom Lehrer getadelt wird.

Manipulativ

Dampfwalzen betrachten jeden Tag als ein überdimensionales Schachspiel, bei dem es darauf ankommt zu gewinnen. Sie wissen, wer die Fäden zieht und wer die Finanzen verwaltet. Manche Dampfwalzen gehen sogar so weit, ethische

Grundsätze zu mißbrauchen, Menschen zu ihrem eigenen Vorteil zu manipulieren und alles zu sagen oder zu tun, was sie selbst voranbringt.

Dampfwalzen benutzen andere Menschen oft, um sich selbst zu erhöhen.

Achtlos

Die Beziehung zu einer Dampfwalze ist wie Radfahren: Wenn man nicht mehr in die Pedale tritt, fällt man um. Ich habe jede Menge Leute getroffen, die es an ihrem Arbeitsplatz nicht weit gebracht haben, weil ihr Chef eine Dampfwalze war und kaum Zeit dafür erübrigte, einen neuen Angestellten einzuarbeiten und zu betreuen.

Dampfwalzen sind ständig auf Achse, und wenn man nicht schnell auf den fahrenden Zug aufspringt, wird man leicht überrollt.

Unruhe verbreitend

Dampfwalzen können mit der Sturheit eines Ochsen in eine friedliche Situation hereinplatzen. Man muß kein Sherlock Holmes sein, um eine Dampfwalze aufzuspüren. Sie verrät sich selbst mit ihrer lauten, aufdringlichen, kratzbürstigen und ungestümen Art. Sobald sie auftaucht, verbreitet sie eine unruhige Atmosphäre.

Dickköpfig

Dampfwalzen sind so versessen darauf, alles nach ihrer Nase laufen zu sehen, daß man fast meinen könnte, sie hätten ihr Tagebuch schon im voraus geschrieben. Und sobald sie sich auf ein bestimmtes Ziel versteift haben, lassen sie sich durch keinen Einwand mehr davon abbringen. Kompromisse sind für Dampfwalzen völlig indiskutabel. Sie haben recht, und alle anderen sind im Unrecht. Punkt. Aus.

Henry Ward Beecher, ein Prediger des 17. Jahrhunderts, muß an Dampfwalzen gedacht haben, als er sagte: „Beharrlichkeit und Dickköpfigkeit unterscheiden sich darin, daß das eine auf einem starken Willen, das andere auf einem starken ‚Will nicht' beruht."

Grob

Es läßt sich nicht bestreiten: Dampfwalzen können brutal sein. Ohne mit der Wimper zu zucken, können sie Bemerkungen fallen lassen, die jeder andere einigermaßen kultivierte Mensch nicht einmal im Flüsterton zu äußern wagte: „Mensch, du hast aber eine extrem große Nase!" „Also, ein geborener Autofahrer bist du nicht gerade!" Oder: „Wenn du ständig so viel quasselst, ist es kein Wunder, daß sich kein Mann für dich interessiert."

> *„Ein Edelstein wird nicht ohne Reibung geschliffen und ein Mensch nicht ohne Trübsal vervollkommnet."*
>
> Chinesisches Sprichwort

Kennen Sie eine Dampfwalze?

Der folgende Test kann Ihnen helfen zu ermitteln, ob Sie sich in einer arbeitsintensiven Beziehung zu einer Dampfwalze befinden. Identifizieren Sie die Person, die Ihnen beim Lesen der bisher genannten Merkmale in den Sinn kam. Kreuzen Sie „J" an, wenn eine Beschreibung auf diese Person zutrifft. Kreuzen Sie „N" an, wenn die Aussage sich nicht auf die betreffende Person beziehen läßt.

J N   Oft fühle ich mich von der unsensiblen Art dieser Person überrollt.

J N   Wenn diese Person den Raum betritt, merkt es jeder.

J N Zweifellos ist diese Person radikal unabhängig.

J N Diese Person läßt taktlose Bemerkungen fallen, ohne es im mindesten zu bemerken.

J N Diese Person reagiert dickköpfig und hartnäckig, wenn sich ihr das geringste Hindernis in den Weg stellt.

J N Ich habe den Eindruck, daß diese Person mich fallen lassen wird wie eine heiße Kartoffel, wenn ihr irgend etwas an mir nicht paßt.

J N Diese Person wirkt oft sehr arrogant.

J N Diese Person weiß ganz genau, wer das Sagen hat, und wird alles tun, um solche Leute auf ihre Seite zu ziehen.

J N Man ist immer schlecht beraten, mit dieser Person zu diskutieren.

J N Diese Person erkennt gar nicht, welche Verletzungen sie in zwischenmenschlichen Beziehungen hervorruft.

J N Diese Person ist engstirnig und nicht an den Vorschlägen und Ideen anderer interessiert.

J N Ich komme mir oft vor wie ein kleines Kind, wenn diese Person mich in ihrer herablassenden Art anspricht.

J N Meistens ist diese Person sich überhaupt nicht bewußt, welche Gefühle sie in anderen auslöst.

J N Oft tun Menschen alles, was in ihrer Macht steht, um es dieser Person recht zu machen, weil sie so einschüchternd wirkt.

J N Diese Person gibt manchmal derart ungehobelte Bemerkungen von sich, daß ich unwillkürlich zusammenzucke.

Auswertung: Addieren Sie alle Aussagen, die Sie mit Ja beantwortet haben. Wenn es zehn oder mehr sind, befinden Sie sich mit Sicherheit in einer belastenden Beziehung zu einer Dampfwalze.

Eine Dampfwalze verstehen

Frank, ein 36jähriger Vater zweier Kinder, ist mit einer sehr verständnisvollen Frau verheiratet. In den zwölf Jahren ihrer Ehe hat Rachel sein energisches, einschüchterndes und manchmal regelrecht taktloses Verhalten weitgehend ertragen. Franks herabwürdigende Art und sein herrisches Gehabe gaben immer wieder Anlaß zu endlosen Diskussionen und tiefer Frustration. Dennoch hielt Rachel treu zu ihrem Ehemann – zum Teil aus Überzeugung, aber vor allem, weil sie versteht, warum er sich so verhält.

Frank wuchs in einer kleinen Stadt an der Ostküste Amerikas auf. Er war ein begabtes Kind und hatte das Pech, von den anderen wegen seiner Intelligenz verkannt und gehänselt zu werden. Seine Kindheit verbrachte er meist allein und mit dem Gefühl, anders zu sein. Von seinen Eltern fühlte er sich mißverstanden. Immer wieder versuchte er, sich gegenüber seinen Lehrern zu rechtfertigen. Er hatte die Sticheleien seiner Altersgenossen zu verkraften und fand Trost im Umgang mit Tieren. Jahrelang dachte er daran, Tierarzt zu werden, aber sein Werdegang führte ihn dann in eine andere Richtung. Schon sehr früh gelangte Frank zu der Überzeugung, daß die Welt ein feindseliger Ort war und daß er nur überleben konnte, wenn er selbst auf sich achtgab. Heute ist Frank erwachsen und bietet mit seiner hochgewachsenen Gestalt einen imposanten Anblick. Aber innerlich gleicht er immer noch dem zehnjährigen Jungen, der akzeptiert werden möchte, aber das entsprechende Risiko nicht eingehen will. Unbewußt versucht er sich zu schützen, indem er nach der „Nummer 1" Ausschau hält und die Gefühle aller anderen ignoriert.

Nicht alle Dampfwalzen sind unter solchen Umständen aufgewachsen. Aber Sie können gewiß sein, daß die meisten von ihnen irgendeine unbewußte Verletzung mit sich herumtragen, die nie geheilt wurde. Die Konsequenz ist eine dicke Schutzschicht, die jede emotionale Empfänglichkeit erstickt. Durch ihre verletzende Art, die unter Umständen sogar verbale Attacken einschließt, schützen sie sich vor eventuellen eigenen Verletzungen. Es ist sozusagen ein sichtbares Schutzverhalten (wie beim Pfau, der seine Federn aufspreizt, um größer zu wirken) ohne jede Rückzugstendenz (wie bei einer Schildkröte).

> *„Erinnere sie daran, sich den Herrschern und Machthabern unterzuordnen und ihnen zu gehorchen. Sie sollen immer bereit sein, Gutes zu tun, sollen niemand schmähen, nicht streitsüchtig sein, sondern freundlich und gütig zu allen Menschen."*
> Titus 3,1–2

In gewissem Sinn treffen solche Menschen – bewußt oder unbewußt – die Entscheidung, nicht als passive Märtyrer auf die Ungerechtigkeit des Lebens zu reagieren, sondern als Kämpfer, die sich mit beiden Ellbogen aus dem Kummer des Lebens herausboxen müssen. Es ist eine grundlegende Lebensperspektive, die gewöhnlich so tief verwurzelt ist, daß sie die Persönlichkeit solcher Menschen vereinnahmt.

Ein Teil dieser Persönlichkeitsstruktur ist auch, daß Dampfwalzen dem potentiell schmerzhaften Kontakt mit anderen Menschen ausweichen. Ihre Gewißheit, daß ihre eigenen Theorien, Fakten und Methoden richtig sind, läßt sie schroff reagieren, aber sie gibt ihnen auch das Gefühl, daß das Leben nicht ganz so willkürlich und unsicher ist.

Dampfwalzen scheuen das Risiko. In seiner Novelle „Der Fall" erzählt Albert Camus von einem Mann, der den größten Teil seines Lebens damit verbringt, in einer Bar zu sitzen: „Nie überquere ich nachts eine Brücke . . . Stellen Sie sich nur einmal vor, jemand würde ins Wasser springen. Da hat man nur zwei Möglichkeiten – entweder man tut dasselbe, um ihn herauszufischen, und bei kaltem Wetter ist das ein großes Risiko! Oder man läßt ihn im Stich, und nach unterlassenen Kopfsprüngen hat man hinterher manchmal so einen komischen Schmerz."

Camus' Novellenfigur hat Angst. Allerdings hat er keine Angst davor, Brücken zu überqueren oder in kaltes Wasser zu springen. Er hat vielmehr Angst davor, in eine Situation zu geraten – und sei es auch nur durch Zufall –, die ihn vor die Entscheidung stellt, etwas zu tun, was ein Risiko bedeuten könnte.

Dampfwalzen zwingen anderen ihre eigene Ordnung auf, wo sie nur können. Ohne es zu wollen, baggern sie sich einen Weg durchs Leben, um weiteren Verletzungen auszuweichen, und merken dabei gar nicht, welche Verletzungen sie anderen zufügen. Warum nehmen sie den Schaden nicht wahr, den sie verursachen? Weil sie jedesmal, wenn sie entschlossen und systematisch auf ein geplantes Ziel zusteuern und dabei alles plattwalzen, was ihnen im Weg steht, ihr Gefühl der Sicherheit verstärken, indem sie sich anderen gegenüber als eigenständig, autark und bewundernswert erweisen.

Mit Dampfwalzen klarkommen

Der Umgang mit Dampfwalzen verlangt Geschick, Stärke und Entschlossenheit. Sie können nicht erwarten, eine eingefleischte Dampfwalze zu ändern. Das einzige, was Sie bei solchen Beziehungsproblemen ändern können, ist die Art, wie Sie selbst damit umgehen. Hier sind einige effektive Ansätze, die Sie benutzen können, um Konflikte mit Dampfwalzen besser zu bewältigen.

Stellen Sie sich der Dampfwalze in Ihnen selbst

Unter allen Beziehungsproblemen, die in diesem Buch erörtert werden, wird es Ihnen bei Dampfwalzen vielleicht am schwersten fallen, sich in ihre Lage zu versetzen. Wahrscheinlich empfinden Sie sich selbst als viel einfühlsamer als solche Menschen. Aber seien Sie ehrlich: Haben Sie noch nie den Drang verspürt, alle gespielte Nettigkeit über Bord zu werfen und geradeheraus zu sagen, was Sie wirklich denken?

Wenn ein Jugendlicher alle Ihre Warnungen in den Wind schlägt und im Begriff steht, einen folgenschweren Fehler zu begehen, würden Sie ihm dann nicht am liebsten an den Kopf werfen: „Nur zu, soll mir doch egal sein, wenn du dein Leben kaputt machst"? Falls nicht, müssen Sie ein beispiellos freundlicher Mensch sein, der schon fast an einen Heiligen erinnert.

Es kommt darauf an, daß Sie sich zumindest ansatzweise mit Dampfwalzen in Ihrem Leben identifizieren können, weil Sie dann besser dafür gerüstet sind, mit solchen Leuten umzugehen und sogar ein wenig Mitgefühl mit ihnen zu zeigen.

Gestehen Sie das Problem ein

Wenn Dampfwalzen Führungspositionen einnehmen, können sie sich wahrscheinlich Verhaltensweisen erlauben, die sonst nicht akzeptiert werden würden. Im Märchen von des Kaisers neuen Kleidern möchten Menschen nicht zugeben, daß der Kaiser nackt ist und seine Kleider gar keine Kleider sind. Sie sind zu ängstlich und wollen keinen Wirbel veranstalten. Es ist eben leichter, mit einem freundlichen Lächeln zu erklären, der Kaiser sei ein großartiger Regent, als offen zuzugeben, daß er sich hat täuschen lassen.

Dasselbe gilt für das Leben oder die Zusammenarbeit mit einer Dampfwalze. Viele lassen sich von solchen Menschen einschüchtern. Wir tun uns jedoch selbst keinen Gefallen, wenn wir ihre unsensible Art überspielen. Jeder merkt doch, wie brutal eine Dampfwalze ist. Jeder weiß es genau. Wenn sich also eine angemessene Gelegenheit bietet, sollte Sie die Schwierigkeiten zugeben, die Sie mit solchen Beziehungen haben. Ein offenes Eingeständnis kann helfen, den Streß abzubauen, der durch Verdrängung entsteht.

> *„Wer sein Argument lärmend und herrisch darlegt, zeigt, daß seine Begründung auf schwachen Füßen steht."*
> Michel de Montaigne

Entdecken Sie die guten Seiten einer Dampfwalze

Manchmal müssen im Beruf oder zu Hause knallharte Entscheidungen getroffen werden. Das ist oft der Moment, in dem Dampfwalzen glänzen. Vielleicht würden Sie es nicht gern zugeben, aber manchmal hat die krasse Art einer Dampfwalze auch ihr Gutes. Solche Menschen mögen einigen Kummer verursachen, aber sie besitzen Entschlußkraft und sorgen dafür, daß unangenehme Dinge erledigt werden. Manche Firmen sind sogar darum bemüht, Dampfwalzen einzustellen. Bei IBM ist die Bezeichnung „Wild Duck" ein interner Spitzname für solche Einzelgänger, die einem zwar Kopfschmerzen bereiten, dafür aber bei Problemlösungen mit unkonventionellen neuen Ideen aufzuwarten haben.

Es mag Ihnen zwar unendlich schwerfallen, aber achten Sie im Umgang mit solchen Menschen nach Möglichkeit auf die ausgleichenden positiven Eigenschaften, die sich auch hinter dem schwierigen Verhalten einer Dampfwalze verbergen.

Vermeiden Sie jeden Machtkampf

Bei einer Besprechung befinden Sie sich gerade mitten in der Vorstellung einer neuen Idee, als Ihr Chef Sie mit einem abschätzigen Kommentar unterbricht: „Das ist aber eine äußerst schwache Präsentation."

Wie sollten Sie in so einer Situation reagieren? Das weitaus Schlimmste, was Ihnen passieren kann, wäre, sich vor allen anderen auf einen Machtkampf mit der Dampfwalze einzulassen. Ein besserer Ansatz besteht darin, den Kommentar zu überhören oder ihn mit nachdenklicher Stimme zu wiederholen – „schwache Präsentation" – und dann fortzufahren.

Auf diese Weise vermitteln Sie der Dampfwalze, daß ihre Botschaft angekommen ist, Sie aber nicht sofort darauf reagieren werden – und vermeiden so eine peinliche Szene. Dasselbe gilt, wenn Ihr Ehepartner eine Dampfwalze ist und vor Ihren Kindern eine schneidende Bemerkung macht. Vermeiden Sie eine direkte Konfrontation, wenigstens für den Augenblick, und fahren Sie fort.

> *„Toren platzen herein, wo Engel nicht einzutreten wagten."*
> Alexander Pope

Geben Sie Bestätigung

Spenden Sie Dampfwalzen möglichst oft Anerkennung für die Beiträge, die sie leisten. Aber übertreiben Sie dabei nicht. Tappen Sie nicht in die Falle, sich unterwürfig zu geben. Dampfwalzen schätzen normalerweise Menschen, die selbständig denken und sich ihre eigene Meinung bilden. Wenn Sie Angst zeigen, werden Dampfwalzen erst recht dazu neigen, Sie plattzumachen. Einer der besten Wege, um die Verbindung aufrechtzuerhalten, besteht darin, solche Men-

85

schen regelmäßig um ein Feedback zu Ihrer Arbeit oder Ihrem Verhalten zu bitten. Dann kann die Dampfwalze Dampf ablassen und versucht vielleicht sogar, das in einfühlsamen Worten zu tun. Nur so können Sie im Umgang mit Ihrer Dampfwalze auf der richtigen Spur bleiben.

Schlagen Sie Alternativen vor

Wenn eine Dampfwalze sich auf eine Idee versteift und Sie wissen, daß diese Idee nicht funktionieren wird, dann versuchen Sie nicht, sie davon zu überzeugen. Damit fordern Sie eine Dampfwalze nur heraus, Ihnen das Gegenteil zu beweisen. Bringen Sie Ihr Gegenüber vielmehr dazu, Ihre eigene Alternative in Erwägung zu ziehen, und vermeiden Sie dabei jede direkte Herausforderung. Sie könnten zum Beispiel sagen: „Ich schätze zwar, daß dabei am Ende etwas anderes herauskommen würde, als wir erwartet haben. Aber vielleicht nehmen wir uns einfach mal einen Augenblick Zeit, um zu sehen, ob nicht doch etwas für diesen Weg spricht?" Nur eine wirklich hartgesottene Dampfwalze kann sich einem so zuvorkommenden Vorschlag entziehen.

> „Kühnheit, und sei sie noch so groß, ist eine Maske für Angst."
> Lucan

Legen Sie Grenzen fest

Als Kind war ich Balljunge für das Fußballteam der Hochschule, an der mein Vater lehrte. Ich lief immer auf dem Seitenstreifen auf und ab, jederzeit bereit, Bälle zurückzuholen, die ins Aus gegangen waren. Wenn das geschah, wurde das Geschehen auf dem Fußballfeld natürlich unterbrochen.

Genauso ist es, wenn Sie lernen, im Umgang mit Dampfwalzen Ihre Grenzen abzustecken. Da es in Ihrem Leben keine Schiedsrichter gibt, die mit ihrer Trillerpfeife Einhalt gebieten, müssen Sie selbst aktiv werden und „Foul" oder

„Aus" rufen oder die Rote Karte zücken, wenn eine Dampfwalze Sie überrollt.

Sie selbst steuern das Spiel. Definieren Sie die Grenzen eines für Sie akzeptablen Verhaltens. Vielleicht bestehen Sie auf mehr Höflichkeit, wenn man etwas von Ihnen will. Oder Sie wünschen sich, daß Ihre Meinung ernster genommen wird. Entscheiden Sie, was Ihnen wichtig ist, werden Sie konkret, und lassen Sie die Dampfwalze wissen, welchen Rahmen Sie abstecken. Wenn Ihr Gegenüber dann ins Aus gerät, betätigen Sie die Trillerpfeife und klären die Sache, bevor Sie wieder ins Spiel zurückkehren.

Lassen Sie sich nicht drangsalieren

Nach kurzer Zeit am neuen Arbeitsplatz stellte Michael fest, daß seine drei Vorgänger gekündigt hatten, weil sie nicht mit dieser Dampfwalze von einem Chef zusammenarbeiten konnten. Die kritischen Bemerkungen, die er ständig ohne jeden Filter fallen ließ, waren unerträglich. Wie die meisten Dampfwalzen griff er oft auf Einschüchterungsversuche und Bloßstellung zurück, aber Michael ließ sich nicht darauf ein. Er ignorierte solche Ausbrüche einfach.

> *„Der Unterschied zwischen dem richtigen Wort und dem fast richtigen Wort ist der Unterschied zwischen dem Blitz und dem Glühwurm."*
> Mark Twain

Doch nach einer Besprechung, in der er zur Zielscheibe geworden war, suchte Michael seinen Chef auf und gab ihm unter vier Augen zu verstehen, daß er bei ihm und seinen Mitarbeitern zu weit gegangen war.

Nach dieser Aussprache eröffnete Michaels Chef die nächste Besprechung mit den Worten: „Man hat mir gesagt, daß ich mit manchen Bemerkungen etwas zu weit gegangen sei und mich bei Ihnen entschuldigen sollte. Ich glaube zwar nicht, daß ich das getan habe, aber wenn irgendeiner von Ihnen dieser Meinung ist, möchte ich mich entschuldigen."

Eine solche Aussage grenzt schon fast an eine Entschuldigung, und das ist für eine Dampfwalze eine reife Leistung! Michael hatte einen ersten Erfolg erzielt und den Rahmen ihrer Arbeitsbeziehung abgesteckt. Ein entscheidendes Element bei dieser Konfrontation war allerdings Michaels ruhiges, überlegtes und professionelles Verhalten gewesen. Er hatte seinen Chef nicht angegriffen, sondern ihm einfach zu verstehen gegeben, daß er nicht bereit war, sich drangsalieren zu lassen oder in einer Umgebung zu arbeiten, wo so etwas bei anderen Kollegen der Fall war.

Wenn Sie den kürzeren ziehen (und das wird vorkommen), dann tragen Sie es mit Fassung

Machen Sie sich bewußt, daß Sie im Umgang mit Dampfwalzen bei einigen Konflikten den kürzeren ziehen werden. Vielleicht gelingt es Ihnen nicht, über das Restaurant für das Arbeitsessen, die Farbe für den neuen Teppich, die Strategie einer Kampagne oder ähnliches zu entscheiden. Aber wenn solche Situationen vorkommen, können Sie ehrenvoll „verlieren".

Als erstes sollten Sie nicht damit rechnen, das letzte Wort zu bekommen. Das würde Ihr Gegenüber nur noch mehr herausfordern und diese für Sie unangenehme Situation in die Länge ziehen. Lassen Sie der Dampfwalze ruhig das letzte Wort – aber tun Sie es unter Ihren Bedingungen, indem Sie zum Beispiel sagen: „Ich bin gern bereit, Ihre Entscheidung zu hören, aber nur, wenn Sie mir die Gelegenheit geben, in aller Ruhe Ihrer Argumentation zu folgen." Eine solche Äußerung kann bedeuten, daß Sie den Kampf aufgeben; aber Sie behalten dabei Ihre Würde.

Suchen Sie nach einer offenen Tür

Als klinischer Psychologe habe ich viele Stunden im Wartezimmer der Intensivstation verbracht, verängstigte Menschen beobachtet und ihren drängenden Fragen zugehört: „Wird mein Mann es schaffen?" „Wird meine Tochter wieder laufen können?"

Ein solcher Warteraum ist mit keinem anderen Ort der Welt zu vergleichen. Hier können völlig fremde Menschen gar nicht genug füreinander tun. Niemand verhält sich taktlos. Rassenunterschiede und Klassengrenzen geraten in Vergessenheit. Der LKW-Fahrer liebt seine Frau genausosehr wie der einflußreiche Bürgermeister die seine, und das versteht jeder. Alle Eitelkeit und jeder Schein verschwindet, und einer greift dem anderen unter die Arme und versucht ihn aufzurichten. Warum? Weil es eine Zeit der Verletzbarkeit ist.

Das Erfreuliche ist, daß solche Augenblicke sich glücklicherweise nicht nur in Wartezimmern ereignen. Wenn Sie mit Dampfwalzen zusammenleben, können Sie gewiß sein, daß sie irgendwann einmal ihre Verteidigungsmechanismen fallenlassen – meist nach einem überraschenden Rückschlag –, und dann müssen Sie geistesgegenwärtig reagieren. Lassen Sie sich durch die harte Schale einer Dampfwalze nicht zu der Annahme verleiten, sie brauche Ihre Nähe nicht. Und geben Sie nicht der Versuchung nach, der Dampfwalze in einem Moment der Niederlage das Messer in den Rücken zu stoßen und zu sagen: „Das habe ich doch gleich gesagt."

Nutzen Sie diese Gelegenheit, um den Schmerz mitzufühlen (der wahrscheinlich jeden anderen Schmerz wachrufen wird, den dieser Mensch in der Kindheit erlitten hat), und bemühen Sie sich, seine Heilung zu fördern. Solche verletzlichen Momente sind mehr als jede andere Situation offene Türen, die zu einer wesentlich freundlicheren, umsichtigeren Dampfwalze führen können.

Querverweis

Weitere für den Umgang mit Dampfwalzen relevante Informationen finden Sie auch in den Kapiteln über den Verräter, die kalte Schulter, den Kritiker und den Miesmacher.

DIE PLAUDERTASCHE:

klatscht und tratscht, verbreitet Gerüchte und läßt Geheimnisse durchsickern

„Die Schlange, die jeden vergiftet. Sie kippt Regierungen, zerrüttet Ehen, verdirbt Karrieren, ruiniert Ansehen, löst Kummer, Alpträume oder Magengeschwüre aus, sät Mißtrauen, erzeugt Gram und läßt unschuldige Menschen in Tränen aufgelöst aufs Kissen sinken. Schon ihr Name zischt. Man nennt sie Geschwätz. Einkaufsgetratsche. Partyklatsch. Sie produziert Schlagzeilen und Kopfschmerzen. Bevor Sie eine Geschichte weitererzählen, fragen Sie sich: Ist sie wahr? Ist sie fair? Ist sie nötig? Wenn nicht, halten Sie den Mund."

Der amerikanische Firmenverbund United Technologies setzte diesen Text landesweit in die Tageszeitungen, und zwar mit der alleinigen Absicht, Menschen zu einem vorsichtigeren Umgang mit Geschwätz anzuhalten. Und das mit gutem Grund.

Seit Menschen zu reden begannen, sind Klatsch und Tratsch eine Plage, und in allen Generationen wurde davor gewarnt. Der Apostel Paulus sprach mit allem Nachdruck über die destruktive Kraft der Geschwätzigkeit und das Urteil, das Menschen auf sich ziehen, die „geschwätzig [sind]; sie mischen sich in alles und reden über Dinge, die sie nichts angehen" (1. Timotheus 5,13).

Der griechische Geschichtsschreiber Hesiod, ein Zeitgenosse Homers, erklärte am Ende seiner „Werke und Tage": „Geschwätz läßt sich leicht und einfach äußern, aber nur schmerzlich ertragen und schwer wieder loswerden. Kein Geschwätz wird je ganz ersterben."

Shakespeare brachte das richtige Empfinden zum Ausdruck, als er in seinem Stück „Was ihr wollt" schrieb: „Wenn meine Zunge plappert, mögen meine Augen es nicht sehen."

In Lewis Carrolls „Alice im Wunderland" stöhnt die Herzogin mit krächzender Stimme: „Wenn nur jeder sich um seine eigenen Angelegenheiten kümmerte, würde die Welt sich ein gut Teil schneller drehen."

Ein guter Ruf gehört zum kostbarsten Besitz eines Menschen. Die Bibel sagt: „Guter Ruf ist kostbarer als großer Reichtum, hohes Ansehen besser als Silber und Gold" (Sprüche 22,1). Und geschwätzige Menschen rauben uns unseren guten Namen. Als die Leute über Othello tratschten, rief er betroffen aus: „Mein Ruf, mein Ruf. Oh! Ich habe meinen Ruf verloren – verloren den unsterblichen Teil meiner selbst, und was bleibt, ist bestialisch."

Geschwätz, daran besteht kein Zweifel, ist schlimm, und es war noch nie so verbreitet wie heute. Heute werden Klatsch und Tratsch in zahllosen Fernseh-Talkshows, Zeitungskolumnen, Illustrierten und Werbeblättchen geschürt. Das Treiben der Reichen und Berühmten landet häufiger in den Abendnachrichten oder Schlagzeilen, als jeder gewissenhafte Journalist zugeben möchte. Klatsch über Woody Allens Affäre mit der Adoptivtochter seiner Frau, über die Begegnung Hugh Grants mit einer Prostituierten oder über den neuesten Fauxpas der britischen Königsfamilie verdrängen wichtige Nachrichten von den Titelseiten der Zeitungen. Manchmal gewinnt man den Eindruck, daß wir zu einem Volk von Schnüfflern geworden sind.

Manche Leute treiben diese Schnüffelei jedoch weiter und belassen es nicht bei müßigem Geplapper. Sie sind Schwätzer, Menschen, die sich an Klatsch und Tratsch beteiligen und hinter dem Rücken anderer über sie herziehen. Es sind Plaudertaschen, die mit Vorliebe das neueste Gerücht aufschnappen, kein Geheimnis für sich behalten können und es mit aller Kraft darauf abgesehen haben, uns das Leben schwerzumachen.

Die Anatomie einer Plaudertasche

Die meisten Menschen haben gewisse Klischeevorstellungen von Klatsch und Tratsch. Wenn Sie an Tratsch denken, stellen Sie sich wahrscheinlich Hausfrauen vor, die beim Wäscheaufhängen über die Alkoholprobleme eines Nachbarn schnattern. Oder Sie denken an weibliche Teenager, die am Telefon abfällige Bemerkungen über ihre Klassenkameraden austauschen. Solche Vorstellungen sind allerdings nicht nur sexistisch; sie sind falsch. Frauen neigen nicht mehr zu Klatsch und Tratsch als Männer. Beschränken Sie diese Art der Beziehungsschwierigkeit also nicht nur auf ein Geschlecht. Sie werden überrascht sein, Plaudertaschen an Orten zu entdecken, wo Sie es am allerwenigsten erwartet hätten.

> *„Niemand schätzt Geheimnisse so sehr wie diejenigen, die nicht beabsichtigen, sie zu bewahren."*
> Charles Caleb Colton

Hier sind einige besonders charakteristische Eigenschaften von Plaudertaschen: sie sind geschwätzig, geheimnistuerisch, negativ, vorwitzig, falsch, boshaft, oberflächlich und selbstgerecht.

Geschwätzig

Jemand sagte einmal, daß zur Anatomie jeder Organisation verschiedene Arten von „Knochen" gehören: Musikantenknochen, die es sich gern leicht machen und anderen die Arbeit überlassen, Fersenknochen, die die Leistung anderer in Grund und Boden stampfen, Rückgrate, die die eigentliche Arbeit leisten, und Kieferknochen, die unaufhörlich plappern, aber sonst kaum etwas zuwege bringen. Plaudertaschen fallen in die letzte Kategorie. Oft schnattern sie ohne Pause und treiben ihre Umgebung damit auf die Palme. Sie schwatzen über brandaktuelle Neuigkeiten und kauen immer wieder dieselben Sachen durch.

Geheimnistuerisch

Plaudertaschen beginnen viele Aussagen mit der vielsagenden Bemerkung: „Du darfst Barbara aber nicht sagen, daß ich dir davon erzählt habe, denn ich mußte ihr fest versprechen, mit niemandem darüber zu reden …" Das klingt zwar verschwiegen, aber warum weihen diese Leute Sie überhaupt in das Geheimnis ein? Plaudertaschen geben sich den Anschein von Verschwiegenheit, tun aber dann genau das Gegenteil: Sie verraten das Geheimnis jedem, der es hören will. Und wenn Ihr Gegenüber schon Barbaras Geheimnis nicht für sich behalten kann, braucht es Sie nicht zu überraschen, wenn er auch Ihr Geheimnis weitererzählt.

Negativ

Als ich kürzlich in einem wunderschön eingerichteten Haus zu Gast war, sah ich auf dem Sofa ein gesticktes Kissen mit folgender verblüffenden Aufforderung: „Hast du über niemanden etwas Gutes zu sagen, dann komm und setz dich her zu mir."

Plaudertaschen haben eine Vorliebe für negative Neuigkeiten über andere Menschen. Die neueste Tragödie im Leben anderer zieht sie an wie ein Magnet. Es scheint fast, als würden sie alles Gute sichten, damit ihnen das Schlechte nur ja nicht entgeht.

Aufdringlich

Man sagt, daß die Hölle für Plaudertaschen ein Ort ist, an dem sie gezwungen sind, sich um ihre eigenen Angelegenheiten zu kümmern. Haben Sie je bemerkt, wie schwer es einer Plaudertasche fällt, genau das zu tun? In nahezu zwanghafter Weise schmeicheln sie sich in Privatsphären ein und versuchen, Geheimnisse zu lüften, die nicht für die Allgemeinheit bestimmt sind. Sie bohren schamlos, bis sie den Herzenskummer oder die neueste peinliche Situation des Betreffenden ans Licht geholt haben. Plaudertaschen sind, offen gesagt, aufdringlich.

> *„Ist kein Holz mehr da,*
> *erlischt das Feuer;*
> *wo kein Verleumder ist,*
> *legt sich der Streit."*
> Sprüche 26,20

Falsch

Wußten Sie, daß Menschen im Durchschnitt etwa dreizehn Lügen pro Woche erzählen? Paul Ekman, ein Professor für Psychologie an der medizinischen Fakultät der University of California, beschäftigte sich über zwanzig Jahre lang mit der Erforschung von Lügen und schrieb ein Buch über dieses Thema. Seine Forschungen ergaben, daß wir es nicht einmal bemerken, wenn wir lügen. Plaudertaschen geben oft nur zum Spaß Lügen von sich, die ihnen „gerade so in den Sinn gekommen" sind. Aber mit dem Schaden, den solche Lügen anrichten, ist ganz und gar nicht zu spaßen.

Boshaft

Der britische Romanschriftsteller George Meredith sagte einmal: „Geschwätz ist ein Geier, der nicht einmal den Tod seines Opfers abwartet." Tratsch ist ein gemeiner Hinterhofsport, der darin besteht, den guten Ruf anderer Menschen zu ruinieren.

„Wozu leben wir denn sonst, wenn nicht, um zur Zielscheibe des Spotts unserer Nachbarn zu werden und unsererseits über sie zu lachen?" fragt Mr. Bennett in Jane Austens Roman „Stolz und Vorurteil".

Eingefleischte Plaudertaschen schauen mit Vergnügen zu, wie das Ansehen anderer verfällt, und sie würden sich freuen zu hören, wie eine Freundin ihrem Mann eine Lampe an den Kopf warf und ihn an der Stirn verletzte. Es macht ihnen Spaß, mit ihren Sticheleien den Charakter eines Menschen in Verruf zu bringen oder einen Keil in eine Beziehung zu treiben. „Ein tückischer Mensch erregt Streit", heißt es in Sprüche 16,28, „ein Verleumder entzweit Freunde."

Oberflächlich

Tim Stafford, der Autor des Buchs „That's Not What I Meant" (So habe ich das nicht gemeint), bezeichnet Geschwätz als den „Schnellimbiß der Konversation". Besser kann man es nicht ausdrücken.

> „Unter zehn Personen, die über dich reden, werden neun etwas Schlechtes und der zehnte etwas Gutes in schlechter Weise sagen."
> Antoine Rivarol

Plaudertaschen haben leider meist keinen charakterlichen Tiefgang. Ihre Gespräche beschränken sich im wesentlichen auf Dinge, die sie nur oberflächlich aufgeschnappt haben. Nach Ansicht des englischen Romanschriftstellers George Eliot ist Geschwätz „die Art von Rauch, der aus den schmutzigen Pfeifen derer aufsteigt, die es verbreiten. Es bezeugt nur den schlechten Geschmack des Rauchers."

Selbstgerecht

Das boshafte Wesen des Tratsches zeigt sich an der Tatsache, daß spitzzüngige Plaudertaschen sich bei dem Gedanken aufregen, selbst zum Gegenstand des Geschwätzes anderer zu werden.

„Ich stelle fest, daß ich beim Tratschen über meine Freunde oder auch meine Feinde das tiefe Bewußtsein habe, eine soziale Pflicht zu erfüllen", bemerkt der Anthropologe

Max Gluckman mit ironischem Schmunzeln. „Wenn ich aber höre, daß sie über mich tratschen, reagiere ich sofort mit berechtigter Entrüstung."

Kennen Sie eine Plaudertasche?

Der folgende Test kann Ihnen helfen zu ermitteln, ob Sie sich in einer arbeitsintensiven Beziehung zu einer Plaudertasche befinden. Identifizieren Sie die Person, die Ihnen beim Lesen der bisher genannten Merkmale in den Sinn kam. Kreuzen Sie „J" an, wenn eine Beschreibung auf diese Person zutrifft. Kreuzen Sie „N" an, wenn die Aussage sich nicht auf die betreffende Person beziehen läßt.

J   N   Diese Person läßt viel zu oft „die Katze aus dem Sack".

J   N   Es macht dieser Person Spaß, mir von den Mißgeschicken anderer zu erzählen.

J   N   Im Leben dieser Person passiert kaum etwas, aber sie weiß genau Bescheid, was im Leben anderer vor sich geht.

J   N   Der Begriff „Einmischung" trifft auf diese Person oft zu.

J   N   Ich kenne Menschen, die tief durch Geschichten verletzt wurden, die diese Person über sie erzählt hat.

J   N   Diese Person redet schlecht über andere.

J   N   Diese Person entlockt anderen Informationen, behält aber keine Geheimnisse für sich.

J N Diese Person spricht gern über alle anderen, nur nicht über sich selbst.

J N Ich kann mich an bestimmte Situationen erinnern, in denen diese Person eine Geschichte so verdreht wiedergegeben hat, daß sie jeder Wahrheit spottete.

J N Die meisten Menschen würden bestätigen, daß diese Person nicht vertrauenswürdig ist.

J N Man hat den Eindruck, daß diese Person nur zu gern die Blumenbeete im Leben anderer durchstöbert, um das Unkraut ausfindig zu machen.

J N Diese Person gibt sich zwar den Anschein der Verschwiegenheit, gibt aber oft Geheimnisse preis.

J N Andere Leute wenden sich an diese Person, wenn sie auf vertrauliche Informationen aus sind.

J N Diese Person kann sehr entrüstet reagieren, wenn jemand anders über sie tratscht.

J N Wenn ich mit dieser Person zusammen bin, habe ich manchmal das Gefühl, als ob sie in meine Privatsphäre eindringt und mich auszuhorchen versucht.

Auswertung: Addieren Sie alle Aussagen, die Sie mit Ja beantwortet haben. Wenn es zehn oder mehr sind, befinden Sie sich mit Sicherheit in einer belastenden Beziehung zu einer Plaudertasche.

Eine Plaudertasche verstehen

Im weitesten Sinn läßt Geschwätz sich als Weitergabe persönlicher Informationen ohne Bestätigung definieren. Aber für eine echte Plaudertasche ist es mehr als das. Hinter wirklichem Geschwätz verbergen sich lieblose Beweggründe.

Kürzlich fiel mir in einer jüdischen Zeitschrift eine Werbeanzeige mit der Skizze eines sehr ernst dreinblickenden bärtigen Rabbis aus dem 19. Jahrhundert in die Augen. Unten war eine Hotline-Nummer angegeben, unter der man anonym anrufen konnte, wenn man Informationen über einen angehenden Ehepartner, potentiellen Geschäftspartner oder dergleichen besaß. Ein Rabbi am anderen Ende der Leitung entschied dann, ob die Information wichtig genug war, um weitergegeben zu werden. Wenn nicht, wurde dem Betreffenden empfohlen, Schweigen zu bewahren. Mit anderen Worten wurde hier eine Unterscheidung getroffen zwischen vertraulichen Informationen, die Gutes bewirken können, und vertraulichen Informationen, die nur aus Geschwätzigkeit ausgeplaudert werden.

Für Plaudertaschen besteht dazwischen aber kein Unterschied. Selten ist ihr Geschwätz von dem Gedanken beseelt, eine ahnungslose Braut vor einem handgreiflichen Ehemann zu bewahren. Häufig entspringt es aus purer Bosheit oder einer abartigen Freude am Mißgeschick anderer.

Warum? Was veranlaßt Plaudertaschen zu einer derartigen Neigung? Mehrere Gründe liegen nahe. Plaudertaschen möchten „eingeweiht" sein, über Insiderwissen verfügen. Jeder wird gern über Dinge ins Vertrauen gezogen, die anderen vorenthalten bleiben, aber bei Plaudertaschen wird dies zur Lieblingsbeschäftigung. Sie fühlen sich als etwas Besonderes, wenn sie zu den wenigen Privilegierten gehören, die wissen, warum eine Kollegin sich von ihrem Mann scheiden läßt oder warum ein Mitglied der Gemeinde seit Jahren nicht mehr mit seiner Schwester gesprochen hat.

Forscher, die sich mit Geschwätz beschäftigt haben, meinen, daß jeder von uns sich gelegentlich auf Klatsch und Tratsch einläßt, weil das Reden über andere zu einem Verhaltensmuster gehört, das uns sowohl gesellschaftlich als auch psychologisch eingeimpft wurde. Wenn eine Gruppe von Freunden oder Kollegen einen Plausch hält, verspürt man ganz von selbst den Wunsch mitzumachen.

Aber während die meisten Menschen diese oberflächliche Art des Zeitvertreibs richtig einzuschätzen wissen, nehmen Plaudertaschen die Sache viel ernster. Für sie dient Geschwätz als Schlüssel zur gesellschaftlichen Akzeptanz und hindert sie deshalb daran, auch das unscheinbarste Geheimnis zu wahren. Mit anderen Worten halten Plaudertaschen deshalb nicht dicht, weil sie durch Geheimnisse eine Verbindung, eine Freundschaft herstellen wollen. Sie schaffen Vertrautheit zu einer Person, indem sie die Geheimnisse einer anderen preisgeben.

Ein Schwätzer macht aus einem Maulwurfshügel einen Berg, indem er etwas Dreck hinzufügt.

Plaudertaschen verplappern sich in der Überzeugung, daß sie Leute für sich gewinnen können, indem sie ihnen die ganz persönlichen Geheimnisse einer anderen Person anvertrauen. Es ist dieses Bedürfnis, akzeptiert zu werden, das Plaudertaschen manchmal dazu treibt, Geschichten über andere Menschen aufzubauschen. Bei einem wissenschaftlichen Experiment wurde unter der Studentenschaft einer großen Universität das Gerücht verbreitet, daß ein Studentenpaar heiraten wolle. Die Hochzeit war frei erfunden und fand nie statt. Dennoch erklärten 12 Prozent der befragten Studenten, sie hätten an der Trauung teilgenommen. Einige gingen sogar so weit, das Brautkleid zu beschreiben.

Informiert zu sein vermittelt Plaudertaschen das Gefühl, eher akzeptiert zu werden. Ein weiterer Grund, weshalb Plaudertaschen eine saftige Neuigkeit schätzen, ist die relativierende Wirkung, die sie für ihr eigenes Leben hat. Wenn ihre Ehe auseinanderbricht, möchten Plaudertaschen über alle anderen Bescheid wissen, in deren Ehe es kriselt. Sie fühlen sich besser, wenn sie wissen, daß sie mit ihrem Problem nicht allein dastehen. Also vergleichen sie sich mit anderen und hoffen festzustellen, daß die anderen mit viel schlimmeren Konflikten zu kämpfen haben als sie selbst. Und wenn Plaudertaschen dann jemanden finden, der an Drogen- oder Alkoholmißbrauch leidet, fühlen sie sich besser. Wenn sie hören, daß jemand in seiner sexuellen Orientierung irritiert ist, fühlen sie sich besser. Wenn sie erfahren, daß ein Kollege an einer bedrohlichen Krankheit leidet oder aufsässige Kinder hat, fühlen sie sich besser.

Plaudertaschen gewinnen an Selbstsicherheit, wenn sie andere Menschen finden, die schlechter zurechtkommen als sie selbst.

Ein dritter Grund für Klatsch und Tratsch ist die Möglichkeit, das Verhalten anderer zu beeinflussen oder zu verändern, ohne sie direkt ansprechen zu müssen, anklagend zu wirken oder verletzte Gefühle zu riskieren. Dieser Beweggrund wurde durch eine Studie bestätigt, die unter den Mitgliedern einer Studentenvereinigung an der Temple University in Philadelphia durchgeführt wurde.[1]

> *„Die Wahrheit ist nicht aufregend genug für Leute, die sich vom Charakter und dem Leben ihrer Nachbarn abhängig machen, um sich zu amüsieren."*
> George Bancroft

Wenn Jennifer zum Beispiel nicht gern mit Leuten zusammen ist, die Bier trinken, tratscht sie vor ihren Freundinnen vielleicht darüber, wie ungern sie mit Kathie zusammen ist, die Bier trinkt. Und irgendwann kommt dieses Getratsche Kathie und anderen Biertrinkern zu Ohren, und sie vermeiden es, in Jennifers Gegenwart Bier zu trinken.

Manchmal können Plaudertaschen ein Geheimnis nicht für sich behalten, weil sie einfach nicht begreifen, warum diese Sache vertraulich ist. Wenn Sie eine Bekannte bitten, niemandem zu sagen, daß Ihr Zweieinhalbjähriger noch in die Hose macht, denkt sie vielleicht: Na und? Wenn das Thema dann in irgendeinem Gespräch auf den Tisch kommt, zögert sie keine Sekunde weiterzusagen, was Sie ihr unter vier Augen anvertraut haben.

Manche Plaudertaschen verraten Geheimnisse, um Macht zu gewinnen. Geschwätz ist für andere oft leidvoll, und dieses Leid vermittelt Plaudertaschen das Gefühl einer gewissen Macht, und sei es auch nur für einen flüchtigen Augenblick. Gerüchte machen die Runde und eskalieren dabei immer mehr, bis sie unweigerlich wieder bei der Zielscheibe des Geredes landen und Verunsicherung, Bitterkeit und Haß auslösen.

Leichtfertiges Geschwätz, besonders wenn es mit den Worten: „Sag es nur ja keinem weiter" eingeleitet wird, entwickelt eine Eigendynamik und ruiniert dabei das Leben anderer Menschen. Das scheint viele Plaudertaschen gar nicht zu bekümmern. Sie wissen nur, daß sie sich für einen Augenblick ein wenig stärker fühlen.

Mit Plaudertaschen klarkommen

Das Privatleben der Reichen und Berühmten bildet den Nährboden für das, was Autor Lance Morrow in der Zeitschrift Time als „Makrogeschwätz" bezeichnet, als den Tratsch im internationalen Rahmen, den nur Sie, ich und zwanzig Millionen andere Leser miteinander teilen.

Unsichere, Aufmerksamkeit heischende Plaudertaschen würden wohl kaum zur Last werden, wenn sie sich auf entfernte Themen wie die Eskapaden der Stars beschränkten. Bedauerlicherweise verspritzen sie ihr Gift gewöhnlich eher in unserer näheren Umgebung, auf der Ebene des „Mikrogeschwätzes". Das Erfreuliche ist, daß Sie sich damit nicht abzufinden brauchen. Versuchen Sie einmal, mit folgenden effektiven Strategien Gerüchten den Wind aus den Segeln zu nehmen und sich vor den belastenden Aspekten im Umgang mit Plaudertaschen zu schützen.

Stellen Sie sich der Plaudertasche in Ihnen selbst

Nun mal ehrlich: Wenn in der Schlange vor der Supermarktkasse kein bekanntes Gesicht in der Nähe ist, blättern Sie durch die Klatschspalten und hoffen, daß der Kassierer noch träger arbeitet als gewöhnlich. Sie würden das Boulevardblatt natürlich nie kaufen, aber irgend etwas in Ihnen findet Gefallen an einer gelegentlichen Prise Klatsch und Tratsch. Was macht es schon aus, die Hollywood-Gerüchte zu kennen, wer mit wem liiert ist, wer sich scheiden läßt oder welche Berühmtheit sich einer kosmetischen Operation unterzieht?

Sicher wird dadurch kein Schaden angerichtet – aber wie steht es um Ihr Bestreben, Neuigkeiten über Ihre Kollegen im Büro zu erhaschen? Möchte ein Teil von Ihnen die Skandale über die Menschen Ihrer Umgebung erfahren? Wenn wir aufrichtig sind, wird uns die starke Versuchung bewußt, uns an Klatsch und Tratsch zu beteiligen.

Warum ist das so? Durch Geschwätz über andere können wir augenblicklich Macht gewinnen. Aber vielleicht erkennen Sie etwas, das Plaudertaschen entgeht: Diese Macht verflüchtigt sich ebenso rasch, wie sie gekommen ist. Sobald die Sache ausgeplaudert ist, verfliegt die Macht. Sie können den ersten Schritt tun, um mit arbeitsintensiven Beziehungen zu Plaudertaschen besser umzugehen, wenn Sie sich eingestehen, daß auch Sie gelegentlich zu schwatzhaftem Geplauder neigen.

Stehen Sie nicht einfach nur dabei, sagen Sie etwas!

Sie gehen in die Küche im Büro und werden in ein scheinbar harmloses Gespräch mit einem Kollegen gezogen: „Also, dieser Mark ist vielleicht beschränkt! Der kann dir nicht einmal die Uhrzeit nennen, wenn er in einem Uhrengeschäft steht. Ich habe gehört, daß er nur eingestellt wurde, weil sein Vater die Fäden gezogen hat. Ich bin nicht mal sicher, daß er die fachliche Qualifikation besitzt."

Wie verhalten Sie sich? Das ist Tratsch, da besteht kein Zweifel. Schließlich wußten Sie nicht, daß Marks Vater ein großes Tier ist, und haben sich oft gefragt, wie Mark zu seiner Stelle gekommen ist. Könnte es so gewesen sein? Sie denken darüber nach. Aber warten Sie auf weiteres Geschwätz, oder überprüfen Sie die Behauptungen Ihres Kollegen?

Tatsache ist, daß Sie sich genauso schuldig machen wie die Plaudertasche, wenn Sie nur schweigen und neugierig auf weitere Informationen warten. Es bestätigt das kaum verstandene Sprichwort: „Unterlassungssünden wiegen viel schwerer als begangene Sünden." Den Mund aufzumachen, die Herkunft der Information zu überprüfen und die Wahrheit herauszufinden kann verhindern, daß Fehlinformationen sich wie ein Steppenbrand ausbreiten. Sie können zum Beispiel sagen: „Sind Sie sicher, daß Ihre Informationen richtig sind, oder handelt es sich nur um eine Vermutung?" Das Entscheidende ist, unbegründete Behauptungen

> „Geschwätz ist die Kunst, nichts so zu sagen, daß praktisch nichts ungesagt bleibt."
> Walter Winchell

klar unter die Lupe zu nehmen; andernfalls vermitteln Sie der Plaudertasche stillschweigende Zustimmung.

Eine Studie der Soziologin Donna Eder an der Indiana University zeigt, daß die Art, wie jemand auf Geschwätz reagiert, den weiteren Verlauf der Angelegenheit beeinflußt. Drei Jahre lang hörte Eder sich die Gespräche von neunundsiebzig Mädchen an. Sie stellte fest, daß der Schaden durch Geschwätz verringert wird, wenn einer der Zuhörer für die fragliche Person Partei ergreift oder sie in Schutz nimmt. Beteiligt sich der Zuhörer dagegen am Geschwätz, kommt es oft zu einer Schädigung des Ansehens der Person.[2] In Sprüche 26,20 steht: „Ist kein Holz mehr da, erlischt das Feuer; wo kein Verleumder ist, legt sich der Streit."

Verzichten Sie auf jede Schuldzuweisung

Wie würden Sie spontan reagieren, wenn eine Plaudertasche in Ihr Büro platzte, um Ihnen von Kevin, dem neuen Azubi, folgendes zu berichten: „Den ganzen Morgen schon hat unser kleines Genie Kunden angerufen und ihnen falsche Angaben über unsere neuen Produkte gemacht. Als ich es merkte, blieb mir fast die Spucke weg!"? Ihr Kollege schnattert weiter über die schlimmen Folgen, die eingetreten wären, wenn er den Irrtum nicht bemerkt hätte. „Übrigens liegt das eigentliche Problem ganz woanders", fügt er hinzu. „Ich glaube nämlich, daß Kevin Drogen nimmt. Er muß doch irgend etwas genommen haben, wenn ihm so ein Fehler passiert." An diesem Punkt erkennen Sie, daß Ihr Kollege, eine Plaudertasche, seine Informationen an den Haaren herbeizieht, statt die Tatsachen zu kennen.

Was ist zu tun? Die beste Alternative besteht darin, das Gerücht auflaufen zu lassen, ohne Ihren Kollegen zu verurteilen. Sie könnten etwa sagen: „Zum Glück ist es Ihnen aufgefallen. Schade, daß so etwas passiert ist. Ich habe erst einmal mit Kevin zusammengearbeitet, und da war er derjenige, der bei mir einen Fehler entdeckte. Er hat mich vor einer ziemlich unangenehmen Situation bewahrt."

Eine solche Aussage verurteilt Plaudertaschen nicht und löst auch keine Diskussion aus. Durch Ihr ruhiges Beispiel geben Sie klar zu verstehen: „Ich akzeptiere, was Sie gesehen haben; deshalb erwarte ich, daß auch Sie akzeptieren, was ich gesehen habe."

Auf diese Weise brauchen Plaudertaschen ihr Gesicht nicht zu verlieren. Die Sache ist die, daß Sie bei Plaudertaschen durch Wortgefechte keinen glänzenden Sieg verbuchen können. Sobald eine Diskussion entbrannt ist, wird die Plaudertasche eigene Gerüchte über Sie zusammenbrauen. Vermeiden Sie deshalb jede moralisierende Zurechtweisung.

Halten Sie für den Notfall einen Plan bereit

Sehen wir den Tatsachen ins Auge. Manchmal ist es nicht leicht, bei Plaudertaschen ruhig und gelassen zu bleiben. Manchmal ist es nicht leicht, wohlwollend zu reagieren. Was können Sie tun, wenn Sie nun wirklich nicht in der Stimmung sind, sich altruistisch zu verhalten?

Wenn Sie ein schwatzhaftes Gespräch nicht in eine andere Richtung lenken können, ohne der Plaudertasche Schuldgefühle zu vermitteln, dann ist es Zeit für Plan B: Sie sagen nichts und gehen einfach weiter. Mitunter ist es besser, sich einfach der Teilnahme an Klatsch und Tratsch zu verweigern, als abgeschmackte Worte zu äußern, die Ihnen selbst in der Kehle steckenbleiben. Es mag hart sein, aber manchmal müssen wir uns bewußt machen, daß wir die Welt nicht retten können, und Plaudertaschen schon gar nicht. Die Arbeit oder das Zusammenleben mit Plaudertaschen gleicht mitunter dem Versuch, sämtliche Schmierereien in einer öffentlichen Toilette auszuradieren. Es ist ein aussichtsloses Unterfangen. Man kann nicht jedes Gerücht im Keim ersticken.

Berücksichtigen Sie das Arbeitsklima in Ihrer Firma

Wenn Ihre Kontakte zu Plaudertaschen in erster Linie im beruflichen Umfeld stattfinden, dann untersuchen Sie einmal die Atmosphäre an Ihrem Arbeitsplatz: Ist Ihr Büro eine Gerüchteküche? Schürt das Arbeitsklima Verdächtigungen und Skandale? Wenn ja, deutet dies nicht nur auf einen Knacks im Selbstbewußtsein der Plaudertasche, sondern auf einen tieferen Mangel in Ihrer Abteilung oder in der Firma hin.

In seinem berühmten Roman „Verdammt in alle Ewigkeit" beschrieb James Jones eine Armeetruppe treffend als „eine aus vielen Soldaten gebildete eigene Persönlichkeit". Diese Beobachtung läßt sich auf jede Organisation beziehen. Wenn die Vorgesetzten sich einmischen und böswillig reagieren, wird ihr Verhalten das gesamte Firmenklima prägen und es Ihnen nahezu unmöglich machen, sich von Gerüchten am Arbeitsplatz zu befreien.

Eine Bekannte von mir, die als Nachrichtensprecherin bei einem Fernsehsender arbeitet, erzählte mir, daß in ihrem halsabschneiderischen Gewerbe Gerüchte und Klatschgeschichten überhandnehmen. „Sobald ich begriffen hatte, daß das Geschwätz nicht nur für mich ein Problem darstellte, sondern bei uns sozusagen zum Inventar gehörte, wurde ich besser damit fertig", erklärte sie mir. „Es mißfällt mir, aber ich beschloß, mich nicht davon tangieren zu lassen, und nun bringt es mich nicht mehr so zur Verzweiflung wie früher."

> *Es gibt so viel Gutes in den Schlimmsten und soviel Schlechtes in den Besten unter uns, daß es kaum jemandem unter uns zusteht, über die übrigen von uns zu reden.*

Damit wir uns nicht mißverstehen: Die Tatsache, daß Sie mit Plaudertaschen zusammenarbeiten, bedeutet noch nicht, daß auch Ihr Chef eine ist. Aber wenn Klatsch und Tratsch bei den meisten Kollegen zum Umgangsstil geworden ist, könnte es an der Zeit sein, nach einem Ausweg zu suchen oder zumindest zu erkennen, daß so etwas leider zu Ihrem Arbeitsklima dazugehört.

Schaffen Sie Ihre eigene Atmosphäre

Einer meiner beruflichen Freunde, Mike, tappt selten in die Falle der Gerüchteküche. Eines Tages plauderte ich zum Beispiel gerade mit jemandem, als Mike hereinkam. Im Nu nahm das Gespräch eine andere Wendung. Irgend etwas an Mikes Anwesenheit läßt jedes Geschwätz versiegen.

Was sein Geheimnis ist? Trotz der vorherrschenden Atmosphäre schafft Mike sein eigenes Klima. Und das funktioniert folgendermaßen: Sobald Sie beschlossen haben, sich nicht an der Gerüchteküche zu beteiligen, und gelernt haben, schwatzhafte Gespräche zu vermeiden, ohne anderen ein schlechtes Gewissen zu machen, werden die Leute Sie anders behandeln. Es ist ein erstaunliches Phänomen. Wenn Sie erst einmal Ihr eigenes Klima geschaffen haben, werden manche Menschen sich für ihr negatives Gerede über andere entschuldigen, wenn Sie in der Nähe sind. Schließlich werden sie es leid sein, sich zu entschuldigen, und ihre Gesprächsthemen von vornherein ändern, wenn Sie hinzukommen. Das habe ich mehrfach beobachtet. Und wenn Sie nicht anwesend sind und Ihr Name erwähnt wird, wird jemand sagen: „Du kannst über ihn (sie) sagen, was du willst, aber ich habe ihn (sie) nie schlecht hinter dem Rücken anderer reden hören." Das ist ein tolles Kompliment, aber der eigentliche Wert dieses eigenen Klimas, das Sie geschaffen haben, liegt in dem Vertrauen, das man Ihnen entgegenbringen wird.

Ersticken Sie Geschwätz im Keim

Der Austausch von Klatsch und Tratsch verletzt nicht nur das unschuldige Opfer, sondern ist auch für die Plaudertasche selbst und ihre Zuhörer herabwürdigend. Das Erfreuliche ist, daß Sie sich nicht darauf einzulassen brauchen, wenn jemand Ihnen etwas erzählen will, was Sie sich lieber nicht anhören möchten. Es gibt zahllose Möglichkeiten, wie Sie sich von unerwünschten Geheimnissen fernhalten können. Ersticken Sie jedes Geschwätz einfach im Keim, indem Sie sich das Gequassel der Plaudertasche nicht anhören. Benutzen Sie irgendeine der folgenden Antworten auf typische Bemerkungen, mit denen Plaudertaschen ihr Geschwätz einleiten.

Plaudertasche: „Kannst du ein Geheimnis für dich behalten?"
Sie: „Ehrlich gesagt, nein."
Plaudertasche: „Da gibt es etwas, was ich dir gern erzählen möchte, aber ich bin nicht sicher, ob ich das tun sollte."
Sie: „Dann laß es doch."

Plaudertasche: „Warte nur, was ich dir von Mario zu erzählen habe."
Sie: „Was dagegen, wenn ich ewig darauf warte?"

Plaudertasche: „Hast du schon gehört, was die Leute über Barbara erzählen?"
Sie: „Meinst du, daß sie unglaublich nett ist und nur ein Ekel etwas Schlechtes über sie sagen würde?"

Die Art Ihrer Reaktion wird je nach Ihrem persönlichen Stil verschieden sein, aber Sie können es vermeiden, einem schwatzhaften Wortwechsel Tür und Tor zu öffnen, wenn Sie ein paar schlagfertige Entgegnungen in petto haben.

Beziehen Sie irgendeinen Nutzen aus dem Geschwätz?

„Es ist ein totaler Einbruch in die Privatsphäre", wettert Schauspielerin Elizabeth Taylor gegen den Medienrummel, der unweigerlich auf jede ihrer zahlreichen Ehen und Scheidungen folgt. Das Markenzeichen einer Berühmtheit ist das ständige Klagen darüber, als Berühmtheit behandelt zu werden. Man braucht kein Hollywood-Star zu sein, um ein Gesprächsthema darzustellen. Beziehen Sie irgendeinen Gewinn daraus, daß andere Leute über Sie tratschen?

Entdecken Sie das Gute am Geschwätz

Kann Geschwätz überhaupt etwas Gutes an sich haben? In gewisser Weise schon. In ihrem Buch „Geheimnisse" bietet die zeitgenössische Moralphilosophin Sissela Bok die beste

Erklärung für die gute Seite, die Geschwätz haben kann. Sie schreibt: „Billig, oberflächlich, aufdringlich, unbegründet, sogar boshaft: gewiß kann Geschwätz das alles sein. Doch es in dieser Weise zu definieren heißt, das gesamte Netzwerk des zwischenmenschlichen Informationsaustauschs zu übersehen, das Bedürfnis, nachzufragen und aus den Erfahrungen anderer zu lernen, und die Bedeutung der Fähigkeit, nicht alles für bare Münze zu nehmen."

Wir ermessen den Rahmen des Schicklichen, indem wir die Reaktionen unserer Freunde auf die kleinen Patzer anderer beobachten, die wir ihnen erzählen.

Nach Auffassung von John Sabini und Maury Silber, die das Buch „The Moralities of Everyday Life" (Die Moral des Alltags) geschrieben haben, ist Geschwätz unsere Art zu erforschen, wie sich die abstrakten Normen der Moral auf alltägliche Ereignisse und Situationen anwenden lassen. Damit ist nicht gesagt, daß Geschwätz eine Tugend sei. Es bedeutet nur, daß „Geschwätz" teilweise einen sozialen Nutzen bietet, indem es unserer Ethik Gestalt verleiht und uns einfach auf dem laufenden hält und informiert.

In einer achtwöchigen Studie untersuchten Dr. Jack Levine und sein Forschungsteam 194 Fälle von Geschwätz in den Gesprächen von 76 Studenten und 120 Studentinnen einer großen Universität. Obwohl die Studie in ihrem Umfang begrenzt war, überraschte sie mit ihren Ergebnissen. Zwar bestand das Geschwätz zu 27 Prozent aus negativen Bemerkungen, doch bei ebenfalls 27 Prozent handelte es sich um positive oder schmeichelhafte Aussagen. Die restlichen Äußerungen waren gemischter Art.[3]

Bieten Sie keine Angriffsfläche

Den größten Teil ihres Lebens vollzog Kathie Lee Gifford, eine bekannte Persönlichkeit des amerikanischen Fernsehens, jeden Morgen dasselbe Ritual, wie sie in ihrer Autobiographie „I Can't Believe I Said That" (Das kann ich doch unmöglich gesagt haben!) beschrieb: Noch vor dem Frühstück, bevor auch nur ihre Füße den Boden berührten, sprach sie ein Gebet: „Herr, bitte hilf mir heute. Laß mich niemanden mit meinen Worten verletzen." Wie ihre zahlreichen Fans wissen, hat sie so eine Art, unaufhörlich zu plaudern und dabei ein erstaunliches Tempo vorzulegen.

Jeden Morgen rückt die unerschöpfliche Gastgeberin sich in ihrer Sendung einen Stuhl zurecht und präsentiert ein nicht enden wollendes Geplauder über ihren Mann, Frank Gifford, und ihren Rabauken von einem Sohn, Cody. Diese täglichen ungezwungenen Plaudereien mit dem anderen Gastgeber, Regis Philbin, bei denen sie über alles und jedes in ihrem Leben kurze Bemerkungen zum besten gibt, sind kleine Vertraulichkeiten in aller Öffentlichkeit. Überraschenderweise ist die Offenheit, die Kathie Lee so attraktiv macht, zugleich ihr Schutz gegen schädigendes Geschwätz. Trotz ihres Star-Potentials lassen die Kolumnisten der Klatschspalten sie im allgemeinen in Ruhe, denn man weiß ja ohnehin schon alles über sie, weil sie es selbst erzählt. Sie ist eine Berühmtheit, die die Schwätzer mit ihren eigenen Waffen geschlagen hat.

Und wenn Sie ebenso kühn sind, können Sie die Plaudertaschen in Ihrer eigenen Umgebung ebenfalls schlagen. Wenn Sie selbst offen sind, lassen Sie für die Schlammspritzer nur wenig Material übrig. Natürlich eignet sich diese Strategie nicht für jeden, aber sich zu einem aufgeschlagenen Buch zu machen könnte für Sie vielleicht der Schlüssel sein, um Plaudertaschen abzuschütteln. Plaudertaschen interessieren sich wesentlich eher für Menschen, die sich in Geheimnisse hüllen. In dem Maße, wie Sie einer Plaudertasche gegenüber das Geheimnisvolle einbüßen, gewinnen Sie seltsamerweise an Privatsphäre.

Sie müssen wissen, wem Sie Ihre Geheimnisse anvertrauen

Kathie Lee Giffords Methode eignet sich nicht für jedermann. Einige von uns haben Geheimnisse, die zu düster sind, um sie in aller Öffentlichkeit preiszugeben. Aber wenn es ein so großes Risiko darstellt, unsere Geheimnisse zu verraten, warum tun wir es dann? Wir geben Geheimnisse preis, um genauer zu erforschen, was uns zu schaffen macht, um eventuell ein hilfreiches Feedback zu bekommen und vielleicht sogar, um die Reaktion anderer auf unser Geheimnis zu testen. Wenn andere Leute unser Geheimnis kennen, fühlen wir uns manchmal erleichtert, daß wir damit nicht länger allein sind.

Wenn Sie also ein Geheimnis mitzuteilen haben, brauchen Sie eigentlich nur eine einzige Person, der Sie vertrauen können, jemanden, der es wirklich als Vorrecht betrachtet zu erfahren, was Sie beschäftigt. In Sprüche 11,13 wird diese Wahrheit so formuliert: „Wer als Verleumder umhergeht, gibt Geheimnisse preis, der Verläßliche behält eine Sache für sich." Einem vertrauenswürdigen Freund persönliche Dinge mitzuteilen kann Sie beide enger miteinander verbinden und Ihre Beziehung vertiefen. Bedenken Sie jedoch, daß nicht jeder Freund fähig ist, Ihre Geheimnisse für sich zu behalten. Ich habe einen Freund, den ich sehr schätze und mit dem ich immer gern zusammen bin, aber ich würde ihm nie meine Geheimnisse anvertrauen. Er kann nicht einmal Kleinigkeiten für sich behalten, und da werde ich ihm keine wesentlichen persönlichen Dinge anvertrauen. Aber das bedeutet doch nicht, daß wir nicht gute Freunde sein könnten. Ganz und gar nicht. Ich werde ihm nur nichts erzählen, was nicht im ganzen Bekanntenkreis die Runde machen soll.

Reagieren Sie schnell, wenn es um gravierende persönliche Dinge geht

Im Frühjahr 1985 wurde ein römisch-katholischer Bischof in Providence, Rhode Island, zum Gegenstand unbegründeten und äußerst schädlichen Geschwätzes. Überall wurde herumerzählt, der Bischof sei verhaftet und von der Polizei wegen sexueller Übergriffe verhört worden. Aber das war einfach nicht wahr. Da der Bischof glaubte, das Gerücht würde schließlich von selbst im Sand verlaufen, ignorierte er die Angelegenheit.

Bedauerlicherweise kam das Geschwätz nicht zum Erliegen, sondern bauschte sich weiter auf. „Eine grausame Geschichte läuft auf Rädern", sagt ein amerikanisches Sprichwort, „und jede Hand ölt die Räder, während sie sich weiter drehen." Indem der Bischof die Bemerkungen keiner Antwort würdigte, ließ er den Gerüchten freie Hand, und sein Stillschweigen wurde als Schuldgeständnis aufgefaßt. Als der Bischof sich jedoch schließlich gezwungen sah, zu den Gerüchten in einer lokalen Nachrichtensendung Stellung zu nehmen, wies er sie als gegenstandslos zurück, und das Geschwätz versandete praktisch über Nacht.

> „Geschwätz ist der Mangel an lohnenden Gesprächsthemen."
> Elbert Hubbard

Wenn Sie zur Zielscheibe schlimmer Klatschgespräche werden, sollten Sie schnell reagieren. Widersprechen Sie den Beschuldigungen direkt und ohne zu zögern. Dabei kann es sinnvoll sein, einen glaubwürdigen Verbündeten einzubeziehen, der für Sie Partei ergreift.

Finden Sie Trost bei Gott

Die Arbeit oder das Zusammenleben mit Plaudertaschen kann nervenaufreibend und manchmal verheerend sein. Es kann tiefes Mißtrauen schüren und Argwohn gegen fast jeden Menschen bewirken. Plaudertaschen können ihre Gerüchte ebensowenig rückgängig machen, wie man eine Kugel zurückholen kann, die man gerade abgefeuert hat. Einmal ausgesprochen, kursiert das Gerücht. Und das Problem ist, daß es nicht aufhören wird, in alle Richtungen um sich zu schlagen, bis eine ganze Reihe von Menschen verletzt worden sind.

112

Aber zum Glück gibt es eine Person, bei der wir Geborgenheit finden können, jemanden, der in höchstem Maß vertrauenswürdig ist. Obwohl wir Gottes Wege vielleicht nicht immer verstehen mögen, können wir ihm unsere tiefsten Geheimnisse rückhaltlos anvertrauen. In Psalm 62 schrieb David: „Bei Gott allein kommt meine Seele zur Ruhe; denn von ihm kommt meine Hoffnung. Nur er ist mein Fels, meine Hilfe, meine Burg; darum werde ich nicht wanken . . . Vertrau ihm, Volk (Gottes), zu jeder Zeit! Schüttet euer Herz vor ihm aus! Denn Gott ist unsere Zuflucht" (Psalm 62,6–7.9).

Querverweis

Weitere für den Umgang mit Plaudertaschen relevante Informationen finden Sie auch in den Kapiteln über den Verräter, das Chamäleon und den Neidhammel.

DER KONTROLLETTI:

unfähig loszulassen; manipuliert und lähmt andere

„Ganz bestimmt", seufzte Janet. „Als wir uns das Eheversprechen gaben, fügte Bob hinzu: ‚sie zu lieben und zu ehren . . . solange ich der Boss bin.'"

Nachdem sie sich vier Jahre lang darum bemüht hatte, als gleichberechtigte Partnerin ihres Ehemanns zu leben, saß sie in meinem Büro. Wie sie berichtete, gibt Bob nie die Zügel aus der Hand. Buchstäblich. „Er müßte schon von Kopf bis Fuß in einem Gipsverband stecken, bevor er mich auch nur ans Steuer des Autos ließe", klagte sie. Bei den seltenen Gelegenheiten, wenn Janet tatsächlich fuhr, während Bob dabei war, sagte er ihr ständig, was sie zu tun hatte: „Halt an." „Fahr schneller." „Überhol den Kerl doch endlich."

„Unser gemeinsames Konto ist ein anderes Beispiel", fuhr Janet fort. „Bevor wir einander kennenlernten, kam ich prima mit meinen Finanzen zurecht. Ich hatte immer ein ausgeglichenes Konto." Dessen ungeachtet übernahm Bob die Finanzen, sobald er auf der Bildfläche erschienen war. Er stellte sämtliche Schecks aus und führte Bilanz. „Die meiste Zeit habe ich keine Ahnung, wo wir finanziell stehen", seufzte Janet. „Dann ist da die Fernbedienung", fügte sie hinzu. Sie sprach von jenem berühmten kleinen Ding, mit dem man einen Fernseher steuert. „Dazu brauche ich wohl nichts weiter zu sagen", hakte sie diesen leidlich bekannten Streitpunkt diskret ab.

Doch bevor unsere Sitzung beendet war, beschrieb Janet das Verhalten ihres Ehemanns zusammenfassend mit den Worten: „Er meint zu wissen, wie man alles und jedes macht, und sieht sich als der geborene Boss für jeden, der in seiner Umgebung auftaucht."

Kontrollettis gibt es in vielen Varianten, von übereifrigen Ehepartnern bis hin zu Managern, die sich in alles einmischen. Kelly gehörte zum Beispiel zu den letzteren. Sie war eine extrem dominante Managerin, die alle Vorgänge überwachte, Informationen hortete, sich weigerte, Aufgaben zu delegieren, und unabhängiges Denken oder Handeln nur ungern akzeptierte. Sie achtete darauf, wann ihre Angestellten morgens erschienen, wann sie ihre Mittagspause machten und wann sie abends das Büro verließen; sie erteilte haargenaue Anweisungen und fuhr Leute an, die über den genau definierten Rahmen ihrer Aufgabe hinausgingen. Es erübrigt sich zu sagen, daß Kellys kontrollierender Führungsstil kaum dazu beitrug, ihre Angestellten zu motivieren oder innovatives Denken zu fördern. Aber das kümmerte sie nicht. Wie die meisten Kontrollettis war sie zufrieden, solange die Leute sich ihren Anordnungen fügten.

Manche Kontrollettis verbinden ihr bestimmendes Verhalten mit einem Lächeln, während andere mit Kritik und Schimpfworten um sich werfen. In jedem Fall leiden ihre Beziehungen darunter. Wurden Sie je in etwas hineinmanövriert, das Sie gar nicht tun wollten? Hatten Sie je das Gefühl, Ihre eigenen Wünsche würden ignoriert?

Wenn ja, kennen Sie die Frustration, die Ihnen zeigt, daß Sie es mit einem Kontrolletti zu tun hatten.

Die Anatomie eines Kontrolletti

Wir alle sind schon Leuten wie Bob oder Kelly begegnet. Vielleicht kennen wir sie durch die Arbeit oder die Gemeinde. Es mögen nahestehende Menschen oder weitläufige Bekannte sein. Möglicherweise gehören sie sogar zu unserer eigenen Familie. Eines ist jedoch sicher: Es besteht kein Zweifel, um was für Leute es sich handelt.

Kontrollettis sind diejenigen, die das Sagen haben – oder verzweifelt darum kämpfen, es zu bekommen. Für Kontrollettis sind folgende Merkmale typisch: sie sind unausstehlich, unbelehrbar, hängen sich in alles hinein, sind in fixe Ideen verrannt, perfektionistisch, kritisch, reizbar, fordernd und unnachgiebig.

Unausstehlich

Zuallererst lassen Kontrollettis sich als verletzend oder kränkend charakterisieren, denn diese Wirkung hat ihr Verhalten ganz gewiß. Sie verletzen die meisten Beziehungen durch ihre beherrschende und rücksichtslose Art.

Die Mutter der beiden Jünger Jakobus und Johannes war eine kontrollierende Frau. Sie wollte sichergehen, daß ihre Söhne im Königreich Gottes eine Vorrangstellung einnehmen würden. Als die zehn anderen Jünger von ihrem Einmischungsversuch erfuhren, waren sie „sehr ärgerlich" (Matthäus 20,24). Kontrollettis können unausstehlich sein.

Unbelehrbar

Ein kleiner Junge spielte auf der Terrasse sehr grob mit seiner widerborstigen Katze. Als die beiden einen gehörigen Radau veranstalteten, wurde seine Mutter aufmerksam und polterte: „Johnny, ziehst du etwa die arme Katze am Schwanz?" „Nein, Mama", erwiderte der Kleine. „Ich halte sie nur am Schwanz fest. Das Ziehen macht sie ganz allein."

Viele Kontrollettis gleichen Johnny. Wenn jemand zum Beispiel eine andere Vorgehensweise vorschlägt, weigern sie sich vehement, darauf einzugehen und halten stur an der Art fest, wie sie die Dinge erledigt haben wollen, auch wenn es mit noch so viel Spektakel verbunden ist.

Sie hängen sich in alles hinein

Ich sprach in der Seelsorge einmal mit einem Mann, der mit einem kontrollierenden Vater aufgewachsen war. Alles, was

116

er als kleiner Junge tat, geschah unter den wachsamen Augen des Vaters. Sein Vater begnügte sich nicht damit zu wissen, wohin der Junge ging und wer bei ihm war. Er machte immer sorgfältig Bestandsaufnahme im Zimmer seines Sohnes. Wie ein Privatdetektiv durchstöberte er regelmäßig seinen Ranzen und die Schubladen. Dabei suchte er nicht einmal nach etwas Bestimmtem, sondern war einfach neugierig.

Kontrollettis zeigen kaum Respekt vor der Privatsphäre anderer und stecken ihre Nase oft in Sachen, die sie gar nichts angehen.

In fixe Ideen verrannt

Kontrollettis können sich völlig in eine Sache verrennen. Sie werden zum Beispiel von dem Verdacht geplagt, daß irgend etwas in einer Beziehung nicht stimmt, oder sie sind voller Angst überzeugt, daß das berufliche Bewertungsgespräch alles andere als überragend für sie verlaufen wird. Es ist eine Art von Zwangsvorstellung, die sie jede andere Perspektive aus den Augen verlieren läßt.

Perfektionistisch

Wenn Sie aufmerksam zuhören, werden Sie Kontrollettis in verhaltenem Ton sagen hören: „Wie konnte mir so was passieren? So ein Schwachsinn!" Sie zermürben sich selbst, weil sie nicht alles genau richtig gemacht haben, und verlangen von sich wie von anderen Perfektion. Nur wenige Dinge sind ihnen „gut genug".

Kritisch

Wenn Menschen von dem Bedürfnis bestimmt werden, ihre Welt zu beherrschen, werden sie kritisch. Kontrollettis können sich offenbar eine Bemerkung nicht verkneifen, wenn sie irgendeinen Fehler wahrnehmen. Sie platzen mit ihrer

Kritik heraus und glauben, das Problem damit zu beheben. Das ist natürlich selten der Fall, aber das hält sie nicht von dem Versuch ab, durch Kritik Kontrolle auszuüben.

Reizbar

Kontrollettis reagieren gereizt, wenn nicht alles nach ihrer Nase geht. Ihnen fehlt offensichtlich die Fähigkeit, mit dem Strom zu schwimmen. Wenn sie auf Widerstand stoßen, und seien die Einwände auch noch so logisch, schmollen sie und ziehen sich in sich selbst zurück. Es sind Kleinigkeiten, die ihre Verärgerung auslösen können: ein verschmierter Senfglasdeckel, ein Auto, das auf der "falschen" Seite der Einfahrt geparkt wurde, ein Blitzgerät, das nicht dorthin geräumt wurde, "wo es hingehört", und so weiter und so fort. Alles und jedes bietet Zündstoff für die leicht reizbaren Kontrollettis.

> *„Wie die Rebe aus sich keine Frucht bringen kann, sondern nur, wenn sie am Weinstock bleibt, so könnt auch ihr keine Frucht bringen, wenn ihr nicht in mir bleibt . . . Wenn ihr meine Gebote haltet, werdet ihr in meiner Liebe bleiben."*
> Johannes 15,4.10

Fordernd

„Jenny, gib mir das!" fuhr Dan seine Frau an. Als Jenny ihm ihren Lohnscheck nicht aushändigte, herrschte er sie erneut an: „Her damit, aber sofort!" Schließlich packte Dan den Scheck und zerriß ihn bei dem Versuch, ihn seiner Frau zu entwinden. Jenny hatte es satt, alle finanziellen Angelegenheiten ihrem kontrollierenden Mann zu überlassen, aber Dan reagierte, wie es für Kontrollettis typisch ist: fordernd.

Kontrollettis haben eine ganz bestimmte Art, Dinge zu tun: ihre eigene Art. Und sie können so unflexibel sein wie ein Feldwebel beim Exerzieren seiner Soldaten, wenn sie anderen ihre Methoden aufzuzwingen versuchen. Sie möchten, daß das Leben in einer ganz bestimmten Weise funktioniert, und sind nicht bereit, von ihrem Schema abzuweichen. Ihre haarkleinen Anweisungen für das Rasenmähen, die Salatzubereitung, das Autofahren und was es sonst noch alles gibt lassen keine Einwände zu. Sie wissen, was für jeden am besten ist, und überlassen anderen nur dann die Zügel, wenn diese sich an ihre Regeln halten.

Kennen Sie einen Kontrolletti?

Der folgende Test kann Ihnen helfen zu ermitteln, ob Sie sich in einer arbeitsintensiven Beziehung zu einem Kontrolletti befinden. Identifizieren Sie die Person, die Ihnen beim Lesen der bisher genannten Merkmale in den Sinn kam. Kreuzen Sie „J" an, wenn eine Beschreibung auf diese Person zutrifft. Kreuzen Sie „N" an, wenn die Aussage sich nicht auf die betreffende Person beziehen läßt.

J   N   Diese Person hält sich ewig mit Projekten auf, weil sie Perfektion verlangt.

J   N   Die meisten Leute würden diese Person als penibel oder kritisch bezeichnen.

J   N   Diese Person liebt Ordnung und eingefahrene Wege.

J   N   Das kontrollierende Verhalten dieser Person stößt andere Menschen ab.

J   N   Manchmal hege ich den Verdacht, daß diese Person in Privatdingen herumstöbert.

J   N   Diese Person löst in mir Beklemmung aus.

J N Wie ein Bulldozer hält diese Person an der Art und Weise fest, wie sie die Dinge erledigt haben will.

J N Sobald diese Person eine Entscheidung getroffen hat, ist die Sache erledigt. Alle Alternativen haben dann keine Chance mehr.

J N Diese Person kann unentschlossen sein, weil sie ständig über einer Idee brütet und alles andere in der Zwischenzeit auf Eis legt.

J N Wenn diese Person etwas nicht mag, dann sagt sie das auch.

J N Die meisten Menschen sind von der fordernden Art dieser Person abgestoßen.

J N Diese Person hat eine ganz bestimmte Art und Weise, etwas zu tun, und weicht keinen Millimeter davon ab.

J N Niemand würde diese Person als flexibel und unkompliziert beschreiben.

J N Wenn diese Person dem Vorschlag eines anderen nachgibt, ist sie nicht so engagiert bei der Sache.

J N Wenn es das geringste Haar in der Suppe gibt, wird diese Person es bestimmt finden.

Auswertung: Addieren Sie alle Aussagen, die Sie mit Ja beantwortet haben. Wenn es zehn oder mehr sind, befinden Sie sich mit Sicherheit in einer belastenden Beziehung zu einem Kontrolletti.

120

Einen Kontrolletti verstehen

Lillian spielt gern den Boss. Wenn sie zum Beispiel mit Freunden essen geht, bestimmt sie den Tag, die Uhrzeit und das Restaurant. Und manchmal ist ihr selbst das noch zuwenig: Wenn der Ober der Gruppe einen Tisch zeigt, steuert sie auf einen anderen zu. Ihre Freunde nennen sie inzwischen „Kapitän". Sie sagt ihren Begleitern sogar, was sie essen sollen, und dominiert jede Unterhaltung.

Wenn Lillian ihren Willen nicht bekommt, läßt sie kein gutes Haar an dem Lokal, das ihre Freunde gewählt haben, oder schmollt den ganzen Abend.

> *„Lieber sich beugen als brechen."*
> Schottisches Sprichwort

Manche ihrer Freunde finden sich mit Lillians bestimmender Art ab, aber andere kündigen ihr die Freundschaft. Sie weiß sicher, wie ihr diktatorisches Verhalten auf andere wirkt. Warum tut sie es dann?

Die Antwort liegt eher im Bereich des Unbewußten als auf der bewußten Ebene. Ganz tief drinnen hat Lillian Angst, verletzt zu werden. Kontrollettis haben Angst, die Kontrolle ganz zu verlieren. Ist ein gewisses Maß an Kontrolle nicht gesund? Gewiß. Neue Forschungen deuten an, daß das Gefühl, die Dinge unter Kontrolle zu haben, für das geistige und körperliche Wohlergehen ebenso wichtig ist wie für häusliche Zufriedenheit und berufliche Erfüllung. Das Empfinden, Herr über sein eigenes Schicksal zu sein, ist sogar eines der Schlüsselmerkmale glücklicher Menschen, wie mein Freund David Myers in seinem Buch „The Pursuit of Happiness" (Das Streben nach Glück) beschreibt. Die Psychologin Judith Rodin hat darüber hinaus in verschiedenen Experimenten an der Yale University gezeigt, daß allein das Gefühl, Dinge unter Kontrolle zu haben, die Funktion des Immunsystems eines Menschen beeinflussen kann.[1]

Kontrolle kann aber auch zuviel des Guten sein. Zu starke Kontrolle verursacht ebensoviel Streß wie das Gefühl, überhaupt nichts in der Hand zu haben. Menschen mit dem Persönlichkeitstyp A (ein Begriff der amerikanischen Forscher Meyer Friedmann und Ray H. Rosenman) sind zum Beispiel oft kontrollierend und weisen zugleich ein hohes Risiko für Herzerkrankungen auf.[2]

In ihrem Streben nach Dominanz unterwerfen Kontrollettis sich oft einer sehr eng gefaßten Routine, die sie daran hindert, das Leben zu genießen, ganz zu schweigen von der Frustration, die sie bei den Menschen in ihrer Umgebung auslösen.

Ohne es zu merken, überschreiten Kontrollettis oft die Grenze zwischen der Übernahme von Verantwortung und zwanghafter Kontrolle. Sie können sich nicht entspannen, weil sie immer die Gefahr sehen, kritisiert zu werden oder durch einen ganz menschlichen Fehler in eine peinliche Situation zu geraten. Und ihr übertriebener Verantwortungssinn beeinträchtigt andere Menschen. Kontrollettis wissen einfach nicht, wo und wann sie aufhören müssen.

Stellen Sie sich vor, wie das Leben aussähe, wenn alles, was wir uns wünschen, und jedes Ziel, das wir zu verwirklichen hoffen, von den Launen des Schicksals oder den Marotten anderer abhängig wäre. Die Aussicht auf eine so absolute Machtlosigkeit wäre beängstigend. Aber so beängstigend wirkt das Leben oft auf Kontrollettis.

> *„Nichts ist schlimmer als Aktivität ohne Einsicht."*
> Thomas Carlyle

In ihrem Versuch, alles zu kontrollieren (selbst das Wetter), verlieren Kontrollettis manchmal ohne jede Vorwarnung die Selbstbeherrschung. Wie der Golfspieler, der ausflippt, nachdem er einen Ball geschnitten hat. Er schleudert den Schläger auf die Bahn, holt einen anderen aus dem Caddie und bricht ihn über dem Knie entzwei. Eine ganz typische Reaktion eines entmachteten Kontrollettis!

Kontrollettis werden von einem starken Gefühl der Verwundbarkeit und einem geringen Selbstbewußtsein bestimmt. Sie sind nicht annähernd so selbstsicher, wie sie

122

scheinen. Aus Angst, kritisiert, abgelehnt oder auf irgendeine Art bloßgestellt zu werden, versuchen sie sich zu schützen, indem sie jeden Aspekt ihres Lebens unter Kontrolle behalten wollen.

Mit Kontrollettis klarkommen

Fast jeder kennt Kontrollettis. Aber nicht jeder versteht mit ihnen umzugehen. Ob Ihre Kontrollettis im Büro oder zu Hause zu finden sind: Sie müssen wissen, daß es möglich ist, ihre Kontrollversuche zu entkräften.

Stellen Sie sich dem Kontrolletti in Ihnen selbst

Im Vergleich zu den Kontrollettis in Ihrem Leben haben Sie vielleicht den Eindruck, daß Sie nicht die leisesten kontrollierenden Tendenzen in sich selbst entdecken könnten. Aber denken Sie einmal darüber nach. Sind Sie nicht auch manchmal etwas bestimmend? Reagieren Sie nicht auch gelegentlich gereizt, wenn etwas nicht genau so erledigt wird, wie Sie es wünschen? Kommt es vor, daß Sie sich unnachgiebig oder fordernd verhalten? Sind Sie je perfektionistisch?

Vielleicht weisen Sie keine dieser störenden Neigungen auf. Aber die meisten von uns werden, wenn wir ehrlich sind, feststellen, daß wir gelegentlich zumindest einige kontrollierende Verhaltensweisen an den Tag legen. Das macht Sie natürlich noch nicht zum gestandenen Kontrolletti, aber es wird Ihnen helfen, ein wenig Verständnis für die Kontrollettis in Ihrem Leben aufzubringen.

Nehmen Sie es nicht persönlich

Denken Sie daran, daß Kontrollettis meistens versuchen, sich selbst zu schützen; sie wollen Sie eigentlich nicht verletzen. Fühlen Sie sich nicht verantwortlich, und versuchen Sie nicht, die Dinge geradezubiegen, wenn ein Kontrolletti in Aufruhr gerät. Ihm vorzuwerfen, daß er kontrolliert, wird ihn nur noch unsicherer und kontrollierender machen.

Versuchen Sie statt dessen, ihm zu erklären, wie sein Verhalten auf Sie wirkt. Sagen Sie etwa: „Vielleicht ist dir das nicht bewußt, aber sobald wir zusammen sind, endet es offenbar immer damit, daß wir die Dinge so machen, wie du es willst. Das frustriert mich. Ich möchte auch einmal wählen, in welches Restaurant wir gehen oder welchen Film wir uns anschauen." Das ist – für Sie beide – viel besser, als zu sagen: „Nie vertraust du meiner Entscheidung."

Behalten Sie im Gedächtnis, daß das Verhalten eines Kontrolletti kein Kommentar über Sie ist; es ist eine Strategie, mit der er sich vor seinen Ängsten schützt. Nehmen Sie es also nicht persönlich, wenn ein Kontrolletti Ihnen das nächste Mal seine Vorstellungen überstülpen will.

Geben Sie phasenweise nach

Kürzlich sprach ich mit einem Manager, der an seinem neuen Arbeitsplatz einen Kontrolletti als Chef vorfand. Die neue Führungskraft war ausgesprochen kompetent und engagiert, aber der Chef hackte auf jeder Kleinigkeit herum. Die spontane Reaktion meines Gesprächspartners war die Absicht, seinem Chef zu sagen: „Jetzt lassen Sie mich endlich in Ruhe. Schließlich wurde ich für diese Aufgabe eingestellt. Lassen Sie mich die Sache auf meine Art und Weise angehen." Je mehr wir jedoch über die voraussichtlichen Folgen einer solchen Reaktion diskutierten, desto offener wurde er für eine alternative Lösung.

„Geben Sie dem Chef eine Gelegenheit zu sehen, wie Sie alle I-Punkte und jedes Komma setzen und alles erledigen", riet ich ihm. Hinter dieser Strategie steckte der Gedanke, dem kontrollierenden Chef eine gewisse Zeit einzuräumen, um sich an die neue Situation zu gewöhnen.

Dasselbe Prinzip könnte auch für Sie anwendbar sein. Wenn Sie dem Kontrollbedürfnis eines Kontrolletti etwas entgegenkommen, können Sie ihm damit helfen, sich zu beruhigen und die Dinge eher loszulassen. Auch Kontrollettis können gar nicht alles im Griff behalten. Wenn ein Kontrolletti mehr Vertrauen zu Ihnen gewinnt, weil Sie ruhig geblieben sind und gezeigt haben, daß Sie mit seinen Vorgaben arbeiten können, dann läßt er Ihnen allmählich die Zügel locker.

Identifizieren Sie das eigentliche Problem

Wer einem Kontrolletti den Wind aus den Segeln nehmen möchte, muß herausfinden, worauf dieser eigentlich aus ist. Gerald Piaget stellt in seinem Buch „Control Freaks: Who They Are and How to Stop Them from Running Your Life" (Kontroll-Freaks: Wer sie sind und wie Sie sie daran hindern, sich in Ihr Leben einzumischen) eine wichtige Frage: „Will der Betreffende Sie veranlassen zu glauben, daß er recht hat, wichtig ist, Anerkennung verdient, geschätzt wird und Einfluß besitzt?"

> *„Wer gegen seinen Willen nickt, sich doch der eigenen Meinung schickt."*
> Samuel Butler

Wenn das bei Ihnen so ist und Sie die Situation bewältigen wollen, müssen Sie herausfinden, wie Sie dem Kontrolletti das geben können, was er braucht, ohne Ihre eigenen Ansprüche zu kompromittieren. Wenn der Kontrolletti zum Beispiel mit gespannter Erwartung einem wichtigen Anruf entgegensieht, wird er Sie vielleicht anfahren, weil Sie Ihren Ordner auf den Schreibtisch gelegt haben: „Warum tun Sie das schon wieder? Ich habe Ihnen doch gesagt, wie sehr mich das stört." Statt den Betreffenden wegen seines irrationalen und kleinlichen Verhaltens anzugreifen, könnten Sie sich in seine Lage versetzen und sich fragen, was er eigentlich braucht: „Tut mir leid. Sie sind bestimmt gespannt auf die telefonische Antwort, von der Sie gesprochen haben."

Eine einfache Aussage über das, was unter der Oberfläche vor sich geht, kann auf einen besorgten Kontrolletti beruhigend wirken. Und Ihnen hilft es, dem Kontrolletti-Gewitter standzuhalten, ohne bis auf die Knochen naß zu werden.

Überschütten Sie Kontrollettis mit Informationen

Stellen Sie sich Kontrollettis als überbehütende Eltern vor. Am besten kann man ihnen helfen, sich zu entspannen, wenn man sie auf dem laufenden hält. Je mehr Informationen man ihnen gibt, desto weniger brauchen sie sich zu sorgen, und desto mehr werden sie loslassen können. Diese Strategie ist dem „phasenweisen Nachgeben" sehr ähnlich.

Wenn Sie zum Beispiel dem Vorschlag Ihres Arbeitgebers, eine Besprechung mit der Einkaufsabteilung zu halten, ablehnend begegnen, weil Sie das für Zeitverschwendung halten, wird er kaum Vertrauen zu Ihnen entwickeln. Bei ihm werden dann die Alarmglocken läuten, und er wird sich sagen: „Diese Person ist nicht teamfähig. Sie will sich nichts sagen lassen. Sie versucht, etwas zu verbergen."

Statt jemand anders in eine bestimmte Lage zu bringen, versuchen Sie einmal, sich in seine Lage zu versetzen.

Das ist natürlich nicht der Fall, aber das weiß er nicht – sagen Sie es ihm also. Erklären Sie, daß Sie die nötigen Informationen schon telefonisch von der Einkaufsabteilung erhalten haben und es für besser halten, jetzt ohne Besprechung voranzugehen. Oder noch besser: Fragen Sie ihn, nachdem Sie ihm diese Information gegeben haben, ob er die Besprechung noch für erforderlich hält. Sie werden zwar das Gefühl haben, etwas Selbstverständliches, Überflüssiges zu fragen, aber es wird die Beziehung zum Kontrolletti wesentlich erleichtern, wenn Sie ihn ständig auf dem laufenden halten und um seine Rückmeldung bitten.

Bringen Sie Ihre Ideen zu Papier

Eine der größten Frustrationen, die ich bei den Angestellten von Kontrollettis feststelle, ist die Tatsache, daß ihr Chef selten offen für neue Methoden oder Verfahrensweisen ist. Nehmen wir zum Beispiel an, daß Sie einen neuen und besseren Weg gefunden haben, die Verkaufszahlen für den Jahresbericht zusammenzustellen, aber der Kontrolletti verwirft den Vorschlag von vornherein. Was können Sie tun? Sie sind überzeugt, daß die Computererfassung der Geschäftszahlen eine enorme Zeitersparnis bringen wird, aber der Kontrolletti läßt sich auf nichts ein.

In einer solchen Situation ist es das beste, wenn Sie Ihre Ideen schriftlich formulieren. Geben Sie dem Kontrolletti erst einmal die Gelegenheit, darüber nachzudenken. Konfrontieren Sie ihn nicht, und drängen Sie ihm keine weiteren Erläuterungen auf. Nennen Sie eine Menge Gründe, weshalb Ihr Verfahren sich bewähren wird. Decken Sie ihn mit Fakten ein.

Die schwierige Aufgabe, genügend Daten und Beweismaterial zu sammeln, um Ihre Meinung zu erhärten, mag Ihnen nicht als besonders effektive Beschäftigung erscheinen, aber die Investition hat sich gelohnt, wenn Sie das angestrebte Ziel erreichen. Klare Fakten und Informationen gehören zu den besten Mitteln, um von einem kontrollierenden Chef, Ehepartner oder Freund zu bekommen, was Sie brauchen.

Legen Sie Ihre Aufgaben fest

Wenn Sie mit einem Kontrolletti in Beziehung stehen, werden Sie wahrscheinlich feststellen, daß Sie immer und immer wieder über dieselben Fragen diskutieren: wie man Auto fährt, das Essen zubereitet und so weiter.

Wenn Sie auf ein solches Bumerang-Thema stoßen, setzen Sie ein Gespräch an. Beschließen Sie gemeinsam, wer bestimmte Aufgaben am besten bewältigt und folglich auch darüber bestimmen sollte. Wenn Sie der bessere Koch sind, sollten Sie im Küchenbereich das Sagen haben, und der Kontrolletti muß sich da raushalten. Wenn der Kontrolletti der bessere Autofahrer ist, sollte er den Wagen fahren, wenn Sie gemeinsam unterwegs sind. Der Trick, damit diese Strategie funktioniert, ist das Erinnern an Ihre Vereinbarung. Wenn der Betreffende anfängt, Ihnen zu sagen, wie Sie die Möhren putzen sollen, dann sagen Sie zum Beispiel: „Wir haben vereinbart, daß das in meinen Bereich fällt und ich darüber entscheide."

Vielleicht erscheinen Ihnen solche festen Aufgabenteilungen als zu formal und strikt. Ich stimme zu, daß sie diesen Charakter haben können. Aber das Aushandeln fest vereinbarter Rollen kann das Leben mit einem Kontrolletti wesentlich erleichtern und ihm helfen, sich zurückzuhalten.

Nehmen Sie mit dem Guten auch das Schlechte in Kauf

So ungern man es auch akzeptieren mag: Kontrollettis haben tatsächlich manchmal hilfreiche Vorschläge zu bieten. Doch weil sie ständig so viele Ratschläge erteilen, entgeht einem das vielleicht. Versuchen Sie, auf Vorschläge und Anweisungen zu achten, die wirklich hilfreich sind. Achten Sie auf das Positive, nicht nur auf das Negative. Im Berufsleben sind Kontrollettis das Rückgrat vieler Firmen. Sie nehmen ihre Verantwortung normalerweise sehr ernst und arbeiten gewissenhaft, engagiert, ehrlich und ausdauernd. Dasselbe gilt auch innerhalb einer Familie.

Wenn Sie also keine Geduld für Kontrollettis aufbringen, dann lassen Sie sich dies noch einmal durch den Kopf gehen, wenn Ihr Flugzeug vor der nächsten Landung in der Warteschleife kreist und Sie hoffen, daß die Leute im Kontrollturm einen Chef haben, der von ihnen volle Aufmerksamkeit verlangt und auf jedes Detail Wert legt.

Wahren Sie eine gewisse Autonomie

Obwohl es sehr hilfreich sein kann, das Gute in einem Kontrolletti wahrzunehmen, werden Sie mit Sicherheit viele seiner Vorschläge unsinnig finden. Dann ist es an der Zeit für etwas mehr Nachdruck. Jesus bietet bei Petrus ein gutes Beispiel dafür. Auf seine eigene holprige Art war Petrus ein Kontrolletti. Als Jesus den Jüngern erklärte, daß er sterben und auferstehen werde, widersprach Petrus ihm und versuchte ihm zu sagen, was er tun und lassen sollte. Schließlich mußte Jesus ihn scharf zurechtweisen: „Du willst mich zu Fall bringen, denn du hast nicht das im Sinn, was Gott will, sondern was die Menschen wollen" (Matthäus 16,23).

Manchmal müssen Kontrollettis den Tatsachen ins Auge blicken. Sie können ihnen versichern, daß Sie auf ihrer Seite stehen, und doch zugleich Ihren eigenen Ansatz bekräftigen.

Eine meiner Bekannten erhielt von ihrem Chef seitenlange Memos, was sie zu tun hatte. Kathy sprach unter vier Augen mit ihrem Chef und sagte: „Sie wissen, daß ich sehr gut selbständig arbeiten kann. Wenn ich Memos erhalte, die mir vorschreiben, daß ich meine Aufgaben in einer bestimmten Art und Weise zu erledigen habe, wirkt das auf mich kontraproduktiv. Ich weiß, welche Erfahrungen und Erfolge Sie vorzuweisen haben, und ich bin hier, um Sie zu unterstützen; aber ich erziele die besten Ergebnisse, wenn ich mehr oder weniger selbständig arbeiten kann."

Schmeicheln Sie dem Ego des Kontrolletti

J. Keith Miller, der Autor des Buchs „Compelled to Control: Why Relationships Break Down and What Makes Them Well" (Zwanghafte Kontrolle: Warum Beziehungen zerbrechen und was sie wiederherstellt), glaubt, daß chronische

Kontrollettis sich nur dann entspannen und loslassen, wenn sie anfangen, ein besseres Selbstwertgefühl zu entwickeln. „Wenn Menschen, die eine sehr niedrige Toleranzschwelle für schmerzhafte Emotionen wie Beschämung und Angst haben, solche Gefühle in sich aufsteigen fühlen, schaltet sich automatisch eine starke innere Triebkraft ein, die ihnen hilft, die Situation zu bewältigen."

Miller räumt ein, daß Kontrollettis erst das Selbstwertgefühl entwickeln müssen, das ihnen in der Kindheit gefehlt hat, um Wiederherstellung zu finden. Als Psychologe weiß ich, daß meine Aufgabe in der Therapie mit Kontrollettis oft darin besteht, einen Nachholprozeß der „elterlichen Bestätigung" zu erleichtern, in dem sie anzunehmen lernen, daß sie wertvoll sind und sich wegen ihrer Bedürfnisse oder Schwächen nicht zu schämen brauchen. Sobald dieser Prozeß zu greifen beginnt und ihr Selbstwertgefühl gestärkt wird, verlieren sich das Angstgefühl und der Zwang, andere zu dominieren.

Erfreulich ist, daß Sie kein Psychotherapeut zu sein brauchen, um Kontrollettis beim Aufbau eines besseren Selbstwertgefühls zu helfen. Sprechen Sie ihnen einfach ein Kompliment aus, wenn sich eine Gelegenheit bietet. Helfen Sie ihnen, sich wohl zu fühlen in dem, was sie sind – nicht in dem, was sie tun.

Entscheiden Sie, wann es an der Zeit ist, weiterzugehen

In manchen Fällen ist das Verhalten eines Kontrolletti so tief verankert, daß er Angst vor einer Veränderung hat, und alle Ihre Bemühungen zeigen kaum Wirkung. Wenn Sie das Gefühl haben, gegen eine Mauer anzurennen, laufen Sie Gefahr, nicht nur ständig Frustration zu erleben, sondern auch Ihr eigenes Selbstwertgefühl und vielleicht sogar Ihre Arbeitsstelle einzubüßen. Im beruflichen Umfeld können Kontrollettis zu ernsten Stolpersteinen für Ihre Karriere werden.

Rachel, eine Fernsehproduzentin, beschreibt eine derartige Erfahrung: „Er war die einzige Person im Büro, als ich von der Hauptgeschäftsstelle des Fernsehsenders eingestellt wurde. Als ich ankam, sagte er: ‚Alle Ideen laufen über meinen Schreibtisch.' Jeden Morgen rief er die Hauptgeschäftsstelle an; dann erteilte er mir Anweisungen für den Tag, immer Stück für Stück. Er sorgte dafür, daß ich keinerlei Verantwortung hatte. Er kannte die Termine Wochen im voraus, informierte mich aber immer erst am Morgen der Aufnahme. So konnte ich einfach nicht arbeiten."

> *„Irren ist menschlich, aber wenn der Radiergummi dem Bleistift vorausgeht, geht man zu weit."*
> Josh Jenkins

Rachels Kollege schuf sich ein Informationsmonopol, so daß alles zuerst über seinen Schreibtisch gefiltert wurde. Er mißtraute den anderen Mitarbeitern im Büro, bremste kollegiale Kontakte und wollte keine Anerkennung oder Rosinen-Aufträge mit seinen Kollegen teilen. Der Kontrolletti regierte. Rachel sah sich mit der eiskalten Tatsache konfrontiert, daß sie sich entweder seinen Anweisungen fügen oder nach einer anderen Stelle Ausschau halten mußte. Sie beschloß, nach Beendigung ihres Jahresvertrags zu gehen. Wahrscheinlich war das die richtige Entscheidung.

Querverweis

Weitere für den Umgang mit Kontrollettis relevante Informationen finden Sie auch in den Kapiteln über den Wettkämpfer, die Dampfwalze und den Miesmacher.

DER VERRÄTER:

zeigt nie sein wahres Gesicht, intrigiert und fällt anderen in den Rücken

Haben Sie je einem Menschen vertraut, der Ihnen etwas ins Gesicht sagte und hinter Ihrem Rücken etwas ganz anderes behauptete?

Ich habe das schon des öfteren erlebt. Mehrere Monate lang arbeitete ich mit einem Projektleiter an einem wichtigen Entwurf. Wir bereiteten eine Besprechung vor, bei der ich die Leitung übernehmen und unsere Ideen einem Komitee präsentieren sollte, dessen Zustimmung erforderlich war. Mein Projektleiter und ich trafen schließlich am vereinbarten Ort ein und fühlten uns beide bereit. Wir eröffneten die Sitzung und stürzten uns in unsere Aufgabe. Mitten in der Präsentation wurde jedoch deutlich, daß unser Vorschlag ins Leere ging. Doch als ob das nicht schlimm genug gewesen wäre, ließ mein Projektleiter mich hängen. Noch wenige Minuten bevor wir den Konferenzraum betraten, war er voller Enthusiasmus gewesen und hatte mir auf den Rücken geklopft, als wollte er sagen: Zeigen wir's ihnen!

Doch sobald wir drinnen waren, wendete sich das Blatt – und damit auch er. Niemand hätte auch nur im entferntesten vermutet, daß irgendeine Idee in unserem Entwurf von ihm stammte. Er schloß sich der Kritik an und distanzierte sich völlig von mir und dem Projekt. Ich erinnere mich noch überdeutlich, wie er vor der versammelten Mannschaft sagte: „Die ganze Sache muß meiner Meinung nach völlig überarbeitet werden." Und mich ließ er im Regen stehen. Ich traute meinen Ohren nicht. Bestürzt und verwundert verließ ich die Besprechung. Er war auf einmal verschwunden.

Wie konnte er seinen Standpunkt so plötzlich ändern? Wie konnte er mir den Boden unter den Füßen wegziehen? Wie konnte er mir in den Rücken fallen, während ich glaubte, wir wären ein Team?

Der Verräter gehört zu den gefährlichsten und vernichtendsten Problemfällen unter den arbeitsintensiven Beziehungen. Er schleicht sich hinterrücks an Sie heran; unter vier Augen gibt er sich wahrscheinlich als Ihr größter Fan aus. Aber wie ein Doppelagent hat er zwei Gesichter. Er trägt – bildhaft gesprochen – ein Messer bei sich, auf dem Ihr Name eingraviert ist. Damit zielt er auf Ihre Glaubwürdigkeit. Geschickt eingesetzt, kann es Ihre berufliche Karriere und alles andere, was Ihnen wichtig ist, in Stücke schlagen.

> *„Verhaßt wie die Pforten des Hades ist mir der Mann, der das eine in seinem Herzen verbirgt und das andere sagt."*
> Homer

Eine meiner Klientinnen bemühte sich jahrelang darum, ihre enorm schwierige Kindheit aufzuarbeiten. Erst vor kurzem brachte sie den Mut auf, sich ihrer Vergangenheit wirklich zu stellen und offen darüber zu reden. Dann tat sie einen mutigen Schritt und erzählte einer Freundin etwas von ihrer Vergangenheit und von der Tatsache, daß sie bei der Bewältigung dieser Kindheitserfahrungen psychotherapeutische Hilfe in Anspruch nahm. Innerhalb einer Woche hatte ihre „Freundin" diese vertrauliche Mitteilung mißbraucht, um sie vor anderen bloßzustellen. Mir kochte das Blut, als sie mir von dieser Verräterin erzählte.

Diese Art von Beziehungsproblemen kann überall auftreten: am Arbeitsplatz, zu Hause und sogar in der Gemeinde. Es ist heimtückisch, wenn ein Mitarbeiter bei einem Projekt auf Sparflamme läuft und dann Anerkennung einheimst, wenn es kurz vor dem Abschluß steht. Verrat liegt vor, wenn ein Freund Ihnen unter vier Augen recht gibt, sich später in Gesellschaft anderer aber auf die Seite Ihrer Gegner stellt. Mit Verrat werden Sie konfrontiert, wenn Sie einem Gemeindemitglied etwas Vertrauliches mitteilen und später hören müssen, daß der Betreffende Ihre Mitteilung in der Gebetsgruppe ausgeplaudert hat.

Heimtücke ist nichts Neues. In biblischer Zeit erlebte König David den Schmerz des Verrats. Mit ausdrucksvollen Worten beschreibt er seine Erfahrung in Psalm 55: „Denn nicht ein Feind beschimpft mich, das würde ich ertragen; nicht ein Mann, der mich haßt, tritt frech gegen mich auf, vor ihm könnte ich mich verbergen. Nein, du bist es, ein Mensch aus meiner Umgebung, mein Freund, mein Vertrauter, mit dem ich, in Freundschaft verbunden, zum Haus Gottes gepilgert bin inmitten der Menge . . . Der Feind legt Hand an Gottes Freunde, er entweiht Gottes Bund. Glatt wie Butter sind seine Reden, doch in seinem Herzen sinnt er auf Streit; seine Worte sind linder als Öl und sind doch gezückte Schwerter" (Psalm 55, 13–15.21–22).

Im Neuen Testament sehen wir, daß Christus oft zum Opfer des Verrats wurde. Zwei seiner zehn engsten Freunde – Petrus und Judas – verleugneten und verrieten ihn. „Kurz darauf kamen die Leute, die dort standen, zu Petrus und sagten: Wirklich, auch du gehörst zu ihnen, deine Mundart verrät dich. Da fing er an, sich zu verfluchen und schwor: Ich kenne den Menschen nicht" (Matthäus 26,73–74).

Wenn der heimtückische Verrat von einem Feind gestammt hätte, so erklärte David, dann hätte er ihn ertragen können. Aber es war sein vertrauter Freund. Gewiß hätte Jesus verstanden, daß ein Feind ihn verrät, aber seine eigenen Jünger? Das ist noch viel schmerzhafter.

Heimtückisches Verhalten darf übrigens nicht mit geringfügigen Ausrutschern wie dem Absagen einer Verabredung in allerletzter Minute oder dem Versäumen eines Telefonanrufs verwechselt werden. Heimtücke ist viel gravierender. Sie erkennen sie an dem lange währenden Schmerz, nachdem jemand Ihnen in dieser Weise in den Rücken gefallen ist.

Die Anatomie eines Verräters

Die spitze Zunge eines Verräters kann verschiedene Aus-
prägungen haben: üble Nachrede, Ideenklau, Unterwande-
rung von Besprechungen, Lügen oder jede sonstige Form
der Heimtücke, die ihm gerade in den Sinn kommt. Welche
Waffe Verräter auch immer benutzen, ihre Wesenszüge sind
ziemlich konsistent: sie sind gewöhnlich nachtragend, rachsüchtig, trügerisch, intrigant, grollend, reizbar und passiv-
aggressiv.

Nachtragend

Wir alle erleben Verletzungen und Ungerechtigkeiten. Aber
nicht jeder von uns führt haargenau Buch darüber, wer sie uns
zugefügt hat und wie wir es ihm heimzahlen können. Verräter
verhalten sich aber so. Sie können Ihnen jederzeit genau sagen, wer was über sie gesagt hat und warum das falsch war.
Eine der Lieblingsbeschäftigungen eines Verräters besteht
darin, Kränkungen und Kümmernisse durchzukauen, die er
unter Umständen schon seit Jahren mit sich herumschleppt.

Rachsüchtig

Die Bibel fordert uns auf, die andere Wange hinzuhalten,
wenn Menschen uns verletzen. Aber darauf lassen Verräter
sich nicht ein. Die Maxime „Auge um Auge, Zahn um
Zahn" sieht den meisten Verrätern schon viel ähnlicher. Oft
stecken sie voller Groll und schmieden vor Wut schäumend
Rachegedanken.

Trügerisch

Das Leben wäre so viel leichter, wenn wir es nicht immer
wieder mit Männern und Frauen zu tun hätten, die einem
das Blaue vom Himmel versprechen, ohne ihr Versprechen

wirklich einlösen zu wollen. Leider ist das eines der Markenzeichen eines Verräters.

Intrigant

Wenn Sie ein Shakespeare-Fan sind, kennen Sie sicher Jago, der es auf eine bestimmte Stellung abgesehen hatte und, als sie ihm versagt blieb, sogar gegen seinen Chef – Othello – intrigierte. Jago gleicht den meisten Verrätern: Sie schmieden Pläne, um jemanden zu Fall zu bringen, und spezialisieren sich darauf, der falschen Person im falschen Augenblick das Falsche zu sagen.

Grollend

Der englische Dichter und Humorist Thomas Hood beschreibt nachtragende Menschen als „falsch herum eingekugelten Igel, der sich selbst mit seinen Stacheln quält". Dieses Bild trifft auf Verräter zu, die oft an einem verletzenden Wort oder Verhalten festhalten, das ihnen zugefügt wurde. Das Problem ist natürlich, daß sie sich irgendwann auch wieder „ausrollen" und dann anderen Schaden zufügen.

Reizbar

„Ich habe es endgültig satt, mir alles gefallen zu lassen", erklären die meisten Verräter. „Ich brauche auch nicht jeden Mistkerl zu ertragen, der mir in die Quere kommt." Verräter triefen vor Wut. Wahrscheinlich zeigen sie es nicht, aber normalerweise sind sie innerlich aufgebracht, wütend und zornig.

Passiv-aggressiv

Aller Wahrscheinlichkeit nach zeigt ein Verräter sich nach außen hin zuvorkommend und wohlmeinend. Aber das ist eine Maske. Hinter seinem Lächeln verbirgt sich ein enormes Potential an Konfliktbereitschaft und Ablehnung. Deshalb werden Sie oft merken, daß Sie wütend auf ihn sind, ohne recht zu wissen, warum. Seine Aggression äußert sich passiv und läßt sich daher nur schwer feststellen.

Kennen Sie einen Verräter?

Der folgende Test kann Ihnen helfen zu ermitteln, ob Sie sich in einer arbeitsintensiven Beziehung zu einem Verräter befinden. Identifizieren Sie die Person, die Ihnen beim Lesen der bisher genannten Merkmale in den Sinn kam. Kreuzen Sie „J" an, wenn eine Beschreibung auf diese Person zutrifft. Kreuzen Sie „N" an, wenn die Aussage sich nicht auf die betreffende Person beziehen läßt.

> *„An den Kindern deines Volkes sollst du dich nicht rächen und ihnen nichts nachtragen. Du sollst deinen Nächsten lieben wie dich selbst."*
> 3. Mose 19,18

J   N   Zuerst habe ich dieser Person vertraut, aber das tue ich jetzt nicht mehr.

J   N   Diese Person sagt mir oft etwas, vertritt aber anderen Leuten gegenüber dann eine ganz andere Auffassung.

J   N   Wenn ich mit dieser Person zusammen bin, sage ich mir manchmal, daß ich bei solchen „Freunden" keine Feinde brauche.

J   N   Diese Person stimmt mir zu, wenn wir unter uns sind, widerspricht mir aber, wenn wir uns in Gesellschaft anderer befinden.

J N Ich hatte schon einmal das Gefühl, von dieser Person verraten worden zu sein.

J N Diese Person sucht nach Möglichkeiten, mit anderen Leuten „quitt" zu werden.

J N Die doppelzüngigen Machenschaften dieser Person haben mir schon oft sehr zu schaffen gemacht.

J N Diese Person ist unberechenbar und nicht vertrauenswürdig.

J N Der Umgang mit dieser Person gleicht manchmal dem Versuch, ein Gelände mit lauter Tretminen zu durchqueren.

J N Ich bin nicht der einzige, der sich von dieser Person verraten fühlt.

J N Diese Person würde wahrscheinlich kein Mittel scheuen, um ihr Ziel zu erreichen.

J N Fast nie klärt diese Person Konflikte durch ein offenes Gespräch, sondern redet statt dessen immer hinter dem Rücken anderer über das Problem.

J N Diese Person verwendet vertrauliche Informationen gegen andere.

J N Manchmal fühle ich mich, als hätte diese Person mich im Regen stehen lassen.

J N Ich habe allmählich den Eindruck, daß diese Person an Rache Gefallen findet.

Auswertung: Addieren Sie alle Aussagen, die Sie mit Ja beantwortet haben. Wenn es zehn oder mehr sind, befinden Sie sich in einer belastenden Beziehung zu einem Verräter.

Einen Verräter verstehen

Vor einigen Jahren spielte Melanie Griffith die Rolle der Tess McGill in „Mit den Waffen einer Frau". Der Film erzählt die Geschichte einer klugen Assistentin, die feststellt, daß ihre Chefin die Anerkennung für ihre guten Ideen einheimst. Zu Beginn gibt ihre Chefin Katherine Parker (gespielt von Sigourney Weaver) sich außerordentlich freundlich und sehr daran interessiert, Tess als Mentorin zu unterstützen. Hören

> *„Falsche Worte sind nicht nur in sich selbst böse, sondern infizieren die Seele mit Bösem."*
> Sokrates

Sie sich nur einmal an, was die neue Chefin ihrer Assistentin in ihrem ersten wesentlichen Gespräch sagt: „Ich lege Wert auf Ihre Mitwirkung, Tess. Ihre Ideen sind mir willkommen, und ich sehe es gern, wenn harte Arbeit belohnt wird. In meinem Team profitieren wir alle voneinander – und nennen Sie mich doch einfach Katherine."

Zum ersten Mal in ihrer beruflichen Laufbahn hat Tess das Gefühl, eine Mentorin und Verbündete gefunden zu haben. Sie erzählt ihrem Freund, wie begeistert sie sei, daß endlich jemand an sie glaubte und ihr Anerkennung schenkte. Doch als Tess Katherine eine ausgezeichnete Idee vorlegt, versucht Katherine, die Anerkennung für sich zu verbuchen und Tess einzureden, die Idee sei auf Ablehnung gestoßen.

Statt eine fördernde Mentorin oder Freundin zu sein, erweist Katherine Parker sich als manipulative Widersacherin. Ihre zuckersüße Art ist nur gespielt, ihre Freundlichkeit nichts als der Versuch, Macht zu gewinnen.

Manchmal scheinen die Gemeinheiten eines Verräters einfach egoistischen Zwecken zu dienen. Er trampelt auf anderen herum, macht gemeinsame Sache mit Ihren Gegnern und klaut Ihre Ideen, um beruflich aufzusteigen. In Wirklichkeit sind solche Falschheiten allerdings nicht immer so einfach strukturiert.

Das zugrundeliegende Problem ist bei vielen Verrätern ein Mangel an Selbstachtung. Oft fühlen sie sich benachteiligt und rechtfertigen damit den Einsatz zwielichtiger Methoden, um Erfolge zu erzielen. Sie werten andere ab, um sich selbst aufzuwerten. Selbst wenn es Ihre Vorgesetzten sind, handeln Verräter aus Unsicherheit und in dem Glauben, nur eine vollkommene Ordnung würde jede Bedrohung ihrer Macht ausschalten. Sie meinen, nichts Unrechtes tun zu können. Und sollten Sie es wagen, ihre Autorität in Frage zu stellen, seien Sie auf der Hut. Das ist der Augenblick, in dem solche Leute Ihnen in den Rücken fallen.

> *„Wenn ein Mensch sich selbst nicht täuschen kann, ist es wenig wahrscheinlich, daß er andere zu täuschen vermag."*
> Mark Twain

Manche Verräter werden von einem Gefühl der Machtlosigkeit getrieben. Man hört sie zum Beispiel klagen, keine ihrer Bemühungen zeige irgendeine Wirkung. Sie fühlen sich betrogen und meinen, jemand müsse dafür bezahlen. Ich kenne einen Verräter, der eine erwartete Beförderung nicht erhielt und nun seit acht Jahren schlecht über den Mann redet, dem sie zugesprochen wurde. Sein Groll und seine Frustration haben sich jedoch ausgeweitet, und nun greift er jeden an, der mehr Verantwortung oder Ansehen genießt als er. Wie die meisten Verräter fühlt dieser Mann sich schwach und trotzt gegen jede Autorität.

Verräter überspielen oft mit ihrem Verhalten Gefühle der Unzulänglichkeit und Ungerechtigkeit. Tief im Innern lehnen sie Sie ab (wegen Ihres Aussehens, Ihrer Intelligenz, Ihrer harten Arbeit), aber nie würden sie zugeben, daß sie wütend oder verärgert oder auch nur neidisch sind.

140

Mit Verrätern klarkommen

„Loyalität hat keine Bedeutung, wenn ihrem Wesen nicht das absolute Prinzip der Selbstaufopferung zugrunde liegt", sagte Woodrow Wilson. Das entspricht ganz meiner eigenen Überzeugung. Genau das ist es, was es so schmerzhaft macht, zum Opfer von Verrätern zu werden. Sie setzen eine Fassade auf, die Zuvorkommenheit, Loyalität, ja

> *„Und während sie aßen, sprach er: Amen, ich sage euch: Einer von euch wird mich verraten."*
> Matthäus 26,21

sogar Aufopferung vermuten läßt. Aber dann greifen sie ohne jede Vorwarnung zum Dolch, und wenn man dann die Klinge blitzen sieht, ist es fast immer schon zu spät.

Bedeutet das aber, daß wir unweigerlich zum Opfer werden müssen, wenn es Verräter in unserer Umgebung gibt? Nein. Wir können verschiedene Dinge tun, um Verräter zu entwaffnen, bevor sie zuschlagen. Selbst wenn Sie schon einen Dolchstoß in den Rücken erhalten haben, gibt es noch Hoffnung. Bevor wir jedoch den Angreifer unter die Lupe nehmen, beginnen wir mit einem Blick auf uns selbst.

Stellen Sie sich dem Verräter in Ihnen selbst

Der Wunsch, es jemandem heimzuzahlen, entspricht unserer natürlichen Neigung als gefallene Menschen. Wir alle wissen, wie es ist, auf süße Rache zu sinnen. Es hat etwas Verführerisches an sich, jemanden reinzulegen, sein Verdienst einzuheimsen oder ein unfreundliches Wort zu flüstern. Wir sind selbst oft versucht, einen unfairen „Freund" zusammenzustauchen, halten aber gerade noch inne. Wir wissen es besser. Wir wissen, daß Rache eigentlich gar nicht so süß ist. Also schlucken wir's runter. Doch das Bewußtsein, daß wir alle einen verräterischen Hang in uns haben,

hilft uns, gnädiger mit den Verrätern in unserem Leben umzugehen.

Halten Sie sich den Rücken frei

In Dantes Inferno war der tiefste Kreis der Hölle für Mis-
setäter reserviert, die sich der abscheulichsten aller Sünden
schuldig gemacht hatten: des Verrats. Wie tief es schmerzt,
erfahren zu müssen, daß ein Mensch, dem wir vertrauten,
uns verraten hat! Und es ist lästig, ständig auf der Hut zu
sein, daß uns niemand in den Rücken fällt.[1]

Damit möchte ich Ihnen raten, sehr persönliche Gedanken nur den Menschen preiszugeben, die Sie für absolut vertrauenswürdig halten. Und
bedenken Sie, daß Verräter heimtückisch, verschlagen, einschmei-
chelnd und sabotierend sind. Vielleicht scheint der Verräter auf den
ersten Blick genau die Art von
Mensch zu sein, der Sie Ihre Geheimnisse anvertrauen können; gerade das möchten diese Leute erreichen.

> *Es ist beschämend, sich als Freund auszugeben und doch insgeheim Groll zu hegen.*

Wenn Sie also Grund zu der Annahme haben, daß Verrä-
ter in Ihrem beruflichen Umfeld oder Bekanntenkreis ihr
Unwesen treiben, dann lassen Sie bei allen entscheidenden
Dingen Vorsicht walten. Halten Sie sich den Rücken frei.

Kommen Sie ihm auf die Schliche, und stellen Sie ihn zur Rede

Die meisten Verräter scheuen sich davor, entlarvt zu werden. Sobald Sie klare Hinweise haben, daß ein Verräter sich
im Anmarsch befindet, sollten Sie sofort handeln und ihn
wissen lassen, daß Sie im Bilde sind.[2]

Vielleicht würden Sie lieber abwarten und sehen, was
passiert, aber das sollten Sie nicht. Oft läßt sich die Situation
durch ein ruhiges Gespräch mit dem Betreffenden beilegen.
Wenn Sie diesen Weg wählen, ist allerdings Vorsicht ange-

sagt. Entscheidend ist, dem Verräter klarzumachen, daß Sie wissen, was er im Schilde führt. Wenn er abfällige Bemerkungen macht, fragen Sie ihn, was er damit gemeint hat. Aller Wahrscheinlichkeit nach wird er versuchen, die Kommentare als Mißverständnis abzutun, und das ist ganz in Ordnung. Es geht nicht darum, ein Geständnis oder eine Entschuldigung zu erzwingen, sondern nur um die Klarstellung, daß Sie im Bilde sind. Das ist alles. Und eine ruhige Frage ohne nähere Einzelheiten gibt dem Verräter zu verstehen, daß Ihnen bewußt ist, was da abläuft, ohne einen offenen Konflikt heraufzubeschwören.

Ergreifen Sie für Leidensgenossen Partei

„Wenn Roland die Vertriebssitzung leitet, können wir das Ganze gleich vergessen", bemerkt einer Ihrer Kollegen. Wie würden Sie spontan reagieren?

Die meisten Menschen würden den Wunsch verspüren, sich mit einigen ihrer eigenen kritischen Bemerkungen über Roland anzuschließen. Aber wenn Sie heimtückischen Attacken am Arbeitsplatz oder anderswo das Wasser abgraben wollen, dann widerstehen Sie dieser Versuchung.

Sobald Sie merken, daß jemand hinter seinem Rücken angegriffen wird, versuchen Sie, den Angriff aufzuhalten. Sagen Sie dem Verräter unmißverständlich, daß Sie das einfach nicht glauben. Oder halten Sie eine gute Seite der Person dagegen. Schließlich könnten Sie eines Tages darauf angewiesen sein, daß Roland oder eine andere Person in derselben Weise für Sie Partei ergreift.

Nutzen Sie die Macht des geschriebenen Wortes

Ich sprach einmal mit einer Frau, die die hinterhältigen Attacken leid war und beschloß, ihren Peiniger zur Rede zu stellen. Ihr Versuch schlug völlig fehl. Sie war in das Büro des Verräters gegangen, um die Dinge klarzustellen. „Statt meine Sache auf den Punkt zu bringen", bekannte sie, „verlor ich die Fassung. Mein Selbstvertrauen war völlig dahin." Als nächstes sprach sie mit dem Personalleiter der Firma über das Verhalten des Verräters. „Das machte alles nur noch schlimmer. Er warf mir einfach vor, ich sei nicht teamfähig." Resigniert akzeptierte die Frau eine schlechter bezahlte Stelle in einer anderen Firma. „Aus dieser Erfahrung habe ich eine Menge gelernt", erklärte sie. „Ich halte mir jetzt den Rücken frei, indem ich meine Arbeit durch Memos dokumentiere. Jetzt gehe ich klüger vor."

Sie hat eine wichtige Lektion gelernt: Wenn man von einem Verräter aufs Korn genommen wird, gehört eine schriftliche Reaktion zu den wichtigsten Arten, sich zu schützen. Ein kurzes Memo an einen Kollegen oder Vorgesetzten ist eine Papierspur, die Verräter nicht verwischen oder ausradieren können.

Bauen Sie ein Beziehungsnetz auf

Im Berufsleben können Sie eine besonders wirksame Maßnahme ergreifen, um sich vor Verrätern zu schützen: Hinterlassen Sie bei den Menschen Ihrer Umgebung – ob Vorgesetzte oder Kollegen – einen positiven Eindruck. Bauen Sie ein Beziehungsnetz zu vertrauenswürdigen Menschen auf. Gehen Sie mit Ihren Kollegen gemeinsam essen, und unterstützen Sie Ihre Vorgesetzten. Wenn diese Leute Sie erst einmal kennen, werden sie Sie viel eher verteidigen, wenn jemand mit schnippischen Bemerkungen um sich zu werfen beginnt.

Vertrauen Sie sich einer Person an

Zusätzlich zum Aufbau eines Beziehungsnetzes mit unterstützenden Freunden und Kollegen ist es wichtig, eine zuverlässige Vertrauensperson zu haben, die Ihnen wie ein Spiegel hilft, die Wahrheit zu finden.

Fragen Sie diese Person: „Haben Sie den Eindruck, daß Soundso mich schlechtzumachen versucht?" Eine gute Vertrauensperson wird ohne Umschweife reden und Sie wissen lassen, ob Sie phantasieren oder ob tatsächlich eine Gefahr droht. Vermeiden Sie es, die Vertrauensperson als seelischen Mülleimer zu gebrauchen, und vergewissern Sie sich, daß Ihre Motivation nicht darin besteht, den Verräter in Verruf zu bringen.

Wenn Sie das Bedürfnis haben, ausführlicher über die Situation zu sprechen, dann reden Sie mit einem außenstehenden Freund, der die nötige Distanz hat.

Lassen Sie jeden Rachegedanken los

Wenn Sie von Verrätern verletzt worden sind, spüren Sie den Schmerz vielleicht immer noch. Das ist verständlich. Lassen Sie sich von diesem Schmerz aber nicht beherrschen.

Als ein mir bekannter Geschäftsmann vor kurzem entlassen wurde, erklärte ein gemeinsamer Bekannter mir mit grimmigem Lächeln: „Es gibt also noch Gerechtigkeit in der Welt. Wenn man nur lange genug wartet, gleichen sich die Dinge wieder aus!" Ich fragte ihn, was er denn mit dieser Bemerkung meine, und fand heraus, daß der gerade entlassene Mann ihn früher einmal entlassen hatte. Als ich nachhakte, erfuhr ich, daß diese Angelegenheit schon

> *„Setze nicht allzuviel Vertrauen auf den Menschen, der sich rühmt, so ehrlich zu sein, wie der Tag lang ist. Warte, bis du ihm abends begegnest."*
> Robert C. Edwards

fünfzehn Jahre zurücklag, als beide Männer noch ganz junge Führungskräfte waren! Wie schrecklich, fünfzehn Jahre oder auch nur fünfzehn Monate über ein solches Mißgeschick zu brüten!

Jemand sagte einmal, Rache sei „ein Gericht, das man am besten kalt genießt". Gemeint war, daß Rache um so süßer sei, je länger man warte. Ich bin der Meinung, daß Rache ein

Gericht ist, das man am besten überhaupt nicht ißt. Schmerz anzusammeln, dem eigenen Kummer ständig neue Nahrung zu geben, auf Rache zu sinnen – mit alledem bestrafen Sie sich selbst viel mehr als den Verräter.

Tun Sie sich also den Gefallen und lassen Sie die Rachegedanken fahren. Machen Sie aus Ihrem Leben das Beste. Genießen Sie Ihr Dasein, so gut Sie nur können. Im Grunde genommen ist Ihr Wohlergehen eigentlich die beste Rache. Alles andere wird Ihnen nur sauer aufstoßen.

> *„Rächt euch nicht selber, liebe Brüder, sondern laßt Raum für den Zorn Gottes; denn in der Schrift steht: Mein ist die Rache, ich werde vergelten, spricht der Herr."*
> Römer 12,19

Querverweis

Weitere im Hinblick auf Verräter relevante Informationen finden Sie auch in den Kapiteln über die Plaudertasche, die kalte Schulter, den Neidhammel und die Dampfwalze.

DIE KALTE SCHULTER:
unnahbar, unpersönlich und kühl

Ein guter Freund von mir vollzog kürzlich eine völlige Kehrtwendung. Früher trafen Jerry und ich uns mehrmals in der Woche. Wir hielten uns gegenseitig auf dem laufenden, sprachen über berufliche Angelegenheiten und hatten viel Spaß miteinander. An den Wochenenden trafen unsere Familien sich manchmal zum Essen. In mancher Hinsicht betrachtete ich meine Beziehung zu Jerry als selbstverständlich. Sie war unkompliziert, machte Spaß und war beständig.

Doch dann änderte sich etwas ganz unvorhergesehen. Jerry wirkte plötzlich distanziert. Er war oft „beschäftigt", und unsere Terminpläne ließen sich nicht mehr vereinbaren. Mit der Beziehung, auf die ich mich mit der Zeit so fest gestützt hatte, war es vorbei. Beabsichtigt oder unbeabsichtigt gab Jerry mir den Laufpaß. Hatte ich irgend etwas falsch gemacht? War es irgendein Wort, das ich gesagt hatte? Ich rätselte an Fragen herum, auf die es keine einfachen Antworten gab, und das hinterließ in mir eine ungelöste innere Anspannung.

> *„Deine Reaktionen auf deinen Feind können dich mehr verletzen, als er es kann."*
> Hannah Hurnard

Haben Sie schon einmal eine solche Erfahrung gemacht? Wenn ja, kennen Sie dieses Gefühl, im Stich gelassen worden zu sein. Sie wissen, wie es ist, wenn eine herzliche und freundliche Person Ihnen plötzlich mit fast eisiger Kälte begegnet. Sie kennen dieses unnahbare, verächtlich wirkende Verhalten mancher Leute.

Beziehungen zu unnahbaren Menschen können zwei Formen annehmen: Wie bei Jerry können sie ganz plötzlich auftreten. Wie eine Tür hinter einem stillen Raum zuschlägt, so

147

können unnahbare Menschen uns mit einer unerwarteten Verschlossenheit überraschen. Wie aus dem Nichts beschließt der Betreffende, uns anders zu behandeln. Und wir machen die schmerzhafte Erfahrung, unser Vertrauen zerbrechen zu sehen.

Eine andere Form der Unnahbarkeit ist von beständigerer Art. Das sind Menschen, die offenbar schon immer kühl und unnahbar waren. Nie schicken sie Ihnen eine Nachricht, die nicht auch fast jeder andere zugestellt bekommt. Solche Leute halten die ganze Welt auf Distanz. Sie sind die Verkörperung der berühmten „kalten Schulter".

Ein angesehener College-Verwalter, Tim, fiel in diese Kategorie. Er war still, reserviert und ständig distanziert – ein vom Wesen her unnahbarer Mensch. Das Betreten seines Büros glich dem Eintritt in eine Tiefkühlkammer. Er war keineswegs gemein oder schroff, nur unbeteiligt. Kein Händeschütteln oder Willkommensgruß erschien ihm nötig. Er zeigte nicht das geringste Anzeichen eines persönlichen Interesses an irgendwelchen Menschen. Selbst in der Gemeinde blieb er teilnahmslos. Wenn man kühn genug war, ein Gespräch mit ihm anzukurbeln, dann mußte man es auch bis zum bitteren Ende selbst in Gang halten.

> „Was sich nicht kurieren läßt, muß man tolerieren."
> Robert Burton

Höfliche Leute entschuldigten Tim als „introvertierter Typ", aber es steckte doch mehr dahinter. Schließlich hatte Tim eine berufliche Laufbahn eingeschlagen, die zu einem beträchtlichen Teil den Umgang mit anderen Menschen erforderte. Bis auf einige spärliche Kontakte zu wenigen ausgewählten Personen isolierte Tim sich auf dem College völlig. Meistens zeigte er die kalte Schulter, um zu kontrollieren und einzuschüchtern. Wenn man seine eisige Schale nicht zu durchbrechen vermochte, lebte man ständig in unbestimmter Angst vor seinem nächsten Schritt. Und genau das war ihm recht.

148

Unnahbare Menschen lassen Sie innerlich frösteln – ob aus Veranlagung oder aus irgendeinem äußeren Anlaß. Anders als Chamäleons, die Sie mit dem Drang, Ihnen zu gefallen, förmlich einlullen, wecken kalte Schultern den Wunsch nach einem kleinen bißchen Wärme.

Bedauerlicherweise kann man oft nur wenig unternehmen, um kalte Schultern zu ändern. Aber wir können viel tun, um uns vor Frostbeulen im Umgang mit solchen Menschen zu schützen.

Die Anatomie einer kalten Schulter

Der berühmte Geizkragen Ebenezer Scrooge aus dem Buch „A Christmas Story", eine Ikone der Unnahbarkeit, fand in Jacob Marleys Geist seinen Mentor. Als Folge ihrer Beziehung rief der geizige alte Mann schließlich aus: „Ich will nicht mehr der Mann sein, der ich einmal war!" Und in der Tat änderte er sein Verhalten.

Einen solchen Wandel erhoffen wir im stillen natürlich bei allen unnahbaren Mitmenschen, doch wenn wir die Merkmale betrachten, die ihre Art des zwischenmenschlichen Umgangs kennzeichnen, scheint so etwas an ein Wunder zu grenzen. Typisch für kalte Schultern sind folgende Eigenschaften: sie sind unpersönlich, gleichgültig, selektiv, rätselhaft, schweigsam, emotionslos, reaktionsarm und abweisend.

Unpersönlich

Mit unnahbaren Menschen zu sprechen ist ungefähr so persönlich wie das Lesen einer Postwurfsendung. Sie zeigen kaum Interesse an Ihrer Person oder Ihrem Leben, und wenn überhaupt, dann wollen sie nur einige nüchterne Fakten erfahren. Ob bei beruflichen Kontakten oder geselligen Begegnungen, nie erkundigen sie sich, ob Sie ein angenehmes Wochenende verbracht haben oder was es in Ihrem Leben Neues gibt. Wenn ihnen in der letzten Zeit etwas Erfreuliches widerfahren ist, erwähnen sie es mit keinem Wort.

Gleichgültig

Ein unnahbarer Mensch kann durch Sie hindurchschauen, als wären Sie aus Glas. Was Sie zu sagen haben, spielt kaum je eine Rolle; es scheint solchen Leuten einfach gleichgültig zu sein. Vielleicht murmeln sie irgend etwas oder reagieren nur mit einem Räuspern auf das, was Sie gesagt haben. Wenn Sie in der Gegenwart solcher Leute das Gefühl haben, Sie sei unsichtbar, dann liegt das an der Gleichgültigkeit der kalten Schulter.

Abgesondert

Jennifer hatte Kontakt zu einer neuen Clique von Freunden bekommen, die sich gegen andere abschotteten. Bei jedem Treffen wurde unmißverständlich klar, daß niemand sonst in ihrem „Club" willkommen war. „Als ich mittags versuchte, mich neben Jennifer zu setzen", erzählte mir eine ihrer früheren Freundinnen, „konnte ich an ihrem nervösen Blick ablesen, daß es ihr unangenehm war, mich dabeizuhaben. Ich fühlte mich regelrecht in meine Schulzeit zurückversetzt."

Unnahbare Menschen (besonders solche, die es von ihrer Veranlagung her sind) gehören oft zu einer exklusiven kleinen Clique, der sich niemand sonst anzuschließen wagt.

Rätselhaft

Besonders frustrierend ist, daß man bei unnahbaren Menschen selten weiß, was sie wirklich denken. Man gewinnt den Eindruck, daß es sich um etwas Negatives handeln muß, weil sie so verschlossen sind, aber man ist sich nicht sicher. Aus diesem Grund hat man oft das Gefühl, sich wie auf rohen Eiern bewegen zu müssen.

Schweigsam

Wie ein Fisch unter Wasser können unnahbare Menschen sich völlig geräuschlos durch jeden neuen Tag bewegen. Es sind oft sehr wortkarge Leute, die zum Beispiel in Besprechungen mit verschränkten Armen dasitzen und keinen Ton von sich geben, wenn sie nicht direkt angesprochen werden.

Emotionslos

Menschen, die sich nur phasenweise unnahbar verhalten, können gelegentlich eine recht breite Palette von Gefühlen an den Tag legen. Personen dagegen, die von ihrer Veranlagung her unnahbar sind, lassen fast nie irgendeine Gefühlsregung erkennen. Nur äußerst selten zeigen sie ihre wahren Empfindungen. Man gewinnt oft den Eindruck, daß ihre Lebenstaktik ihre eigenen Gefühle regelrecht betäubt hat.

> *„Der erbittertste Feind ebenso wie der, der einmal dein Freund war, könnte wieder dein Freund sein; Liebe, die erkaltet ist, kann wieder entfacht werden."*
> Sören Kierkegaard

Reaktionsarm

Manchen unnahbaren Menschen muß man Informationen regelrecht aus der Nase ziehen, wenn man darauf angewiesen ist, von ihnen auf dem laufenden gehalten zu werden. Mitarbeiter, die Ihnen eigentlich Bericht erstatten sollten, scheinen einen Bogen um Sie zu machen oder ignorieren Ihre Anweisungen mit Vorliebe in Bereichen, in de-

151

nen es auf gute Zusammenarbeit ankommt. Vielleicht antworten sie nicht einmal auf Ihren Anruf oder Ihr Memo.

Abweisend

„Man könnte meinen, sie hat mich aus ihrem Freundeskreis amputiert", so beschrieb Marlene den plötzlichen Umschwung in ihrer Beziehung zu ihrer Freundin. „Sie will einfach nichts mehr mit mir zu tun haben. Sie hat mich irgendwie abgestempelt, abgehakt und ad acta gelegt."

> *„Viele Menschen rühmen sich ihrer Güte, aber wer findet einen, auf den Verlaß ist?"*
> Sprüche 20,6

Unnahbare Menschen können ziemlich abweisend sein. Aus tausenderlei Gründen scheinen sie keine Probleme damit zu haben, zwischenmenschliche Verbindungen einfach zu kappen.

Kennen Sie eine „kalte Schulter"?

Der folgende Test kann Ihnen helfen zu ermitteln, ob Sie sich in einer arbeitsintensiven Beziehung zu einem unnahbaren Menschen befinden. Identifizieren Sie die Person, die Ihnen beim Lesen der bisher genannten Merkmale in den Sinn kam. Kreuzen Sie „J" an, wenn eine Beschreibung auf diese Person zutrifft. Kreuzen Sie „N" an, wenn die Aussage sich nicht auf die betreffende Person beziehen läßt.

J   N   Diese Person zeigt wenig persönliches Interesse an meinem Leben.

J   N   Ohne jede Vorwarnung hat diese Person die Art des Umgangs in unserer Beziehung einfach verändert.

J N Diese Person scheint mich regelrecht wegzu-
       schieben.

J N Ich habe das Gefühl, von dieser Person ständig
       eine Abfuhr zu erhalten.

J N Diese Person hält die meisten Menschen auf Di-
       stanz.

J N Der Freundeskreis dieser Person gleicht einer ex-
       klusiven Clique, zu der sich nur wenige Zugang
       verschaffen können.

J N Ich bin nie ganz sicher, was diese Person eigent-
       lich denkt oder fühlt.

J N Ich fühle mich von dieser Person abgelehnt.

J N Diese Person wirkt gleichgültig und teilnahms-
       los.

J N Ich kann mich nicht darauf verlassen, daß diese
       Person wirklich ausführt, worum ich sie bitte.

J N Die Emotionen dieser Person wirken sehr flach.

J N Diese Person behandelt andere kühl.

J N Diese Person hüllt sich mir gegenüber oft in
       Schweigen.

J N Früher fühlte ich mich dieser Person verbunden,
       aber dann zog sie sich plötzlich zurück.

J N Ich fühle mich in Gegenwart dieser Person un-
       wohl.

Auswertung: Addieren Sie alle Aussagen, die Sie mit Ja beantwortet haben. Wenn es zehn oder mehr sind, befinden Sie sich mit Sicherheit in einer belastenden Beziehung zu einem unnahbaren Menschen.

Einen unnahbaren Menschen verstehen

Während meiner Ausbildung im Bereich der klinischen Psychologie habe ich wiederholt mit Ärzten gesprochen, die Patienten mit schweren Verbrennungen behandelten. Weil der Heilungsprozeß sehr langwierig ist und die erforderlichen Behandlungen mit großen Schmerzen verbunden sind, geben viele Patienten einfach auf. Wenn die Krankenschwester sie in große Wannen legt, in denen jeder Zipfel ihrer verbrannten Haut abgelöst wird, um gefährliche Infektionen auszuschalten, schreien diese Patienten: „Rühren Sie mich nicht an! Bitte, rühren Sie mich nicht an!"

In gewisser Hinsicht gleichen kalte Schultern solchen Patienten mit Verbrennungen. Aus verschiedenen Gründen haben sie sich aus gesellschaftlichen Kontakten zurückgezogen und sagen: „Rühr mich nicht an!" Es ist ein ziemlich paradoxes Manöver, weil solche Leute andere Menschen genau dann wegschieben, wenn sie deren Trost und Unterstützung am meisten brauchen.

Der alttestamentliche Prophet Jona, der sogar zu Gott auf Distanz ging und den Kontakt zu ihm mied, könnte ein solcher unnahbarer Mensch gewesen sein. Als Gott Jona berief, den Einwohnern der Stadt Ninive zu predigen, lief der Prophet weg. Erst als er im Bauch des großen Fisches gefangensaß, hörte er gezwungenermaßen auf wegzurennen und stellte sich Gott. Doch als er nach Ninive ging und die Einwohner sich von ihrer Boshaftigkeit abwandten, zog Jona sich erneut zurück. Wie die Bibel beschreibt, hockte er jammernd und schmollend draußen vor der Stadt unter einem Rizinusstrauch.

Der französische Schriftsteller Albert Camus sagte: „Je mehr ich mich selbst anklage, desto mehr habe ich das Recht, über andere zu urteilen." Unnahbare Menschen würden, zumindest unbewußt, Camus zustimmen. Was ihrem abweisenden Verhalten zugrunde liegt, ist ein Gefühl des Selbstmitleids und sogar der Scham. Aller Wahrscheinlichkeit nach ist die Ablehnung, mit der sie Ihnen begegnen, nur eine Reaktion auf irgend etwas, das sie bedroht hat. Vielleicht wissen sie nicht einmal selbst, was es ist; sie wissen nur, daß sie sich selbst schützen können, indem sie andere abweisen und auf Distanz halten.

> *„Einsamkeit und das Gefühl, unbeachtet und unerwünscht zu sein, sind die größte Armut."*
> Mutter Teresa

Oberflächlich betrachtet mögen unnahbare Menschen zufrieden wirken, aber diese äußere Schale der Gelassenheit ist sehr trügerisch. Unter der Fassade der Zufriedenheit liegen oft viele Wunden verborgen. Deshalb distanzieren sie sich von Beziehungen, um nicht Gefahr zu laufen, wieder verletzt zu werden.

Menschen, die von ihrer Veranlagung her unnahbar sind, betrachten jeden als potentielle Bedrohung und halten deshalb alle auf Distanz. Tief im Innern wollen sie sich eigentlich nicht so verhalten, aber sie können nicht anders, weil sie nie gelernt haben, sich mitzuteilen und über ihre Gefühle zu sprechen. Und wenn sie diesen Selbstschutz-Mechanismus erst einmal beherrschen, können sie ihn nur schwer wieder aufgeben. Sie lernen, daß sie durch ständige Distanzierung andere Menschen oft manipulieren und einschüchtern können. Die Distanz dient also nicht nur zum Schutz vor persönlichen Verletzungen, sondern auch zur Ausübung von Macht.

Das Verzwickte ist, daß unnahbare Menschen Verletzbarkeit als Schwäche betrachten. Sie mögen dieselben Emotionen haben, die auch andere erleben, glauben aber, ihre Macht über andere zu verlieren, wenn sie über diese Gefühle sprechen.

Mit unnahbaren Menschen klarkommen

Niemand wird gern ignoriert. Niemand möchte ausgeschlossen bleiben. Leider kann man das Beziehungsklima anderer Leute nicht steuern. Wenn solche Menschen einem die kalte Schulter zeigen, bleibt einem nichts anderes übrig, als sich damit abzufinden. Das Erfreuliche ist aber, daß man Wege finden kann, auf die jeweilige Stimmungslage zu reagieren und die Situation für sich selbst angenehmer zu gestalten.

Stellen Sie sich der kalten Schulter in Ihnen selbst

Seien Sie ehrlich. Haben Sie noch nie jemandem die kalte Schulter gezeigt? Die meisten Menschen tun das gelegentlich. Es gehört scheinbar zum menschlichen Selbstschutz-Arsenal, sich zurückzuziehen und in Deckung zu gehen, sobald irgend etwas Bedrohliches in einer Beziehung auftaucht. Obwohl Sie es sich vielleicht nicht zur Gewohnheit gemacht haben, kennen Sie vermutlich den Wunsch, sich unsichtbar zu machen oder auf die andere Straßenseite zu wechseln, um die Begegnung mit einer bestimmten Person zu vermeiden. Machen Sie sich diese Gefühle einmal bewußt, auch wenn Sie ihnen nicht nachgegeben haben, denn so entwickeln Sie etwas mehr Verständnis für andere. Identifizieren Sie diesen Wunsch, sich zurückzuziehen, damit Sie erahnen können, was sich in unnahbaren Menschen abspielt.

Forschen Sie nach Veränderungen

Wenn wir auf unnahbare Menschen stoßen, nehmen wir meistens an, daß die Kühle von ihnen ausgeht. Wir müssen jedoch bereit sein zu erkennen, daß wir diese Distanz möglicherweise selbst ausgelöst haben. Denken Sie an die letzten Monate zurück, und schreiben Sie auf, welche wichtigen

Veränderungen (Arbeitspensum, Status, Gesundheit, Finanzen, Beziehungen) es in Ihrem Leben gegeben hat. Fragen Sie sich, welche dieser Veränderungen zu einem Auseinanderdriften der Beziehung beigetragen haben könnten. Stellen Sie sich dann dieselben Fragen über das Leben des anderen, auch wenn Sie nicht über alle Veränderungen informiert sind.

Durch eine solche Aufzählung zwingen Sie sich selbst, Veränderungen zu registrieren. Lassen Sie diese Übung nicht vorschnell unter den Tisch fallen, weil Sie auf den ersten Blick sagen würden: „Es hat sich nichts geändert." Möglicherweise werden Sie überrascht feststellen, daß aus der Perspektive des anderen schon eine geringfügige Veränderung recht bedrohlich wirken kann. Wenn es sich um einen Kollegen handelt, sollten Sie auch nach Veränderungen im beruflichen Umfeld forschen. Gab es kürzlich eine Entwicklung, die zu unterschwelligen Spannungen geführt haben könnte? Rivalisieren Sie beide um dieselben Mittel oder Projekte? Wie sieht es bei firmeninternen Strategien aus? Vertreten Sie vielleicht gegensätzliche Positionen?

Wenn Sie solche Veränderungen ausfindig machen können, sind Sie der Lösung des Rätsels, warum der andere sich so unnahbar gibt, einen bedeutenden Schritt nähergekommen.

Versuchen Sie es mit einer offenen Aussprache

Wie viele Leute, die mit unnahbaren Menschen in Berührung kommen, hatte Ron beschlossen, seine Schwierigkeiten im Umgang mit seinem Kollegen Kurt nicht zu klären. Ron gab sich damit zufrieden, Kurt zwar fast täglich im Büro zu begegnen, aber nicht mit ihm zu sprechen, solange es sich irgendwie umgehen ließ. „Es ist viel leichter, mich selbst abzuschotten", erklärte er, „als eine Lücke in der Mauer zu suchen, die er gegen mich aufgerichtet hat."

Ein solches Verhalten erscheint sinnvoll, bis man merkt, daß die eigene Mauer zu einem selbstgewählten Gefängnis wird. Für Mauern in zwischenmenschlichen Beziehungen hat man fast immer einen hohen Preis zu zahlen. Bevor Sie also Ihre Pläne zeichnen und mit dem Mauern beginnen – bevor Sie sagen: „Warum sollte ich darüber mit jemandem reden, der mich ständig ignoriert?" –, schaffen Sie zuerst eine Gelegenheit, unter vier Augen persönlich miteinander zu reden. Erklären Sie dem Betreffenden, was Sie empfinden, und warten Sie auf seine Reaktion. Legen Sie ihm keine Antworten in den Mund.

Es geht nicht darum, Ihrem Ärger Luft zu machen, sondern durch aufmerksames Zuhören zu verstehen. Nachdem Sie Ihre Empfindungen mitgeteilt und die Reaktion des anderen gehört haben, versuchen Sie herauszufinden, was den Umschwung bewirkte (wenn der Betreffende zustimmt, daß es tatsächlich einen gegeben hat) und wie der Riß sich kitten läßt. Manchmal genügt schon ein offenes Gespräch, um Spannungen zwischen zwei Personen zu beseitigen.

Verarbeiten Sie den Verlust

Meine eigene Erfahrung mit einem unnahbaren Menschen, die ich zu Beginn dieses Kapitels beschrieb, wurde für mich wirklich zu einem wunden Punkt. Bis heute bin ich nicht ganz sicher, was eigentlich der Auslöser war. Ich habe versucht herauszufinden, was ich hätte unternehmen sollen, und habe seither mehr als eine offene Aussprache mit Jerry geführt. Dennoch ist unsere Beziehung nie wieder die alte geworden. Wir pflegen einen freundschaftlichen Umgang, aber die Veränderung läßt sich nicht leugnen, und es fällt mir schwer, diese Tatsache zu akzeptieren. Aber irgendwann wurde mir klar, daß diese Beziehung sich möglicherweise nie mehr ändern wird.

Wenn auch Sie diesen Punkt erreicht haben, ist es an der Zeit, den Verlust zu verarbeiten. Begehen Sie nicht den Fehler, Ihren Schmerz wachzuhalten, indem Sie auf etwas hoffen, das sich unweigerlich als Quelle ständiger Enttäuschungen erweisen wird. Trauern Sie über den Verlust dieser Beziehung, bis Sie innerlich einen Schlußstrich ziehen können.

Es tröstet mich zu wissen, daß selbst Jesus in seiner Heimatstadt auf Unnahbarkeit und Ablehnung stieß und „dort kein Wunder tun" konnte; „nur einigen Kranken legte er die Hände auf und heilte sie" (Markus 6,5). Als er seine Jünger in die Dörfer aussandte, sagte er: „Wenn man euch aber in einem Ort nicht aufnimmt und euch nicht hören will, dann geht weiter und schüttelt den Staub von euren Füßen" (Markus 6,11).

Sobald ich die Tatsache akzeptiert hatte, daß Jerry und ich wahrscheinlich nie wieder die tiefe Kameradschaft genießen würden, die wir einmal erlebt hatten, konnte ich „den Staub von meinen Füßen schütteln" und zur Ruhe kommen. Ich konnte tief Luft holen, mich entspannen und weitergehen. Falls unsere Freundschaft eines Tages wieder aufleben sollte, werde ich mich freuen. Aber für den jetzigen Zeitpunkt habe ich die Sache ad acta gelegt.

Deuten Sie die Distanziertheit nicht fälschlich als Ablehnung

Bei Menschen, die vom Wesen her unnahbar sind, bezieht man ein distanziertes Verhalten besonders leicht auf sich selbst. Aber das ist meistens ein Mißverständnis. Ich habe mit vielen Studenten gesprochen, die den Eindruck hatten, ein bestimmter Professor habe es auf sie abgesehen. „Der würde mich ja nicht mal grüßen, und ich komme mir richtig idiotisch vor, wenn ich versuche, ihm freundlich zu begegnen. Warum behandelt er mich nur so?" fragte eine besonders frustrierte Studentin. Ich erwiderte, daß das Verhalten dieses Professors meiner Meinung nach gar kein Zeichen von persönlicher Ab-

> *„Menschen sind einsam, weil sie Mauern bauen und nicht Brücken."*
> Joseph Fort Newton

lehnung darstelle und forderte sie auf, mit ihren Kommilitonen zu sprechen und herauszufinden, ob sie sich ebenfalls manchmal von diesem Professor abgelehnt fühlten. „Sie hatten recht, Dr. Parrott", berichtete sie später. „Fast jeder, den ich darauf ansprach, hatte genau denselben Eindruck."

Unnahbare Menschen lehnen gar nicht Sie persönlich ab. Nicht Sie sind die Zielscheibe; mißdeuten Sie die eisige Kälte also nicht als persönlichen Angriff.

Sprechen Sie mit einem gemeinsamen Freund, dem Sie vertrauen

Als ich das College besuchte, machte ich erneut Bekanntschaft mit einem unnahbaren Menschen. Wir waren zwar nicht die besten Freunde, aber wir verstanden uns zunächst recht gut. Als er sich dann plötzlich zurückzog, konnte ich mir das nicht erklären. Irgendwann fragte ich in der Mensa einen gemeinsamen Freund, ob er irgendeine Veränderung bemerkt hätte. „Ja, natürlich. Wußtest du denn nicht, daß Mikes Eltern sich scheiden lassen?" Ich hatte keine Ahnung. Mike hatte nie etwas davon erwähnt, und ich war seinen Eltern nie begegnet. Woher hätte ich das wissen sollen?

> „Die grausamsten Lügen werden oft schweigend geäußert."
> Robert Louis Stevenson

Das war für mich eine gute Lektion, keine voreiligen Schlüsse zu ziehen und zuerst einen gemeinsamen Freund zu Rate zu ziehen. Wenn Sie mit jemandem über einen anderen Menschen reden, müssen Sie sich natürlich davor hüten, dabei persönliche Dinge auszuplaudern. Aber wenn Sie die Grenzen respektieren und diesen Weg nur dazu benutzen, sich größere Klarheit zu verschaffen, kann das ein sehr wertvoller Schritt sein.

Hören Sie sich also im Kollegen- oder Bekanntenkreis etwas um. Sie mögen dabei feststellen, daß Sie nicht der einzige sind, der Schwierigkeiten mit dieser Person hat, und vielleicht erfahren Sie etwas, das die Distanziertheit erklärt.

Weichen Sie dem Kälteschock aus

Einige Leute wollen nicht glauben, daß ihr Freund sich geändert hat, und laufen Gefahr, sich in der Beziehung immer wieder „Frostbeulen" zuzuziehen, denn in dem vergeblichen Bemühen, zu dem unnahbaren Kollegen oder Bekannten mehr Nähe aufzubauen, setzen sie sich ständig neuen Kälteschocks aus. Ihre Überlegung ist so verständlich wie falsch: „Dieses Mal wird es anders sein."

Aber das wird es nicht. Wenn Sie diesen Hang bei sich selbst entdecken, brauchen Sie nicht unbedingt jede Hoffnung zu begraben, aber Sie sollten aufhören, sich in eine Position der Verletzbarkeit zu begeben. Lehnen Sie sich zurück. Machen Sie sich rar genug, daß unnahbare Menschen merken, was ihnen eigentlich entgeht. Indem Sie sich zurückhalten, vertauschen Sie einmal die Rollen. Es gibt zwar keine Garantie, aber diese Strategie hat schon oft funktioniert, besonders in Fällen, in denen eine unnahbare Person sich vom anderen eingeengt fühlte.

Lernen Sie aus dem Schmerz

In einem Popsong war vor einigen Jahren davon die Rede, daß man „für Kummer keine Zeit" habe. Wer hat denn schon Zeit für Kummer? Jeder von uns möchte am liebsten unbeschwert durchs Leben segeln und allen Klippen und Kollisionen aus dem Weg gehen. Aber so geht es im Leben natürlich nicht. Die meisten von uns wachsen mit so mancher schmerzlichen Erfahrung auf, wozu unter anderem gehört, übergangen, ignoriert oder sogar abgelehnt zu werden.

Als Psychologe sind mir viele Menschen begegnet, bei denen ein Elternteil oder beide in entscheidenden Augenblicken emotional für sie nicht erreichbar waren. An der Universität, an der ich lehre, habe ich unzählige Male beobachten müssen, wie verliebte Zuneigung sich plötzlich in kühle Distanz verwandelte. In jedem Augenblick unseres Lebens kann der Fall eintreten, daß wir Ablehnung erfahren. Doch unabhängig davon, welcher Quelle die schmerzlichen Erinnerungen entspringen: Solche Wunden reißen leicht wieder auf, wenn unnahbare Menschen uns aus irgendeinem Grund die kalte Schulter zeigen.

Wenn Sie allerdings im Gebet über solche Dinge nachdenken, ist das eine sehr gute Möglichkeit, daß die blanken Nerven wieder geheilt werden, die durch unnahbare Menschen wundgerieben wurden.

J. I. Packer sagte einmal: „Gott benutzt Schmerzen und Schwächen wie auch andere Nöte als Meißel, um unser Leben zu formen. Durchlebte Schwächen vertiefen unsere Abhängigkeit von Christus, um von ihm Kraft für jeden Tag zu empfangen. Ohne Murren mit dem „Stachel" zu leben bedeutet wahre Heiligung."

Querverweis

Weitere für den Umgang mit unnahbaren Menschen relevante Informationen finden Sie auch in den Kapiteln über die Plaudertasche, den Neidhammel und das Arbeitstier.

DER NEIDHAMMEL:

mißgönnt allen alles und will ständig „haben"

Menschen aller Altersstufen wissen, wie es ist, auf Freunde, Familienangehörige, Kollegen oder sogar völlig fremde Menschen neidisch zu sein. Nehmen wir zum Beispiel an, Ihr Freund erscheint im Büro mit einem attraktiven neuen Outfit, und Ihnen entschlüpft ein ehrliches Kompliment: „Tolle Klamotten. Ich werd' ganz neidisch." Sie hätten auch gern schicke neue Kleider. Wer wünschte sich das nicht? Und wenn sich hinter Ihren Worten nicht mehr verbirgt, braucht es Sie weiter nicht zu kümmern. Aber wenn Sie insgeheim hoffen, daß die neuen Sachen Ihres Kollegen beim Mittagessen ein paar Flecken abbekommen, dann ist Vorsicht angesagt! Das ist der Punkt, an dem aus einem neidischen Seitenblick vernichtender Neid wird.

> *„Neid: die grüne Krankheit."*
> William Shakespeare

Neid ist keine gemäßigte Emotion. Neid ist aggressiv. Anders als der bloße Wunsch, etwas zu besitzen, zielt zerstörerischer Neid letztlich darauf, dem anderen wegzunehmen, was ihm gehört. Neid heißt nicht nur, selbst besitzen zu wollen, was der andere hat; Neid heißt zu wünschen, daß der andere es nicht hat. Das Wort Mißgunst (= jemandem etwas mißgönnen) umschreibt dieses gemeine Gefühl gut.

Warum sagt man, daß jemand vor Neid erblaßt? Nun, vielleicht ist es die ekelerregendste aller Sünden – völlig verschieden von den sechs übrigen gravierenden Sünden, die in den Zehn Geboten genannt werden. Anders als Begierde, Lust, Stolz und die anderen Sünden hat Neid nicht einmal etwas Vergnügliches an sich. Diese Sünde wird freiwillig

163

und um ihrer selbst willen begangen, und doch ist Neid eine verdrehte, quälende und sogar mörderische Gefühlsregung.

Wie Sie sich bestimmt erinnern, erschlug Kain seinen Bruder Abel, weil Abels Opfer dem Herrn wohlgefälliger war. Die Bibel enthält eine Fülle von Geschichten über Neid: Jakob und Esau, Lea und Rahel, Josef und seine Brüder, ja sogar Herodes und Jesus.

Neid wird aus sich selbst gespeist und zerfrißt den Menschen von innen her. Der Dichter John Milton hatte ganz recht, Neid als ureigene Emotion des Teufels zu bezeichnen. In Miltons „Das verlorene Paradies" beobachtet Satan im Paradies Adam und Eva, reagiert neidisch auf ihre Liebe und sehnt sich ihren Fall herbei. Neid kennt überhaupt kein positives Ziel. Neid ist immer destruktiv, unabhängig davon, auf wen er zielt oder von wem er ausgeht. Beide Beteiligten werden entmenschlicht.

Denken Sie an das unvergängliche Märchen von Aschenputtel. Ihre grausame Stiefmutter und ihre häßlichen Stiefschwestern beneiden sie, und durch deren schreckliche Bosheit lebt sie in Knechtschaft und Leid.

Zur Zielscheibe von Neid zu werden kann genauso schmerzhaft sein wie das Gefühl des Neides auf einen anderen Menschen. Überraschend wenige Leute haben etwas darüber geschrieben, wie man damit umgeht, wenn man von anderen beneidet wird. Beneidet zu werden bedeutet, von etwas Giftigem ins Visier genommen zu werden. Und es wurde nur wenig Mühe darauf verwendet, das richtige Gegenmittel zu finden. Schon viel zu lange werden Menschen bei der Arbeit oder zu Hause von Neidhammeln aufs Korn genommen, ohne sich dagegen wehren zu können.

Die Anatomie eines Neidhammels

Vielleicht sind Sie in einer Zweierbeziehung, im Beruf, in der Schule, im Freundeskreis oder in Ihrer Familie eine Zielscheibe des Neids. Neidhammel können fast überall auftauchen, aber wenn sie es tun, sind die Merkmale gewöhnlich dieselben: sie sind destruktiv, wütend, rivalisierend, ruhelos, gierig, nörglerisch und selbstmitleidig.

Destruktiv

Erinnern Sie sich, wie der irakische Präsident Saddam Hussein die kuwaitischen Ölfelder in Brand steckte, die er nicht ausbeuten konnte, und die Strände verwüstete, die er aufgeben mußte? Das war Mißgunst, wie sie im Buche steht. Schaden anzurichten und Schmerzen zuzufügen ist ein Symptom chronischen Neids. Wenn Neidhammel sich nicht den Himmel verschaffen können, bemühen sie sich nach Kräften, anderen das Leben zur Hölle zu machen, indem sie alles zerstören, was ihnen lieb und teuer ist.

Wütend

Wo Neid auftaucht, ist auch sein Vetter – die Wut – nicht weit. Ich kenne einen Mann, der so wütend wurde, als er seine frühere Freundin mit einem anderen Mann ausgehen sah, daß er auf das Paar zustapfte und mit der Faust gegen den Mann ausholte.

Wut ist der Aspekt des Neides, der den Neidhammel veranlaßt, die beneidete Person auf Distanz zu halten, um dadurch ein wenig Selbstachtung zurückzugewinnen.

Rivalisierend

Wann immer Sie glauben, daß Sie in allem an der Spitze stehen müssen – sei es im Dekorieren, Kochen, Schreiben, Freundschaften schließen, Reden halten oder was es sonst noch so alles gibt –, öffnen Sie dem Neid Tor und Tür. Es erübrigt sich zu sagen, daß Neidhammel genau das tun. Sie beziehen ihr Selbstwertgefühl aus dem, was sie besitzen

165

und leisten. Und wenn das nicht besser ist als bei allen anderen – was natürlich nie der Fall ist –, gewinnt der Neid die Oberhand. Neid zwingt solche Menschen in einen nie endenden Wettlauf, den sie nicht gewinnen können.

Ruhelos

Neid kann verschiedene Formen annehmen, von plötzlichen Wutausbrüchen bis hin zu langsam schwelender Bitterkeit. In jeder Gestalt ist Neid mit einem tiefen Empfinden von Betrübnis, Schmerz, Kummer und Leid verbunden. Wenn Menschen andere Leute beobachten und ihren eigenen Erfolg an diesem Maßstab messen, sind sie zu sorgenvoller Unruhe verdammt.

> *„Wie Rost Eisen zerstört, so zerstört Neid den Menschen."*
> Antisthenes

Gierig

„Der Gierige hat immer Mangel", sagte Horace Bushnell. Wenn überhaupt, sind Neidhammel nur höchst selten zufrieden. Sie verzehren sich vor Gier.

Wie Investoren, die ihre Aktien verfallen sehen, oder eine Verlierermannschaft, die die Spielzeit ablaufen sieht, haschen sie verzweifelt nach mehr Zeit, Geld, Schönheit, Intelligenz, Freunden, Möglichkeiten und was es da sonst noch alles gibt.

Nörglerisch

Da Neidhammel sich ständig mit anderen vergleichen, leidet ihr Selbstwertgefühl. Eine Art, ihr angeknackstes Selbstbild wieder aufzupäppeln, besteht darin, an anderen herumzunörgeln. Ihre Kritiksucht wird rasch zur Gewohnheit, und dann haben sie an allem etwas auszusetzen. Sie glau-

166

ben, sich selbst in ein besseres Licht stellen zu können, wenn sie den Erfolg anderer zunichte machen. „Sie hat ihn doch nur des Geldes wegen geheiratet. Wie hätte er wohl sonst eine Frau gefunden?"

Neidhammel sind geborene Bilderstürmer, Leute, die erst dann richtig aufblühen, wenn sie die Fehler und Schwächen anderer aufdecken können. Ihr größtes Vergnügen besteht darin, Menschen, die sich gerade auf einem aufsteigenden Ast befinden, zu Fall zu bringen.

Selbstmitleidig

Neid speist sich aus jämmerlichem Selbstmitleid: „Warum bekomme ich nicht wenigstens hin und wieder mal eine Atempause?" „Niemand beachtet, was ich tue." „Alle haben es besser als ich."

Der begnadete Autor und Prediger Charles Swindoll sagte einmal über Selbstmitleid: „Hätschle und hege es, solange es noch ganz klein ist, und du wirst in kürzester Zeit eine Bestie, ein Monster, ein tobendes, gemeines Scheusal in Händen halten, das deinen gesamten Organismus mit dem Gift der Bitterkeit und des Wahns infizieren wird."

> *„Ein gelassenes Herz bedeutet Leben für den Leib, doch Knochenfraß ist die Leidenschaft."*
> Sprüche 14,30

Kennen Sie einen Neidhammel?

Der folgende Test kann Ihnen helfen zu ermitteln, ob Sie sich in einer arbeitsintensiven Beziehung zu einem Neidhammel befinden. Identifizieren Sie die Person, die Ihnen beim Lesen der bisher genannten Merkmale in den Sinn kam. Kreuzen Sie „J" an, wenn eine Beschreibung auf diese Person zutrifft. Kreuzen Sie „N" an, wenn die Aussage sich nicht auf die betreffende Person beziehen läßt.

J N Diese Person vergleicht sich ständig mit anderen Menschen.

J N Diese Person wertet die Leistungen, die Talente oder das Aussehen anderer ab.

J N Offenbar freut sich diese Person, wenn andere einen Rückschlag erleiden.

J N Diese Person hat ein unheimliches Gespür für die Fehler anderer.

J N Der Erfolg eines anderen Menschen kann diese Person in einen Strudel des Selbstmitleids stürzen.

J N Wenn dieser Person etwas versagt bleibt, dann setzt sie alles daran, daß es anderen ebenfalls vorenthalten bleibt.

J N Diese Person hat ständig das Bedürfnis, erfolgreiche Menschen herunterzuziehen.

J N Diese Person betrachtet das Leben als einen Wettkampf, in dem man ständig darum kämpfen muß, an der Spitze zu stehen.

J N Manchmal verzehrt sich diese Person regelrecht vor Wut, wenn jemand anders Erfolg hat.

J N Diese Person versteht sich darauf, die Fortschritte und Erfolge anderer zu untergraben.

J N Ein „Genug" gibt es für diese Person nicht.

J N Diese Person will immer mehr haben als andere.

J N Diese Person hortet Informationen, die dazu geeignet sind, sie in ein besseres Licht zu stellen.

J N Wenn andere erfolgreich sind, leidet diese Person darunter.

J N Selbst wenn man dieser Person an der Nasenspitze ansieht, daß sie neidisch ist, wird sie das vehement bestreiten.

Auswertung: Addieren Sie alle Aussagen, die Sie mit Ja beantwortet haben. Wenn es zehn oder mehr sind, befinden Sie sich mit Sicherheit in einer belastenden Beziehung zu einem Neidhammel.

Einen Neidhammel verstehen

Der Satan durchstreifte die Wüste und stieß auf ein paar seiner Teufel, die einen heiligen Mann versuchten, der ihre üblen Vorschläge aber leicht abschüttelte. Der Satan beobachtete ihr Scheitern und griff dann selbst ein, um ihnen eine Lektion zu erteilen: „Ich will euch einmal vorführen, wie man das macht." Und damit flüsterte er dem heiligen Mann ins Ohr: „Dein Bruder ist gerade Bischof von Alexandria geworden." Ein unglaublicher Schatten des Neids verdüsterte die sonst heiter-ausgeglichenen Gesichtszüge des Mannes, und er ließ auf einmal mutlos die Schultern hängen. „Das", sagte der Satan zu seinen Gehilfen, „ist der Ansatz, den ich empfehlen würde."

> *„Neid ist wie eine Krankheit; sie zerfrißt die Seele."*
> Jüdisches Sprichwort

Etwas Gutes über einen Konkurrenten zu hören (selbst wenn es ein Verwandter ist) kann jeden um sein Wohlwollen bringen. Wie aus dem Nichts können Mißgunst und Neid einschlagen wie eine Rakete. Aber warum lassen Menschen sich von Neid verzehren? Denken Sie einmal über folgende Tatsachen nach:

▷ Nicht jeder, der ein eigenes Haus kaufen oder andere finanzielle Ziele verwirklichen will, wird diese erreichen.
▷ Nicht jeder, der eine weiterführende Schule oder Universität besuchen will, wird die nötigen Mittel haben, sich das auch leisten zu können.
▷ Nicht jeder, der eine berufliche Karriere vor Augen hat, wird erfolgreich sein.
▷ Nicht jeder, der sich Elternschaft wünscht, wird Kinder haben können.

Mit einer solchen Aufzählung menschlicher Hoffnungen und Erwartungen ließen sich mehrere Seiten füllen. Der Punkt ist, daß wir nicht alles bekommen können, was wir uns wünschen. Wenn die Enttäuschung wächst und ehrgeizige Bestrebungen sich zerschlagen, ist die Situation reif für die vergiftenden Rauchschwaden des Neides.

In vielen Fällen wurde der Same des Neids schon in der frühen Kindheit gelegt. Aller Wahrscheinlichkeit nach wurden Neidhammeln von Anfang an hohe Erwartungen eingeimpft, und sie haben nicht gelernt, mit Einschränkungen fertig zu werden. Sie wuchsen als Kinder auf, die alles hatten, und kommen gar nicht auf den Gedanken, auch mal ohne etwas auskommen zu müssen. Wenn sie etwas sehen, was sie haben möchten, finden sie gleich, daß sie es auch haben sollten. Und wenn Sie zwischen ihnen und dem Gegenstand ihrer Begierde stehen, dann löst ihr Anspruchsdenken in ihnen die häßliche Regung des Neids aus. So einfach ist das.

Neidhammel bäumen sich auf, weil sie sich um etwas betrogen fühlen. Die einleitenden Verse in Joyce Carol Oates' „House Hunting" (Hausjagd), ihrer mit einem Literaturpreis ausgezeichneten Geschichte eines jungen Ehepaares, das ein Baby verloren hat, beschreibt eine solche Kette sich überschlagender Ereignisse: „Wie unmerklich die Phase der Trauer doch in eine Zeit des Neids überging. Soweit sie sich erinnern konnten, waren sie nie neidische Menschen gewesen, doch plötzlich ertappten sie sich dabei, wie sie Familien anstarrten, junge Eltern mit ihren Kindern . . . Fremde, deren Glück in ihrer Seele kratzte wie Stahlwolle auf der Haut."

Das Gefühl der Benachteiligung, das dieses Paar empfand, ergab sich aus ihrer Einschätzung, wie gut es anderen Menschen ging. Dieses Ehepaar wollte haben, was andere Menschen in ihrer Umgebung besaßen, und sie glaubten, auf dieses Vorrecht Anspruch erheben zu können.

> *„Zu viele Christen beneiden die Sünder um ihr Vergnügen und die Heiligen um ihre Freude, weil sie beides nicht haben."*
>
> Martin Luther

Oft empfinden Menschen Neid auf das, was ihnen nahe ist, nicht auf das, was in der Ferne liegt. Historisch gesehen war Aristoteles der erste, der sich wirklich Gedanken über das Problem machte. Er bezeichnete Neid als „Sünde gegen den Bruder" und bestätigte, daß Neid am intensivsten von zwei Personen desselben Alters und ähnlicher Interessen empfunden wird. Neidhammel, die es darauf abgesehen haben, viel Geld zu verdienen, werden wahrscheinlich viel eher auf wohlhabende Nachbarn oder Freunde neidisch reagieren, als die Rockefellers zu beneiden. Der frischgebackene Elektroingenieur, der nach einer Stelle sucht, wird einen Mitstudenten um seine Anstellung beneiden, aber kaum Probleme damit haben, daß ein befreundeter Schauspieler eine Bombenrolle in einem Theaterstück angeboten bekam. Je genauer eine Situation der eigenen Identität des Neidhammels entspricht, desto mehr steht auf dem Spiel, und desto eher wird Neid aufkeimen.

Seltsam ist, daß die meisten Neidhammel gar nicht neidisch sein möchten. Das ist ein wichtiger Punkt, wenn es darum geht, ihr Verhalten zu verstehen. Neidhammel würden oft lieber weitherzig und großzügig sein, müssen dann aber feststellen, daß sie nicht so empfinden können.

Im Kern des psychologischen Konflikts liegt bei neidischen Menschen das hohle Gefühl, daß das Leben an ihnen vorübergeht. Sie empfinden oft eine tiefe innere Enttäuschung und haben den Eindruck, ihr Potential nicht zur Entfaltung bringen zu können. Joseph Epstein, ein Literaturprofessor und Autor des Buchs „Ambition: The Secret Passion" (Ehrgeiz: Die verborgene Leidenschaft), spricht in dieser Hinsicht von gleichgültigem Neid und vertritt die Ansicht, daß dieses Gefühl hervorgerufen wird „durch das eigene unverkennbare Empfinden, daß man eigentlich mehr aus sich herausholen sollte".

Menschen mit einem starken Hang zum Neid hören von einem Klassenkameraden, der mit Immobilien das große Geschäft macht, oder von einem fünf Jahre jüngeren Geschäftsfreund, der zum Aufsichtsratsvorsitzenden eines bedeutenden Unternehmens ernannt wurde, und verspüren einen an Haß grenzenden Stich.

> „Neid richtet sich durch seine eigenen Pfeile zugrunde."
> Griechisches Sprichwort

Es ist nicht nur, daß sie dasselbe auch für sich haben wollen, und auch nicht nur, daß sie es den anderen mißgönnen, sondern der Erfolg der anderen erinnert sie daran, daß sie ihr eigenes Leben nicht voll ausschöpfen. Sie fühlen sich durch die Erfolge anderer Leute abgewertet. Das ist es, was sie vor Neid erblassen läßt.

Mit Neidhammeln klarkommen

Neidische Menschen können eine geschätzte Freundschaft vergiften, Familienzusammenkünfte vermiesen oder den Arbeitsplatz in eine Folterkammer verwandeln. Es ist eine regelrechte Zwickmühle. Wenn man seine Sache gut macht, wenn man erfolgreich ist, dann werden sie offensichtlich

172

mit Ablehnung reagieren. Aber wenn man Menschen, die einen beneiden, freundlich begegnen will, verstehen sie das als Herablassung. Schon ein Hauch von Mitgefühl in Ihrer Haltung kann wie Öl auf das Feuer ihres Neids wirken. Was bleibt dem Beneideten also übrig?

Erfreulicherweise gibt es da viele Möglichkeiten. Hier sind einige der effektivsten Ansätze, um Beziehungsschwierigkeiten mit Neidhammeln zu bewältigen.

Stellen Sie sich dem Neidhammel in Ihnen selbst

Nur zu leicht leugnen wir unsere eigene neidische Ader. Schließlich verstecken wir sie hinter anderen Gefühlen. Da gibt es zum Beispiel einen Freund, dessen Frau offenbar viel aufmerksamer ist, dessen Kind mehr Anerkennung findet und der mehr Gelegenheiten bekommt zu reisen als Sie. Selbstmitleid schleicht sich ein, und unbewußt fühlen Sie sich minderwertig. Neid ist die Folge.

Aber Neid hat noch niemandem Sympathien eingebracht, also beginnt man, die Situation als unfair und ungerecht zu betrachten. Auf diesem Weg wird Neid zu berechtigter Verärgerung, welche Ihnen wiederum das „Recht" gibt zu protestieren. Kommt Ihnen das bekannt vor? Falls nicht, sind Sie entweder eine höchst seltene Ausnahme oder verdrängen das Ganze noch.

Jeder trägt einen gewissen Neid mit sich herum. Wir sind nun einmal Menschen. Eine überkulturelle Studie zu Eifersucht und Neid in zwischenmenschlichen Beziehungen, die von den Psychologen Martin Daly und Margo Wilson von der McMaster University durchgeführt wurde, ermittelte solche Emotionen in jeder untersuchten Kultur. Außerdem stellten sie fest, daß jeder Mensch in wichtigen Beziehungen von Zeit zu Zeit Neid verspürt. In gewissem Maß kann sich jeder Erwachsene mit dem Gefühl chronischen Neids identifizieren, wenn er es mit der abgeschwächten Form konkurrenzbedingter Unsicherheit vergleicht. Vielleicht erkennen Sie ja tatsächlich, daß solche Emotionen kontraproduktiv sind, aber wenn Sie sich diesen Aspekt Ihrer selbst eingestehen, auch wenn er noch so gering erscheint, werden Sie mehr Verständnis für neidische Menschen in Ihrem Leben aufbringen können.

Umgeben Sie Menschen, von denen Sie beneidet werden, von allen Seiten mit Gebet

„Ihr habt gehört, daß gesagt worden ist: Du sollst deinen Nächsten lieben und deinen Feind hassen. Ich aber sage euch: Liebt eure Feinde und betet für die, die euch verfolgen" (Matthäus 5,43–44).

Mit dieser unumwundenen Aufforderung, die in der Bergpredigt zu finden ist, nannte Jesus eine Strategie, die für das menschliche Herz eine Revolution bedeutet. Wie grotesk das geklungen haben muß, als er dies zum ersten Mal predigte – für diejenigen beten, die mich verfolgen?

Aber ein solches Verhalten ist die wichtigste Maßnahme im Umgang mit neidischen Menschen. Ohne Liebe für die, die uns beneiden, wird das Zusammenleben oder Arbeiten mit neidischen Menschen zum Kampf um einen Sieg nach Punkten; es gilt Auge um Auge.

Aber „die andere Wange hinzuhalten" oder „die zweite Meile zu gehen" befreit den Beneideten aus der Tyrannei des Neidhammels. Diese Vorgehensweise bewahrt uns davor zurückzuschlagen und befreit uns von unnützen Sorgen. Lernen Sie soweit wie nur irgend möglich, Neidhammel in Ihre Gebete einzuschließen, und danken Sie Gott für diese Menschen – selbst wenn Sie es am Anfang noch zähneknirschend tun.

Nehmen Sie Neidattacken nicht persönlich

Einer der Gründe, warum der Stachel des Neides uns so verletzt, ist die Tatsache, daß wir ihn persönlich auffassen.

Dabei verkennen wir, daß Neidhammel uns nicht so sehen, wie wir wirklich sind. Sie idealisieren das Objekt ihres Neides. „Neid verwandelt dich immer in eine Sache", sagt Ann Ulanov, die Autorin des Ratgebers „Cinderella and Her Sisters" (Aschenputtel und ihre Schwestern). „Wenn Sie der Beneidete sind, werden Sie entweder als vollkommenes Ideal oder als Quelle aller Leiden des anderen betrachtet. Sie werden nicht als Sie selbst wahrgenommen, sondern es geht nur um den Teil von Ihnen, den die andere Person sich aneignen oder für sich beanspruchen will."

Wenn Sie erkennen, daß Neidhammel Sie als „Objekt" betrachten, wird es Ihnen leichter fallen, sich innerlich von ihren Attacken zu lösen. Denken Sie daran, daß Ihr Selbstbild weit wichtiger ist als die Art, wie ein Neidhammel Sie sieht.

Suchen Sie sich ein sicheres Umfeld

Wenn Sie der Dorn im Auge eines Neidhammels sind, fühlen Sie sich vielleicht von der Gemeinschaft isoliert. Wenn Sie die Erfahrung gemacht haben, daß man Sie aus einer Gemeinschaft ausgeschlossen hat, weil Menschen Sie beneiden, dann suchen Sie sich einen Ort, wo die Leute Sie so akzeptieren, wie Sie sind. Das ist entscheidend, um Ihre gesellschaftliche Einbindung und Verantwortung nicht zu verlieren und ein gesundes soziales Gleichgewicht zu wahren. Sie müssen einen Ort finden, wo Ihre Talente geschätzt werden und wo Sie nicht ständig auf der Hut sein müssen. Sie brauchen ein Umfeld, in dem Sie es sich leisten können, sich zu öffnen und verletzbar zu werden. In „The Different Drum" sagt Dr. Scott Peck: „Ohne Verletzbarkeit gibt es keine Gemeinschaft." Damit hat er recht.

Verstecken Sie Ihre Bemühungen nicht

Eine meiner Bekannten schrieb ein Buch, beschloß aber, niemandem etwas davon zu sagen, weil sie nicht für aufdringlich gehalten werden wollte. Sie wollte anderen erst dann von dem Buch erzählen, wenn der erste Entwurf stand oder wenn sie einen Vertrag mit einem Verleger unterzeichnet hatte. Die ganze Zeit über stellte sie stillschweigend Nachforschungen an, ergänzte gewissenhaft ihre Aufzeichnungen, entwickelte sorgfältig eine erste Gliederung und machte sich an die harte Arbeit, Entwürfe zu verfassen. Mehr als zwei Jahre lang schrieb sie und weihte nur wenige ihrer engsten Freunde ein. Selbst als sie einen Vertrag mit einem Verleger unterzeichnet hatte, wahrte sie ihr Schweigen noch. Das war vermutlich ein Fehler.

Als das Buch veröffentlicht wurde, überreichte sie jedem Kollegen aufgeregt ein Exemplar. Die kühle Aufnahme, die das Buch bei ihren Kollegen fand, überraschte sie. Niemand erwähnte das Buch ihr gegenüber auch nur mit einem Wort. Drei Wochen später, als sie am Kopierer stand, hörte sie ein Gespräch mit, das wohl eigentlich nicht für ihre Ohren bestimmt war: „Ich bezweifle; daß sie es selbst geschrieben hat. Wir hätten es doch mitbekommen, wenn sie neben der Arbeit so intensiv damit beschäftigt gewesen wäre." Am selben Tag betrat eine ältere Kollegin das Büro meiner Bekannten und platzte heraus: „Ich kann einfach nicht glauben, daß du uns nichts von diesem Buch erzählt hast. Ich hatte nicht die geringste Ahnung, daß du damit beschäftigt warst. Was soll ich denn davon halten?" Meine Bekannte war entsetzt und niedergeschlagen. Sie hätte wenigstens einen Teil des Neides auffangen können, wenn sie anderen einen Einblick in die harte Arbeit gewährt hätte, die sie auf sich nehmen mußte, um dieses Ziel zu erreichen.

Ertappen Sie Neidhammel bei ihren Erfolgen

Neidische Menschen leben oft mit Verdrängung. Das ist ihre Art, der schmerzhaften Einsicht auszuweichen, daß ihre Unzufriedenheit gar nicht durch Sie hervorgerufen wird, sondern auf ihrem eigenen Gefühl des Versagens beruht.

Begegnen Sie ihnen deshalb wohlwollend, und seien Sie freigiebig mit Komplimenten. Halten Sie nach Bereichen Ausschau, in denen Neidhammel erfolgreich sind, und geben Sie ihnen Anerkennung für ihre Bemühungen. Wenn Sie erfahren, daß ein Neidhammel etwas Wesentliches geleistet hat, dann greifen Sie zum Hörer und beglückwünschen Sie ihn zu seinem Erfolg. Bevor Sie jedoch in allzu große Begeisterung über Ihre „gute Tat" ausbrechen, fragen Sie sich, aus welcher Motivation heraus Sie das getan haben. Wenn Ihre Anerkennung nicht ehrlich ist, wird der Neidhammel das spüren, und sein Neid wird nur um so bitterer sein.

Nehmen Sie einen gewissen Neid in Kauf

Sehen Sie den Tatsachen ins Auge: Alles und jeder kann zur Zielscheibe des Neides werden. Der Versuch, sich völlig davor zu schützen, ist müßig. Und glauben Sie nicht, Sie könnten Neid vermeiden, solange Sie sich nur zurückhalten und zügig vorangehen. Wenn Sie mit Zurückhaltung reagieren, wird man Sie als kühl und herablassend abtun. Und falls Sie versuchen, neidische Leute mit rationalen Erklärungen zu beschwichtigen, werden sie Ihnen vermutlich nicht zuhören.

> *„Der Herr schaute auf Abel und sein Opfer, aber auf Kain und sein Opfer schaute er nicht. Da überlief es Kain ganz heiß, und sein Blick senkte sich."*
> 1. Mose 4,4–5

Genauso wie Aschenputtels Schwestern auf ihre Versuche, ihnen freundlich zu begegnen, mit Verachtung reagierten, lernt ein beneideter Mensch nach Ann Ulanov, „daß alle Bemühungen, nett zu sein, den Riß nur noch vertiefen. Die beneidete Person ist gegen eine Mauer gerannt, in der es keine Öffnung gibt und um die kein Weg herumführt". Es klingt grausam, ist aber die Realität. Von einigen Menschen werden Sie zu gewissen Zeiten mit Neid überhäuft werden, ohne irgendwie ausweichen zu können. Nehmen Sie ein wenig Neid in Kauf; es ist der Preis, den Sie für das, was Sie sind und tun, zahlen müssen.

Seien Sie besonders vorsichtig, wenn Sie ein „junger Spund" sind

Eine Konstellation ist so prototypisch für neidische Reaktionen, daß sie besondere Beachtung verlangt. Sie ergibt sich, wenn ein „junger Spund" der alten Garde auf die Pelle rückt. Erinnern Sie sich an die Entwicklung bei Saul und David, nach den ersten militärischen Feldzügen Davids.

Jahrelang war Saul Israels unbestrittener Kriegsheld gewesen. Aber dann zog David, auf dem die Hand Gottes lag, mit seinen Siegen die Aufmerksamkeit des Volkes auf sich. Und Saul, der alte Krieger, spürte, wie der Stachel des Neides sich in ihm zu regen begann.

> „Wo nämlich Eifersucht und Ehrgeiz herrschen, da gibt es Unordnung und böse Taten jeder Art."
> Jakobus 3,16

Wie bedrohlich muß es für Saul gewesen sein, mit anzusehen, wie David das Ansehen gewann, das er als König genossen hatte. Wie unheilvoll muß der Jubel des Volkes über David in seinen Ohren geklungen haben, als die Frauen sangen: „Saul hat tausend erschlagen, David aber zehntausend" (1. Samuel 18,7).

In diesem klassischen Beispiel eines Stars, der von einem jungen Superstar in den Schatten gestellt wird, erkennt Saul die bevorstehende Wachablösung, fürchtet sie und reagiert mit mörderischem Groll.

Bei Ihren Vorgesetzten mag es ähnlich sein. Wenn Sie ein Neuling sind und ein gehöriges Tempo vorlegen, achten Sie darauf, Ihre Flagge nicht zu hoch zu hissen und nicht allzulaut ins Horn zu blasen. Erkennen Sie diejenigen an, die Ihnen vorausgegangen sind. Denn wie der englische Dramatiker Francis Beaumont es ausdrückte: „Neid, gleich einem Wurm, sucht sich immer nur die schönsten Früchte aus; wie ein listiger Bluthund sondert er immer das fetteste Tier der Herde aus."

Tina arbeitete ausgesprochen hart, um als Immobilienmaklerin Erfolge zu erzielen. Ihre Zufriedenheit war jedoch rasch verflogen, als ihr Unternehmen eine neue Maklerin einstellte, der es gelang, mit weniger Aufwand mehr Verkäufe zu tätigen. Tina überspielte ihre Abneigung gegen die Neue, indem sie ihr anbot, in ihrer Abwesenheit Telefonate für sie entgegenzunehmen. Als Tina allmählich mehr Verkäufe erzielte als ihre Konkurrentin, stellte niemand die Verbindung zu Tinas „Vergeßlichkeit" her, wenn es darum ging, gewisse telefonische Nachrichten weiterzuleiten. Hoffentlich verhalten sich die Neidhammel in Ihrem Leben nicht so wie Tina. Aber hüten Sie sich vor Menschen, die Sie um irgend etwas beneiden.

Querverweis

Weitere für den Umgang mit Neidhammeln relevante Informationen finden Sie auch in den Kapiteln über den Wettkämpfer, den Verräter und die Plaudertasche.

DER VULKAN:

steht ständig unter Hochdruck und kann jeden Moment explodieren

In der Kindheit erhielten die meisten von uns kaum die Gelegenheit, einen gesunden Umgang mit Wut einzuüben. Es wurde uns vielmehr beigebracht, solche Empfindungen zu unterdrücken. In Wirklichkeit ist Verärgerung normal und natürlich. Wir sind nicht dafür verantwortlich, daß wir Ärger empfinden, sondern nur dafür, wie wir damit umgehen. Der Apostel Paulus erkannte das, als er sagte: „Laßt euch durch den Zorn nicht zur Sünde hinreißen" (Epheser 4,26).

Einfach ausgedrückt, wurden wir Menschen mit der Fähigkeit geschaffen, leidenschaftlichen Zorn zu empfinden. Darüber besteht kein Zweifel. Aber bei einigen hitzigen Menschen bleibt es nicht bei dieser normalen menschlichen Gefühlsregung. Ihr Zorn wird zur chronischen Reaktion einer wütenden Selbstverteidigung, deren Auslöser unvorhersagbar ist. So verhält es sich bei Menschen, die ständig Druck aufstauen und jederzeit explodieren können. Feindseligkeit ist das Kennzeichen ihrer Persönlichkeit.

Die Psychologen David Stoop und Stephen Arterburn erzählten mir von Cliff, dessen explosive Reaktionen unwahrscheinlich erscheinen mögen, bis man selbst einen Vulkan kennenlernt. Frustriert über einen Rasenmäher, der nicht anspringen wollte, ging Cliff ins Haus und kam an seiner Frau vorbei. „Ist der Rasenmäher kaputt?" fragte sie Cliff. Er gab keine Antwort. Er schien ihre Anwesenheit nicht einmal zu bemerken. Er betrat sein Arbeitszimmer, schnappte sich sein Gewehr und marschierte zurück in den Garten.

Seine Frau, die ihn vom Küchenfenster aus beobachtete, rief ihm zu: „Was machst du denn da?" Wieder gab er kein Wort von sich und ging auf den Rasenmäher zu. Etwa drei

Meter davor blieb er stehen, lud mehrere Patronen in das Gewehrmagazin und entsicherte das Gewehr. Dann hob Cliff die Flinte, nahm den Rasenmäher aufs Korn und feuerte auf das Gerät. Funken und kleine Metallsplitter stoben in alle Richtungen. Es war ein Wunder, daß Cliff keine Splitter abbekam.[1]

Das klingt absurd, aber solche Geschichten überraschen niemanden, der explosive Menschen kennt. Wenn Vulkane einen Koller kriegen, zerdeppern sie Geschirr und zerbeulen Autos in dem vergeblichen Bemühen, ihre alles beherrschende Wut abzureagieren. Vom Rasenmäher bis zu geliebten Menschen bleibt nichts und niemand von ihrem Zorn verschont. Ob privat oder politisch, geringfügig oder gewichtig, jedes Thema ist Freiwild für Vulkane, denen man in die Quere gekommen ist oder die sich bedroht fühlen.

Wenn Sie solche Ausbrüche schon erlebt haben oder, was noch schlimmer ist, in der Lava eines Vulkans stecken, fassen Sie Mut. Man kann verhindern, daß ein Vulkan außer Kontrolle gerät!

Die Anatomie eines Vulkans

Gelegentlich werden meine Frau Leslie und ich von „Jugend mit einer Mission" zu Vorträgen nach Hawaii eingeladen. Dabei haben wir viel über die Vulkane gelernt, die diese Insel beherrschen. Die Betrachtung dieser geologischen Vulkane hat mir geholfen, auch einige Eigenschaften menschlicher „Vulkane" zu verstehen: solche Menschen sind labil, zynisch, nörglerisch, mißtrauisch, grob, rachsüchtig, ichbezogen und selbstanklagend.

Labil

Haben Sie je auf einem Stuhl mit einem wackligen Stuhlbein gesessen? Vielleicht war er noch stark genug, Sie zu tragen, aber Sie waren sich nicht ganz sicher, wie weit Sie ihm noch vertrauen konnten.

So ähnlich ist es bei vielen Vulkanen. Ihr unbeständiges Verhalten macht es schwierig, wenn nicht gar unmöglich, sich auf sie zu verlassen. Emotional ist man einfach nie gewiß, wie Vulkane reagieren werden.

Zynisch

Vulkane sind nicht gerade die optimistischsten Menschen, denen man begegnen kann. Sie neigen dazu, die Beweggründe anderer zu hinterfragen, und erwarten von allen erstmal vorsorglich das Schlimmste. Zynismus scheint durch ihre Adern zu pulsieren und ihre Anfälligkeit für Wutausbrüche zu erhöhen. Ralph Waldo Emerson sagte einmal: „Ein Zyniker kann dich mit einem einzigen Wort frösteln lassen und entmutigen."

> *„Der Zornige handelt töricht."*
> Sprüche 14,17

Nörglerisch

Weh dem, der irgend etwas getan hat, das den Erwartungen eines explosiven Menschen nicht gerecht wird! Wenn die Dinge nicht perfekt sind, fühlen sie sich vollkommen berechtigt, alle Zurückhaltung fallenzulassen und ihrer aufgestauten Frustration Luft zu machen. Vulkane haben ein scharfes Auge für Fehler – seien es wirkliche oder nur imaginäre.

Mißtrauisch

Explosive Menschen schauen sich oft um, ob ihnen eventuell jemand zuhört. Sie glauben, daß man niemandem vertrauen kann; also gilt ihnen jeder als potentielle Bedrohung. Auf diesem Hintergrund ist es nur natürlich, daß Vulkane oft meinen, „jeder" habe es auf sie abgesehen, um ihnen zu schaden.

Grob

Wie sollte man es sonst nennen? Vulkane sind ganz einfach grob. Sie herrschen den Verkäufer an, der ihnen zu helfen versucht, aber das gewünschte Produkt nicht finden kann. Daß er sich bemüht, wird gar nicht erst registriert. Vulkane machen eine schnippische Bemerkung und rauschen pikiert aus dem Geschäft. Explosive Menschen werfen höfliche Rücksichtnahme und Geduld einfach über Bord.

Rachsüchtig

Explosive Menschen neigen dazu, zurückzuschlagen und Vergeltung zu üben. Sie wollen mit anderen „quitt" werden. Zur treibenden Kraft wird diese Motivation dann, wenn sie sich ungerecht behandelt fühlen. Sie entwickeln zahllose Pläne, wie sie sich Recht verschaffen können, und vergessen dabei jenes uralte Sprichwort: „Wer auf Rache sinnt, hebt zwei Gräber aus."

Ichbezogen

Verständnisvolles Mitgefühl ist eine Eigenschaft, nach der man im Repertoire eines Vulkans vergeblich suchen wird. Explosive Menschen sind scheinbar unfähig, die Standpunkte anderer zu verstehen, und machen sich auch kaum die Mühe, sich einmal in die Lage ihres Gegenübers zu versetzen. Meistens sind sie mit ihren eigenen Bedürfnissen beschäftigt, ob groß oder klein, und können sofort aufbrausen, wenn man nicht

> *„Würden Menschen nicht so sehr beachten, worin sie sich unterscheiden, sondern worin sie übereinstimmen, gäbe es weit weniger Unbarmherzigkeit und Zorngefühle in der Welt."*
> Joseph Addison

genausosehr darauf bedacht ist, ihre Wünsche zu erfüllen, wie sie selbst.

Selbstanklagend

Zu den Mucken in der geistigen Schaltzentrale eines Vulkans gehört die Tendenz, innerlich ständig Feststellungen zu treffen wie „man sollte" oder „man müßte". Solche Menschen sagen sich, daß die Dinge eigentlich so sein sollten, wie sie es erhofft oder erwartet hatten. Und wenn es anders kommt, reagieren sie mit Verärgerung. Vulkane versuchen manchmal sogar, sich selbst mit einem solchen „sollte" oder „müßte" zu motivieren, als ob ein gewisses Schuldgefühl ihnen helfen würde, bessere Leistungen zu bringen.

Kennen Sie einen Vulkan?

Der folgende Test kann Ihnen helfen zu ermitteln, ob Sie sich in einer arbeitsintensiven Beziehung zu einem Vulkan befinden. Identifizieren Sie die Person, die Ihnen beim Lesen der bisher genannten Merkmale in den Sinn kam. Kreuzen Sie „J" an, wenn eine Beschreibung auf diese Person zutrifft. Kreuzen Sie „N" an, wenn die Aussage sich nicht auf die betreffende Person beziehen läßt.

J N   Auf der emotionalen Ebene ist diese Person ziemlich labil.

J N   Diese Person übt gern Vergeltung.

J N   Menschen, die diese Person gut kennen, würden sie als zynisch bezeichnen.

J N   Den Argusaugen dieser Person entgeht kein Fehler, der anderen unterläuft.

184

J N Manchmal genügt bei dieser Person eine Kleinigkeit, um das Faß zum Überlaufen zu bringen.

J N Wenn man mit dieser Person zu tun hat, hat man manchmal das Gefühl, neben einer Zeitbombe zu stehen, die jeden Moment explodieren kann.

J N Diese Person kann, offen gesagt, grob sein.

J N Diese Person hat oft das Gefühl, als hätten alle anderen es auf sie abgesehen.

J N Für andere bringt diese Person nur sehr wenig Verständnis auf.

J N Bei dieser Person brennt schnell die Sicherung durch.

J N Wenn etwas nicht so läuft, wie diese Person es will, reagiert sie mit Verärgerung.

J N Diese Person ist oft darauf bedacht, wie sie mit anderen „quitt" werden kann.

J N Wenn diese Person wütend wird, kann es zu schockierenden Reaktionen kommen.

J N Diese Person kann unter Umständen auch in der Öffentlichkeit einen Wutanfall bekommen.

J N Es ist schwer vorauszusagen, was diese Person verärgern wird.

Auswertung: Addieren Sie alle Aussagen, die Sie mit Ja beantwortet haben. Wenn es zehn oder mehr sind, befinden Sie sich in einer belastenden Beziehung zu einem Vulkan.

Einen Vulkan verstehen

Warum ist es so, daß die meisten Menschen sich um geringe Ärgernisse nicht weiter kümmern, während Vulkane ihren Zorn nicht unterdrücken können? Warum lassen sie sich so leicht provozieren?

Forscher nennen mehrere Antworten. Bei Experimenten mit absichtlichen Provokationen wie frustrierenden Mathematikaufgaben und unfreundlichen Assistenten haben Wissenschaftler bei explosiven Menschen eine potentiell verhängnisvolle Kettenreaktion festgestellt. Aufgrund der Provokation löst das Gehirn eine besonders starke Ausschüttung von Streßhormonen aus, darunter Adrenalin; das Adrenalin beschleunigt die Herztätigkeit, und der Blutdruck steigt. Sobald das geschieht, bringt das hormonell angereicherte Blut, das ungebremst durch die Arterien pulsiert, das Blut dieser Menschen „zum Kochen", und sie brechen in Wutanfälle aus.

> *„Ein zorniger Mensch öffnet den Mund und schließt die Augen."*
> Cato

Aber diese Wutausbrüche lassen sich nicht durch biologische Phänomene allein erklären. Psychologen haben aufgrund ihrer Forschungsergebnisse darauf hingewiesen, daß manche explosive Menschen Ärger zur Verteidigung gegen potentiell verletzende Beziehungen benutzen. Oft sind sie in Familien aufgewachsen, in denen sie mißachtet, abgelehnt, zu Unrecht kritisiert oder sogar mißhandelt wurden. Ihre erlernte Reaktion auf eine derart negative Umgebung besteht darin, sich mit schweren Geschützen wie Wut und Aggression zu wehren. Sie haben sich die Finger verbrannt. Sie haben erfahren, daß Beziehungen schmerzhaft sind, und sie sind entschlossen, sich nicht wieder von anderen übervorteilen zu lassen. Verärgerung wird dann zum Lebensstil. Es ist eine Form der Abkapselung gegen potentielle seelische Schmerzen.

Der Apostel Paulus hat Ärger möglicherweise in dieser Art zum Ausdruck gebracht, als er gegen Markus wetterte, der ihn und Barnabas als junger Missionar verließ. Der Vorfall führte zu einem tiefen Riß zwischen Paulus und Barnabas. „Es kam zu einer heftigen Auseinandersetzung, so daß sie sich voneinander trennten" (Apostelgeschichte 15,39). Paulus wollte sich nicht noch einmal verletzen lassen. In der Bibel steht: „Doch Paulus bestand darauf, ihn nicht mitzunehmen, weil er sie in Pamphylien im Stich gelassen hatte, nicht mit ihnen gezogen war und an ihrer Arbeit nicht mehr teilgenommen hatte" (Apostelgeschichte 15,38).

Paulus war allerdings trotz seines Ärgers kein Vulkan. Andere neutestamentliche Briefe lassen vielmehr vermuten, daß Paulus diese Angelegenheit in Ordnung brachte: „Es grüßt euch Aristarchus, der mit mir im Gefängnis ist, und Markus, der Vetter des Barnabas. Seinetwegen habt ihr schon Anweisung erhalten. Wenn er zu euch kommt, nehmt ihn auf! . . . Von den Juden sind sie die einzigen, die mit mir für das Reich Gottes arbeiten; durch sie bin ich getröstet worden" (Kolosser 4,10–11).

> *„Jeder kann in Zorn geraten – das ist leicht; aber auf die richtige Person, im rechten Maß, zur rechten Zeit und in der richtigen Absicht zornig zu sein – das liegt nicht in jedermanns Macht und ist nicht leicht."*
>
> Aristoteles

Ein weiterer Faktor im Verhalten explosiver Menschen ist das Vorbild eines oder beider Elternteile. Eine umfassende Langzeitstudie mit Grundschülern in New York ergab, daß das Verhalten der Eltern zu Hause in enger Verbindung mit der Aggressivität der Kinder in der Schule steht.[2]

Man braucht aber kaum eine Studie, um zu wissen, daß Kinder ihre Eltern nachahmen. Wenn Kinder in Familien aufwachsen, in denen die Väter ausrasten und ihre Familien mit physischer und verbaler Gewalt beherrschen, dann läßt sich folgern, daß die Kinder ebenfalls lernen werden, Wut in dieser Weise einzusetzen. Solche Kinder sind wirklich angehende Vulkane.

Die wohl eindeutigste Ursache chronischer Wutausbrüche ist im zynischen Mißtrauen explosiver Menschen gegen andere zu finden. Weil sie damit rechnen, von anderen schlecht behandelt zu werden, halten sie ständig nach negativen Anzeichen Ausschau – und entdecken sie meist auch. Dieses Mißtrauen weckt immer wieder inneren Zorn, und dieser Zorn, in Verbindung mit einem Mangel an Mitgefühl für andere, veranlaßt Vulkane, ihre Feindseligkeit offen zu zeigen.

Wenn ein solcher Mensch zum Beispiel auf einen Aufzug wartet, der zwei Stockwerke höher stoppt und etwas länger hält als sonst, beginnt er zu denken: „Wie rücksichtslos! Man sollte meinen, wenn Leute sich unterhalten wollen, dann könnten sie den Aufzug verlassen, damit ich endlich weiterkomme!" Er kann weder sehen noch hören, was zwei Stockwerke höher vor sich geht, und hat keine Ahnung, was den Aufzug wirklich aufhält. Und doch gelangt er durch sein zynisches Mißtrauen innerhalb weniger Sekunden zu negativen Schlußfolgerungen über die unbekannten Leute im Aufzug, ihre selbstsüchtigen Motive und ihr rücksichtsloses Verhalten. So läuft es in der arbeitsintensiven Beziehung zu Vulkanen ab.

Mit Vulkanen klarkommen

Als vor mehreren Jahren in Washington der Mount Saint Helens ausbrach, war im nordwestlichen Pazifik jeder mehr oder weniger stark von den Auswirkungen betroffen. Ich kann mich erinnern, wie ich Vulkanasche von der Treppe am Haus eines Freundes fegte, das mehrere hundert Meilen entfernt in Portland lag. Und genauso, wie solche geologischen Ausbrüche Menschen zur Bewältigung von Situationen zwingen, mit denen sie nie gerechnet hätten, fordern auch die Ausbrüche menschlicher Vulkane uns heraus.

Glücklicherweise gibt es viele bewährte Techniken für den Umgang mit Wutausbrüchen – selbst wenn es kaum warnende Vorzeichen gab.

Stellen Sie sich dem Vulkan in Ihnen selbst

In seinem Buch „Emotions: Can You Trust Them?" (Emotionen: Kann man ihnen vertrauen?) erklärt Dr. James Dobson, daß es vier primäre Situationen gibt, die wohl in jedem Menschen Ärger auslösen. Die erste ist Müdigkeit. Wenn Menschen müde, erschöpft und hungrig sind, zeigen sie sich viel anfälliger für Ärger. Die zweite ist Verlegenheit. Wenn wir in Anwesenheit anderer herabgesetzt oder getadelt werden, ist oft Ärger die Folge. Die dritte ist Frustration. Ein durchkreuzter Plan in nahezu jeder Tragweite kann viele Menschen in Wut ausbrechen lassen. Die letzte schließlich ist Ablehnung. Oft kommt Zorn zum Vorschein, wenn eine Person verletzt wird.

Der Punkt ist, daß Verärgerung oder Zorn eine emotionale Reaktion ist, die jeder von uns erlebt. Wenn wir auf Vulkane stoßen und uns von ihrer explosiven Wut abgestoßen fühlen, möchten wir natürlich am liebsten das Weite suchen. Wir sagen: „Was haben die denn bloß für Probleme? So würde ich mich nie benehmen!" In Wirklichkeit explodieren wir alle manchmal in ganz irrationaler Weise. Und auch wenn wir solche Wutausbrüche nicht zum Lebensstil werden lassen, verspüren wir doch mitunter eine nicht zu unterdrückende Wut.

Gestehen Sie sich diese Gefühle also ein, und bemühen Sie sich nach Kräften, für Vulkane etwas Verständnis aufzubringen. Es wird dazu beitragen, die gespannte Atmosphäre in Ihrer Beziehung zu entkrampfen.

Vergraben Sie Ihren eigenen Ärger nicht

Bei einer Londonreise besichtigte ich die unterirdischen „Kriegsräume", in deren Schutz Winston Churchill während des Zweiten Weltkriegs arbeitete. Dabei erfuhr ich, daß die Bomben, die in diesem Krieg abgeworfen wurden, auch heute noch Menschen in Europa töten. Zum Vorschein kommen sie – und explodieren dann manchmal – bei Bauarbeiten, in Fischernetzen oder an Stränden, nachdem die Waffen schon fünfzig Jahre schweigen. Allein im vergangenen Jahr explodierten in Frankreich 13 alte Bomben.

Unentdeckte Bomben werden mit der Zeit gefährlicher, weil die Zündung durch Korrosion freigelegt wird. Was für nicht entschärfte Bomben gilt, läßt sich auch für unverarbeiteten Ärger sagen. Vergrabener Ärger explodiert, wenn wir es am wenigsten erwarten. Es ist ein Trugschluß, wenn wir mit dem Ärger explosiver Menschen dadurch fertig werden wollen, daß wir unseren eigenen verharmlosen oder ihn herunterzuspielen versuchen. Das ist eine ganz natürliche Reaktion. Schließlich wünschen wir Frieden um jeden Preis, wenn wir mit der Mentalität eines Vulkans nach dem Motto: „Krieg um jeden Preis" konfrontiert werden. Bei diesem Fehlschluß lautet die Argumentation: „Wenn ich meinen Ärger nie zum Ausdruck bringe, werden sie ihren bestimmt auch mäßigen."

> „Zorn pustet dem Verstand das Licht aus."
> Robert Green Ingersoll

In meiner psychologischen Tätigkeit sind mir viele Ehepartner begegnet, die behaupteten: „Nein, natürlich bin ich nicht wütend", wenn sie in Wirklichkeit innerlich vor Wut schäumten. Die meisten Menschen sind überzeugt, daß andere sie nicht mögen würden, wenn sie ihrem Zorn Luft machten, daß jemanden anzuschreien fast so schlimm wäre wie Mord und daß sie sich überhaupt nicht wieder in den Griff bekämen, wenn sie erst einmal damit anfingen, ihrem Ärger freien Lauf zu lassen. Aber es ist gefährlich, Ärger zu vergraben. Es wird dann nicht nur nahezu ein Ding der Unmöglichkeit werden, unsere Magenwände intakt zu halten, sondern es wird auch sehr schwierig werden, echte Beziehungen aufzubauen.

190

Wenn wir unfähig sind, gelegentlich Wut zu riskieren, dann opfern wir jede Vertrautheit und schaffen ein Minenfeld schlummernder „Bomben", die jeden Moment ohne besonderen Grund detonieren können.

Werden Sie nicht zum Sündenbock

„Achtung, Mama, Kinder, Katze und Hund! Da kommt Papa, und er ist wieder mal auf hundertachtzig!" Diese Haltung trifft man oft in Familien an, in denen der Vater ein Vulkan ist. Warum?

Weil Vulkane am häufigsten dort explodieren, wo sie sich am sichersten fühlen. In Wirklichkeit ist der Betreffende vielleicht auf seinen Chef, sein Kind oder seinen Pastor wütend, aber am Ende bekommen Sie seinen Vergeltungsschlag ab, weil er mit seinem Wutausbruch bei Ihnen weniger riskiert.

Wenn Sie also feststellen, daß ein Vulkan seine Wut ständig an Ihnen ausläßt, dann liegt es vermutlich daran, daß Sie eine „sichere" Zielscheibe sind – ein Sündenbock. Dieser Begriff stammt von der alttestamentlichen Bezeichnung für

> *„Menschen gleichen oft durch Zorn aus, was ihnen an Vernunft mangelt."*
> William Rounseville Alger

den unschuldigen Ziegenbock, der vom Hohenpriester zum Altar gebracht wurde (siehe 3. Mose 16,20–22). Der Hohepriester legte beide Hände auf den Kopf des Ziegenbocks und bekannte die Sünden des Volkes. Dann wurde der Ziegenbock in die Wüste geführt und freigelassen, um symbolisch alle Sünden des Volkes in ein unbewohntes Land zu tragen.

Haben Sie sich je wie ein solcher Sündenbock gefühlt, wenn Sie den Zorn eines Vulkans zu spüren bekamen? Das ist gar nicht so ungewöhnlich. Eigentlich sind Sie ein unschuldiger Passant und haben nichts Falsches getan, als Sie plötzlich eine geballte Ladung Wut abbekommen, die wie glühend heiße Asche aus einem heftigen Vulkan über Sie ausgeschüttet wird.

Dieses sehr verbreitete Phänomen zu verstehen wird Ihnen in zweifacher Weise helfen, mit explosiven Menschen umzugehen. Erstens können Sie sich mit dem Wissen trösten, daß Sie nicht die Ursache ihres Zorn sind. Zweitens können Sie bei diesen Menschen Grenzen ziehen, indem Sie ihnen helfen, den wahren Grund ihres Zorns zu identifizieren.

Hüten Sie sich vor der Ansteckungsgefahr

In seiner Autobiographie „Nr. 1" erzählt der frühere Manager der New York Yankees, Billy Martin, wie er mit Baseball-Star Mickey Mantle auf der Ranch eines Freundes in Texas jagen ging. Als sie auf der Ranch ankamen, bat Mantle Martin, im Auto zu warten, während er seinen Freund um die Jagderlaubnis bat. Der Freund erklärte sich sofort einverstanden, bat Mantle jedoch um einen Gefallen. Er hatte ein Maultier, das fast blind geworden war, und brachte es nicht übers Herz, diesem Elend ein Ende zu bereiten. Er bat Mantle, das Tier für ihn zu erschießen. Als Mantle zum Auto zurückkam, gab er sich wütend. Er zog ein mißmutiges Gesicht und knallte die Tür zu. Als Martin sich erkundigte, was los sei, erklärte Mantle, sein Freund wolle sie nicht jagen lassen. „Ich bin so wütend auf diesen Kerl", sagte Mantle. „Ich werde zu seiner Scheune gehen und eines seiner Maultiere erschießen!" Mantle fuhr wie ein Irrer zur Scheune. Martin protestierte, aber Mantle war nicht zu beruhigen. „Du wirst schon sehen!" rief er. Als sie zur Scheune kamen, sprang Mantle mit seiner Flinte aus dem Wagen, rannte hinein und erschoß das Maultier. Als er jedoch wieder herauskam, hörte er zwei Schüsse und lief zum Auto. Dort sah er, daß auch Martin sein Gewehr herausgeholt hatte. „Was machst du denn, Billy?" schrie er. Das Gesicht rot vor Wut, schrie Martin zurück: „Diesem Kerl werden wir's zeigen. Ich hab' gerade zwei seiner Kühe erschossen!"

Wut kann gefährlich ansteckend sein. In den Sprüchen steht: „Befreunde dich nicht mit dem Jähzornigen, verkehre nicht mit einem Hitzkopf, damit du dich nicht an seine Pfade gewöhnst" (Sprüche 22,24–25).

Führen Sie ein Konflikt-Logbuch

Wenn die Vulkane in Ihrem Leben zugeben, daß sie mit Wutausbrüchen Probleme haben, und bereit sind, daran zu arbeiten, könnten Sie vorschlagen, daß sie ein „Konflikt-Logbuch" führen. Diese Technik habe ich oft bei Klienten in der Therapie benutzt, aber man braucht kein Experte zu sein, um sie nutzbringend einzusetzen.

Beim Konflikt-Logbuch handelt es sich um tagebuchartige Aufzeichnungen zur Analyse provokativer Ereignisse. Explosive Menschen schreiben alles auf, was mit ihrem Ärger zu tun hat: Ort, Verlauf, anwesende Personen, was sie selbst gesagt oder getan haben, die Folgen, wie sie sich danach fühlten und was sie lieber anders gemacht hätten.

Diese einfache Übung vermittelt diesen Menschen ein besseres Gespür dafür, wo, wann, warum und wie oft sie wütend werden. Und dieses Bewußtsein kann mehr bewirken, als Sie sich vorstellen können, und Vulkanen helfen, Ruhe zu bewahren. Nur eine Woche lang ein Konflikt-Logbuch zu führen könnte ein wichtiger Wendepunkt im Leben des explosiven Menschen und in Ihrem Leben sein.

Lassen Sie Raum für Gott

Ein explosiver Mitarbeiter platzt in Ihr Büro und kritisiert Sie wegen irgendeiner Sache, für die Sie gar nicht verantwortlich sind. Er schimpft lauthals über Ihre Inkompetenz, während Sie ihn fassungslos anstarren. Als der Vulkan sich über den Schreibtisch zu Ihnen herüberbeugt und Ihnen den Zeigefinger ins Gesicht hält, spüren Sie, wie Ihr Blut zu kochen beginnt. Was tun Sie als nächstes? Schlagen Sie zur Selbstverteidigung zurück und schreien: „Was bilden Sie sich eigentlich ein? Sie haben mir gar nichts zu sagen!"?

Falls Sie das nicht tun, stellen Sie sich vielleicht zumindest vor, wie Sie auf eine so dramatische Weise reagieren. Es ist nur natürlich, zurückschlagen zu wollen, wenn man angegriffen wird. Es ist nur natürlich, Gerechtigkeit zu wollen und Strafe auszuteilen.

Aber in Wirklichkeit tun Sie weder sich noch dem anderen damit einen Gefallen. Wenn Sie auf den Vulkan wütend werden, sind Sie beide die Verlierer. Statt dessen sollten Sie tun, was in Ihrer Macht steht, um ihm seine Wut nicht mit weiterer Wut heimzuzahlen.

> *„Wann immer du zornig bist, kannst du sicher sein, daß es sich nicht um ein gegenwärtiges Übel handelt, sondern daß du eine Gewohnheit verstärkt hast."*
> Epiktet

Gott hat uns dieses wichtige Prinzip genannt, das der Apostel Paulus in seinem Brief an die Römer betont: „Vergeltet niemand Böses mit Bösem! Seid allen Menschen gegenüber auf Gutes bedacht! Soweit es euch möglich ist, haltet mit allen Menschen Frieden! Rächt euch nicht selber, liebe Brüder, sondern laßt Raum für den Zorn Gottes" (Römer 12,17–19). Das ist der Schlüssel: Überlassen Sie Gott jede Bestrafung.

Geben Sie jeden Wunsch nach Vergeltung auf

Mein akademischer Mentor war Dr. Archibald Hart, ein gottesfürchtiger Mann, dem viel an meinem Charakter gelegen war und der mir unter anderem beibrachte, wie ich mit Ärger umgehen konnte, wenn mir nach Vergeltung zumute war. „Les", pflegte er zu sagen, „vergiß nie zu vergeben."

Und dann erinnerte er mich an das, was Paulus im Epheserbrief schrieb: „Jede Art von Bitterkeit, Wut, Zorn, Geschrei und Lästerung und alles Böse verbannt aus eurer Mitte! Seid gütig zueinander, seid barmherzig, vergebt einander, weil auch Gott euch durch Christus vergeben hat" (Epheser 4,31–32). „Vergebung", sagte Dr. Hart immer, „bedeutet, mein Recht aufzugeben, zurückzuschlagen, wenn du mich geschlagen hast."

Diese Definition gefällt mir. Sie besagt, daß ich mich, wenn ich völlig grundlos einen Wutanfall abbekommen habe, entscheiden kann, dem Vulkan zu vergeben, indem ich versuche, nicht zurückzuschlagen. In diesem Sinn läßt Vergebung Raum für Gott, so daß er die Strafe bestimmt, nicht ich. Versagen Sie sich also jedes wütende Geschrei, und geben Sie Ihr Recht auf, Vergeltung zu üben.

Ziehen Sie nicht in den Krieg, ohne das Schlachtfeld zu kennen

Wenn Sie feststellen, daß Sie bereits mitten in einem wütenden Schlagabtausch mit einem Vulkan stecken, der ohne jede Vorwarnung explodiert ist, dann zücken Sie nicht gleich das Schwert, bevor Sie nicht klar verstanden haben, wofür Sie kämpfen. Auf diese Weise wird in Beziehungen und Familien ein nicht wiedergutzumachender Schaden angerichtet. Geben Sie nicht gleich dem Drang nach, Ihren Standpunkt zu beweisen, sondern nehmen Sie sich die Zeit, genau zu ermitteln, worum es bei diesem Konflikt überhaupt geht. Sagen Sie dem anderen: „Ich möchte sicher sein, daß ich wirklich verstehe, was Sie so aufregt. Ist es . . .?"

Indem Sie den Konflikt definieren, bringen Sie eine größere Objektivität hinein und können eine Menge sinnlosen Streit vermeiden. Dr. Carol Tavris empfiehlt in ihrem Buch „Anger: The Misunderstood Emotion" (Zorn: Die mißverstandene Emotion): „Sprechen Sie nie in der Hitze des Gefechts. Sie drücken die Sache dann negativ oder falsch aus. Nehmen Sie sich Zeit, sich zu beruhigen, damit Ihr Ärger etwas Positives bewirkt."

Lernen Sie zu schätzen, was Vulkane beizutragen haben

Wenn ein destruktiver Zug wie Jähzorn das Verhalten eines Menschen prägt, verliert man leicht seine positiven Eigenschaften aus dem Blick. Wenn ich mit Vulkanen klarzukommen versuche, rufe ich mir oft in Erinnerung, daß geologische Vulkane trotz ihrer destruktiven Kraft auch von großem Nutzen sein können. Viele vulkanische Gesteine erfüllen zum Beispiel wichtige industrielle und chemische Funktionen. Lavagestein wird in vielen Gebieten zum Straßenbau verwendet. Verwitterte Vulkanasche verbessert die Fruchtbarkeit des Ackerbodens erheblich. In vielen vulkanischen Regionen nutzen die Einwohner unterirdische Dämpfe als Energiequelle. Wissenschaftlern dienen Vulkane als „Fenster" zum Innern der Erde.

> *„Bewahre die Ruhe;*
> *Zorn ist kein Argument."*
> Daniel Webster

Sie verstehen schon: Genauso wie geologische Vulkane viele nützliche Seiten haben, läßt sich das auch bei menschlichen Vulkanen feststellen. Nehmen Sie sich also die Zeit, die positiven Eigenschaften der explosiven Menschen zu identifizieren, mit denen Sie in Ihrem Leben zu tun haben. Es wird Ihnen helfen, effektiver mit gelegentlichen emotionalen Ausbrüchen umzugehen.

Querverweis

Weitere für den Umgang mit Vulkanen relevante Informationen finden Sie auch in den Kapiteln über die kalte Schulter, den Kritiker und die Dampfwalze.

DER SCHWAMM:

braucht ständig Hilfe, gibt aber nie etwas zurück

Kurz nach dem Umzug in ein neues Gebäude klopfte Melissa an die Tür der gegenüberliegenden Wohnung. Janice öffnete die Tür. „Hallo, ich bin Melissa, Ihre neue Nachbarin. Ich weiß, das klingt komisch, aber ich kriege einfach nicht raus, wie die Klimaanlage in meiner neuen Wohnung funktioniert."

Die beiden Frauen verstanden sich auf Anhieb. Sie hatten auch vieles gemeinsam: Beide waren Singles und Ende Zwanzig. Ein Unterschied war jedoch, daß Janice einen Vollzeitjob bei einer Werbeagentur ausübte, während Melissa nur eine Teilzeitbeschäftigung in einem Floristikgeschäft hatte (nicht, weil sie es mußte, sondern weil sie Blumen liebte) und ihren Lebensunterhalt weitgehend aus einem Treuhandvermögen bezog. Dennoch wurden die beiden Frauen gute Freundinnen. Als sie sich näher kennenlernten, fühlte Janice sich von Melissas entwaffnender Hilflosigkeit angezogen. Melissa war nämlich nicht nur im Umgang mit der Klimaanlage völlig unbeholfen, sondern hatte auch Mühe, sich in der Stadt zurechtzufinden, zu entscheiden, in welches Restaurant sie gehen sollte, zu wissen, wie sie einen Ölwechsel bewerkstelligen konnte, welche Schuhe zu welchem Kleid paßten, und so weiter und so fort. Und obwohl ihr das gar nicht bewußt war, wirkte ihre Hilflosigkeit auf Janice sehr anziehend. Sie mochte dieses Gefühl, das Melissa ihr vermittelte, kompetenter zu sein, gebraucht zu werden und mehr Anerkennung zu finden.

Janice und Melissa begannen, viel Zeit miteinander zu verbringen. Aber allmählich wurde ihre Beziehung unausgewogen, da Janice das meiste zu tragen hatte. Denn Melissa war auch emotional hilfsbedürftig. Wenn Janice von der Arbeit nach Hause kam, wartete Melissa oft schon auf sie. Bevor Janice auch nur die Wohnungstür aufgeschlossen hatte, stand Melissa schon mit irgendeinem persönlichen Problem oder Konflikt auf der Matte. Diese Gesprächsrunden nach der Arbeit gingen allmählich nahtlos in eine Einladung zum Abendessen über, und bevor Janice es merkte, war sie ständig dabei, kostenlos Hilfe, Rat und Trost zu spenden (vom Essen ganz zu schweigen) – und Melissa saugte alles auf.

Nachdem sie monatelang versucht hatte, Melissa zu mehr Entschlußfreudigkeit zu bewegen, und ihr immer wieder zugehört hatte, wurde Janice bewußt, daß sie unausgesprochen zu Melissas Fürsorgerin geworden war. Ihre Beziehung beruhte nicht auf Gegenseitigkeit; Janice war die Gebende und Melissa die Nehmende.

> *„Ein Mensch, der aus sich und für sich selbst lebt, läuft Gefahr, durch den Umgang, den er pflegt, verdorben zu werden."*
> Charles H. Parkhurst

Kennen Sie Menschen wie Melissa, die immer nur hilflos und bedürftig sind? Kennen Sie Personen, die Ihnen wesentlich mehr Aufmerksamkeit abverlangen, als Sie zurückbekommen? Wenn ja, ist Ihnen der Kontakt mit einem Schwamm vertraut. Sie wissen, wie es ist, in mühseligen Gesprächen neben solchen Leuten zu sitzen und sich geduldig ihre Nöte anzuhören. Sie wissen, wie es ist, mit Menschen zusammenzusein, die ständig etwas brauchen, aber selten – wenn überhaupt – etwas zurückgeben. Vielleicht ist Ihnen auch klar, daß solche menschlichen Schwämme Sie erschöpfen, auslaugen und Ihnen jede Lebenskraft abzapfen können. Was Sie sich vielleicht nicht bewußt machen, ist, daß Sie nicht zum Opfer dieser unersättlichen Hilfsempfänger zu werden brauchen. Sie können eine aufrichtige Freundschaft pflegen und echtes Mitgefühl praktizieren, ohne sich als unbezahlter Fürsorger zu fühlen. Das nächste Kapitel zeigt Ihnen, wie.

Die Anatomie eines Schwamms

Meeresbiologen sagen, daß nicht weniger als fünftausend verschiedene Schwammarten auf dem Grund der Ozeane leben. Möglicherweise gibt es genauso viele verschiedene Erscheinungsformen bei menschlichen Schwämmen. Aber während jeder ganz individuelle Züge aufweisen mag, gibt es bestimmte Merkmale, die sich bei den meisten wiederfinden. Schwämme sind anhänglich, erdrückend, bedürftig, Schuldgefühle vermittelnd, ängstlich, egozentrisch, vereinnahmend und krisenorientiert.

Anhänglich

„Ich war mit meiner Freundin auf einer Party", berichtete James, „und sie wich einfach nicht von meiner Seite, obwohl ich ihr gesagt hatte, daß ich auch mal mit anderen Leuten reden wolle. Als sie das hörte, lief sie sogar weinend hinaus." James hatte eines der sicheren Anzeichen eines Schwamms zu spüren bekommen – sie sind allzu anhänglich. Reicht man ihnen den kleinen Finger, nehmen sie die ganze Hand. Sie klammern sich wie eine Klette fest und lassen nicht mehr los.

Erdrückend

In gesunden Beziehungen wachsen und entwickeln sich beide Partner. Sie geben und nehmen, und sie spornen sich gegenseitig zu neuen Ideen und Leistungen an. Aber zu einer solchen wechselseitigen Entwicklung kommt es bei Schwämmen nicht. Sie erdrücken den anderen geradezu und ersticken jedes Leben in der Beziehung.

Bedürftig

Schwämme sind oft pleite. Ständig sind sie auf der Suche nach einer besseren Arbeit. Sie brauchen ein neues Auto. Sie haben immer gerade kein Glück. Sie brauchen . . . nun, eine Menge. Das ist ein eindeutiges Kennzeichen für einen Schwamm. Ohne Bedürftigkeit sehen sie keinen Weg, anderen nahezukommen. Also liegen sie einem ständig in den Ohren, um Rat für geringfügige oder gewichtige Angelegenheiten zu bekommen.

Schuldgefühle vermittelnd

Schwämme verstehen sich glänzend darauf, Ihnen bohrende Schuldgefühle zu vermitteln, falls Sie sich nicht bereiterklären, ihnen zu helfen. „Ich mache mir solche Sorgen, daß meine Pflanzen eingehen könnten, wenn ich im Urlaub bin", sagen sie zum Beispiel. Die einzig mitmenschliche Reaktion auf eine solche Feststellung kann nur lauten: „Ooooh! Aber ich kann doch die Blumen gießen!" Und wenn Sie nicht so reagieren, kommen Sie sich wie ein Scheusal vor.

Ängstlich

Auf einer Reise nach Singapur lernte ich einen neuen Begriff: „kiasu". Bei einer Konferenz, zu der ich als Redner eingeladen war, kauften die Leute begierig Bücher. Sie konnten sie gar nicht schnell genug bekommen, und manche schienen die Bücher zu kaufen, ohne auch nur einen Blick auf den Titel zu werfen. Als ich das dem Verkäufer gegenüber erwähnte, der sich um den Büchertisch kümmerte, nickte er: „Ach, das ist ‚kiasu‘, die Angst, etwas zu verpassen, was andere haben."

Schwämme wollen nicht, daß ihnen irgend etwas entgeht, und sie erwarten, daß Sie dafür Sorge tragen.

Egozentrisch

Es klingt ziemlich unverblümt, ist aber wahr: Schwämme sind egozentrisch und immer auf sich selbst bedacht. Sie lassen sich völlig von ihren eigenen Bedürfnissen vereinnah-

200

men und können an nichts anderes denken. Sie sind mehr damit beschäftigt, wie sie sich fühlen, als mit irgend etwas anderem. Obwohl Schwämme nicht unbedingt selbstsüchtig sein müssen, sind sie ganz sicher egozentrisch.

Vereinnahmend

In gesunden Beziehungen gibt es in bezug auf die emotionale Nähe ein Wechselspiel von Ebbe und Flut. Es existiert sozusagen ein Kern der Verbundenheit, aber die Partner bewegen sich im Laufe der Zeit stärker auf diesen Kern zu oder auch mal von ihm weg. Die meisten Menschen verstehen das und lernen, die Phasen größerer Distanz zu akzeptieren, ohne gleich in Panik zu geraten.

> *„Selbstsucht ist der größte Fluch der Menschheit."*
> William E. Gladstone

Nicht so bei Schwämmen. Sie geraten in Panik, wenn sie Distanz spüren. Deshalb vereinnahmen sie andere und klammern sich in dem typischerweise vergeblichen Bemühen fest, Nähe zu erzwingen.

Krisenorientiert

Eine Krise ist das, was Schwämme morgens aus dem Bett bringt. Sie wirkt auf sie so anregend wie auf andere Leute Kaffee. „Was soll ich bloß machen?" winseln sie und warten darauf, daß Sie in die Bresche springen, ob es um Kleider, eine Mahlzeit, einen Kontakt, ein Auto oder Ihr geduldiges Ohr geht. Eine Krisensituation weckt bei den meisten Menschen Hilfsbereitschaft, und Schwämme wissen das.

Kennen Sie einen Schwamm?

Der folgende Test kann Ihnen helfen zu ermitteln, ob Sie sich in einer arbeitsintensiven Beziehung zu einem Schwamm befinden. Identifizieren Sie die Person, die Ihnen beim Lesen der bisher genannten Merkmale in den Sinn kam. Kreuzen Sie „J" an, wenn eine Beschreibung auf diese Person zutrifft. Kreuzen Sie „N" an, wenn die Aussage sich nicht auf die betreffende Person beziehen läßt.

J   N   Manchmal habe ich das Gefühl, diese Person klebt an mir.

J   N   Nur selten erkundigt diese Person sich nach meinen Bedürfnissen und Sorgen.

J   N   Mitunter scheint diese Person meine Zeit und meine Möglichkeiten regelrecht aufzusaugen.

J   N   In mancher Hinsicht mag diese Beziehung eng sein, aber sie stagniert.

J   N   Diese Person scheint immer irgend etwas zu brauchen.

J   N   Oft habe ich Schuldgefühle, wenn ich zu dieser Person nein sage.

J   N   Diese Person ist anhänglich wie eine Klette und hilfsbedürftig.

J   N   Oft fühle ich mich von dieser Person vereinnahmt.

J   N   Manchmal gewinnt man den Eindruck, daß diese Person nur von einer Krise in die nächste stolpert.

J   N   Gelegentlich spüre ich, wie diese Person mich runterzieht.

J   N   Diese Person hat Angst, irgend etwas zu verpassen oder ausgelassen zu werden.

J   N   Bei dieser Person habe ich Schwierigkeiten, Grenzen zu ziehen.

J   N   Ich verbringe unverhältnismäßig viel Zeit damit, mich mit den Problemen und Sorgen dieser Person statt mit meinen eigenen zu befassen.

J   N   Diese Person scheut sich eigentlich nie, andere um einen Gefallen zu bitten.

J   N   Diese Person raubt mir oft die letzte Kraft.

Auswertung: Addieren Sie alle Aussagen, die Sie mit Ja beantwortet haben. Wenn es zehn oder mehr sind, befinden Sie sich mit Sicherheit in einer belastenden Beziehung zu einem Schwamm.

Einen Schwamm verstehen

Führen Sie den Satz zu Ende: „Wenn man beim ersten Mal keinen Erfolg hat, dann . . ."

Wissen Sie, wie Ihre Antwort lautet? Meine Vermutung ist, daß Sie in etwa gesagt haben: „dann muß man es eben noch mal versuchen."

Nicht so bei Schwämmen! Bei ihnen lautet die Antwort eher: „dann ist man ein hoffnungsloser Fall." Schwämme leiden an einem schrecklich geringen Selbstwertgefühl. An der University of Washington hat der Psychologe Jonathan Brown das Selbstwertgefühl von Menschen erforscht und mehr Licht darauf geworfen, was Schwämme so reagieren läßt.[1]

Er ließ eine Gruppe von 172 Personen – darunter 81 mit hohem, der Rest mit niedrigem Selbstwertgefühl – ein Computer-Wortspiel spielen. Die Hälfte der Teilnehmer erhielt eine Version, die für die vorgesehene Zeit zu schwierig war, so daß sie scheitern mußten. Anschließend forderte Brown sie auf, ihre Leistung zu bewerten.

Diejenigen Personen mit niedrigem Selbstwertgefühl traf das Versagen wie der sprichwörtliche Hammer. Übrig blieben Scham und peinliche Verlegenheit. Schlimmer noch war, daß sie ihr Versagen zu sehr verallgemeinerten und ihre Intelligenz und Befähigung nach einer schlechten Leistung negativer bewerteten als nach einem Erfolg.

Bei den Personen mit hohem Selbstwertgefühl war es genau umgekehrt. Sie bewerteten ihre Intelligenz nach einem Versagen etwas höher und kompensierten damit ihren Mißerfolg. Das ist der Wert eines positiven Selbstbildes, wie Brown erklärt: Es befähigt uns, so auf – gute oder schlechte – Ereignisse zu reagieren, daß es unser Selbstwertgefühl stärkt.

Schwämme, die ein unverhältnismäßig niedriges Selbstwertgefühl haben, leiden unter ihrem Versagen. Die Folge ist, daß sie viel weniger bereit sind, ein Risiko einzugehen, und stärker dazu neigen, sich auf andere zu verlassen. Jesus erzählte einmal ein Gleichnis über einen Schwamm, einen Mann mit so geringem Selbstwertgefühl, daß er sein Talent in der Erde vergrub (siehe Matthäus 25,14–30).

„Was ich gab, habe ich; was ich verbrauchte, hatte ich; was ich behielt, verlor ich."
Alte Grabinschrift

Das ist der entscheidende Punkt bei einem Schwamm: Er besitzt nicht genug Selbstwertgefühl, um auf eigenen Füßen zu stehen, also hängt er sich an Sie. Schwämme versuchen verzweifelt, sich mit einer anderen Person zu verbinden in dem vergeblichen Bemühen, sich selbst dadurch aufzuwerten. So etwas geschieht auch in der Ehe. Wenn ein Schwamm zu sehr im Ehepartner aufgeht, setzt er die Beziehung selbst aufs Spiel. Die Folge ist eine symbiotische Ehe: Wenn der Ehepartner traurig ist, ist es auch der Schwamm; ist der Ehepartner glücklich, ist es auch der

Schwamm. Das klingt vielleicht nicht besonders schlimm, aber es kommt dann zu Problemen, wenn Schwämme nicht mehr sagen können, wo sie aufhören und wo ihr Ehepartner beginnt. Die Beziehung wird zu eng, um sich darin noch wohlfühlen zu können.

Schwämme sind immer bedürftig, weil sie ihre Bedürftigkeit als Brücke zu anderen Menschen benutzen. Es ist ihre Art, anderen Menschen näherzukommen. Dieses Verhalten ist in gewissem Sinn trügerisch, weil es gar nicht darum geht, den vordergründig genannten Bedürfnissen zu begegnen, sondern etwas viel Tieferes zu erreichen. Mehr als bei jeder anderen arbeitsintensiven Beziehung ist es bei Schwämmen so, daß sie sich seltsamerweise eigentlich danach sehnen, selbst gebraucht zu werden.

> *„Für alles, das sich zu besitzen lohnt, müssen wir einen Preis zahlen; und der Preis ist immer Arbeit, Geduld, Liebe, Selbstaufgabe – keine Papierwährung, keine Zahlungsverpflichtung, sondern das Gold des wahren Dienens."*
> John Burroughs

Mit Schwämmen klarkommen

Hat man Ihnen je beigebracht, nein zu sagen? Mir nicht. In den meisten „guten" Elternhäusern wird Neinsagen entrüstet mit Selbstsucht gleichgesetzt, dem schlimmsten aller Vergehen. Ist es nicht so?

Wenn Sie sich mit dem Drang identifizieren können, Schwämmen nachzugeben, weil Sie doch ein „guter" Mensch sind, dann holen Sie einmal tief Luft. Entspannen Sie sich. Sie brauchen nicht gleich als „notorischer Jasager" ein Rehabilitationsprogramm zu durchlaufen. Natürlich ist es im Umgang mit einem Schwamm wichtig, auch mal nein sagen zu können, aber es gibt eine Fülle anderer bewährter Strategien, wie Sie Schwämme daran hindern können, den letzten Rest Ihrer Zeit und Energie aufzusaugen. Hier sind einige davon.

Stellen Sie sich dem Schwamm in Ihnen selbst

Vielleicht fühlen Sie sich von der ständigen Bedürftigkeit eines Schwamms abgestoßen. Oder es stört Sie, wie Schwämme in anderen Menschen Schuldgefühle wecken. Vielleicht ärgert es Sie, wie Schwämme Ihnen Zeit, Energie und Mittel rauben. Doch trotz solcher verständlichen Empfindungen ist es gut, im Umgang mit Schwämmen damit zu beginnen, ähnliche Wesenszüge in sich selbst zu identifizieren.

Ich will damit nicht sagen, daß Sie die Art von Mensch sind, der seine Freunde fragt, ob er nicht drei Wochen lang bei ihnen wohnen kann, solange seine Wohnung renoviert wird. Ich will damit auch nicht andeuten, daß Sie Ihre persönlichen Probleme vor anderen ausschütten, ohne ihnen ebenfalls emotionale Unterstützung zu geben, wenn sie das brauchen.

Aber ich will damit sagen, daß auch Sie gelegentlich das Bedürfnis verspüren, von anderen aufgefangen zu werden. Es mag nicht besonders stark und auch rasch wieder verflogen sein, aber es ist dennoch ein Bedürfnis. Wenn Sie gewisse Züge eines Schwamms auch bei sich selbst eingestehen können, werden Sie eher bereit sein, Schwämmen in Ihrer Umgebung mit Verständnis zu begegnen.

Überprüfen Sie Ihre Motivation

„Ich spiele bei meinen Freundinnen immer den Therapeuten und bekomme absolut nichts zurück", klagte Ellen ihrem Mann gegenüber. Er erwiderte, daß sie auch nie den Eindruck erwecke, eine Gegenleistung zu erwarten. In diesem Moment wurde Ellen bewußt, daß sie selbst den Rahmen dafür geschaffen hatte, immer nur zuzuhören und selbst nie Gehör zu finden. Es entsprach nämlich ihrem zwanghaften Drang zu helfen.

Wie so viele Menschen, die mit Schwämmen in Beziehung stehen, war Ellen in die Falle getappt, die auch als „Helfersyndrom" bezeichnet werden könnte. Sie beruht auf der Lüge: „Die Bedürfnisse anderer Menschen sind wichtiger als meine." In Wirklichkeit sind Ihre Bedürfnisse genauso wichtig wie die der anderen. Auch die Bibel sagt, daß wir unseren Nächsten lieben sollen wie uns selbst, nicht mehr als uns selbst oder statt unserer selbst! Wenn Sie Ihre eigenen Bedürfnisse nicht wahrnehmen, dann werden Sie Mühe haben, den Bedürfnissen anderer in angemessener Weise zu begegnen.

Wenn Sie also feststellen, daß diese Lüge gelegentlich in Ihren Gedanken wiederauftaucht, dann möchte ich Sie zu einer einfachen Übung auffordern: Erstellen Sie eine Liste Ihrer eigenen Bedürfnisse und Wünsche. Gehen Sie dabei ganz entschlossen vor. Schreiben Sie alles auf ein Blatt Papier, was Ihnen in den Sinn kommt. Das Entscheidende ist das Eingeständnis, daß auch Sie wunde Punkte haben und Schwämme kein Monopol auf Bedürfnisse und Probleme besitzen. Ihre eigenen sind genauso real. Sobald Sie das akzeptiert haben, können Sie den Zwang abbauen, geben zu müssen, und lernen, ausgewogenere Beziehungen aufzubauen, in denen Sie auch der Nehmende sind.

Räumen Sie mit angestaubten Vorstellungen auf

Der Autor Ricardo Semler berichtet von einer wichtigen Lektion, die er während seiner Tätigkeit bei einem großen Unternehmen lernte: Er nahm an einer Besprechung teil, in der die Anschaffung von Aktenschränken im Wert von fünfzigtausend Dollar vorgeschlagen wurde. Mehrere Abteilungen hatten schon seit Monaten auf die Schränke gewartet und sich in ihrer Frustration zusammengeschlossen, um ihre Anträge gebündelt durchzubringen.

„An diesem Tag kauften wir keinen einzigen neuen Aktenschrank", schreibt Semler. „Statt dessen beschlossen wir, unsere Arbeit im gesamten Unternehmen für einen halben Tag zu unterbrechen und die erste Aktensichtungs- und Beseitigungsaktion vorzunehmen, die von da an alle zwei Jahre stattfand." Die Verwaltungsangestellten verteilten einfache Anweisungen, nach denen alle Mitarbeiter jeden einzelnen Aktenordner durchsehen und von unwichtigem Ballast befreien konnten.

„Ich gehörte mit meinen vier großen Aktenschränken und meinem Antrag auf zwei weitere zu den größten Aktenhamstern der Firma", erklärte Semler. Nach der Aufräumaktion hatte er jedoch auf einen einzigen Aktenschrank abgespeckt. Dasselbe galt auch für viele andere Angestellte. Die Aufräumaktion verlief so erfolgreich, daß die Firma danach Dutzende überschüssiger Aktenschränke verscherbeln konnte.

> „Der Habsüchtige gleicht dem unfruchtbaren Sandboden der Wüste, der allen Regen und Tau gierig in sich aufsaugt, aber keine fruchtbaren Kräuter oder Pflanzen zum Nutzen anderer hervorbringt."
> Zeno

Diese Lektion läßt sich auf den Umgang mit Schwämmen übertragen. Manchmal ist das, was wir glauben, ihnen geben zu müssen, gar nicht das, was sie wirklich brauchen. Bitten Sie Gott deshalb um Unterscheidungsvermögen, und räumen Sie den hinderlichen Ballast aus der Beziehung aus – jedes exzessive, zwanghafte Mitgefühl, das nicht durch gesunde Grenzen reguliert wird. Beschränken Sie sich auf das Wesentliche, und befreien Sie Ihre Agape vom angesammelten Schutt jeder falschen Rührseligkeit.

Lassen Sie die Luft aus der Krisensituation

Inmitten einer weiteren Krise tauchte Wendy bei Karen auf, als diese gerade zur Arbeit aufbrechen wollte. „Ich muß in fünf Minuten weg", erklärte Karen.

208

„Ich kann einfach nicht glauben, was im Haus meiner Familie los war", stöhnte Wendy. „Ich konnte nicht mal duschen . . . es gab nur kaltes Wasser." „Das ist unangenehm", nickte Karen. „Ich fühle mich ganz schmutzig", erwiderte Wendy. Nun war Karen an der Reihe. Wendy erwartete, daß sie sagen würde: „Hier hast du ein schönes, flauschiges Handtuch. Ich habe das Badezimmer gerade geputzt. Komm und nimm eine ausgiebige, heiße Dusche. Denk dran, die Tür hinter dir abzuschließen, wenn du gehst."

Dieses Mal reagierte Karen jedoch anders. „Dir wird bestimmt etwas einfallen", sagte sie. „Du hast doch immer eine Idee." Mit diesen Worten ging Karen zur Tür, um zur Arbeit aufzubrechen.

Das, worum Wendy bat und was Karen ihr verwehrte, wurde nur angedeutet. Aber nach diesem Vorfall hörte Wendy auf auszuprobieren, was Karen alles für sie tun würde, und Karen empfindet ihre Freundschaft nun als wesentlich gesünder.

Akzeptieren Sie, daß die Bedürftigkeit nie zu stillen ist

Eine der Lieblingsgeschichten der Humoristin Erma Bombeck handelt von einem kleinen Jungen, der mit seiner jüdischen Großmutter an den Strand ging. Der Knabe trug seinen Eimer, eine Sandschaufel und einen Sonnenhut. Während er nahe am Wasser im Sand spielte, döste seine Großmutter ein wenig. Plötzlich spülte eine große Welle das Kind ins offene Meer. Die Großmutter erwachte und war verzweifelt. Sie fiel auf ihre Knie und betete: „Gott, wenn du meinen Enkel rettest, dann verspreche ich, alles zu tun, was du willst. Ich gehe in jeden Verein, in dem du mich haben willst. Ich melde mich freiwillig beim Krankenhaus, werde den Armen helfen und alles tun, was dir gefällt." Plötzlich wurde der Enkel an den Strand geworfen und purzelte vor ihre Füße. Er lebte! Doch als die Großmutter sich erhob, schien sie verärgert. Sie stützte die Arme in die Hüften, blickte zum Himmel und sagte scharf: „Du weißt doch, daß er einen Sonnenhut aufhatte. Wo ist der, hm?"[3]

Schwämme sind dieser Großmutter sehr ähnlich. Sie scheinen so verzweifelt und hilfsbedürftig. Doch wenn man ihnen zu helfen versucht, sind sie scheinbar nie zufriedenzustellen. Kommen Sie über Ihre Überraschung (und das Geben) hinweg, und machen Sie sich klar, daß Schwämme immer noch mehr verlangen werden, soviel Sie ihnen auch geben mögen.

Sagen Sie ohne Schuldgefühle nein

Nein zu sagen ist eine Kunst. Es ist ein Hilfsmittel zur Organisation Ihrer Zeit und Energie. Neinsagen ist auch der Dreh- und Angelpunkt einer dauerhaft gesunden Beziehung zu Schwämmen. Es läßt Sie alles ausmerzen, was unnötig, unangemessen oder einfach widersprüchlich ist. Ein Schwamm braucht zum Beispiel Geld. Was sagen Sie, wenn er Sie um finanzielle Unterstützung bittet? Ja zu sagen würde bedeuten, Geld wegzugeben, das Sie für eine lange geplante Reise gespart haben. Sagen Sie nein? Wenn Sie nein sagen, werden Sie sich dann wahrscheinlich mit Schuldgefühlen herumschlagen? Das brauchen Sie nicht.

Sie sind in keiner Weise verpflichtet, einer Bitte nachzukommen, auch wenn diese noch so überzeugend vorgebracht wird. Wie es so schön heißt: Daß Sie es *können*, bedeutet noch nicht, daß Sie es auch *sollten*.

Ich versuche, nichts als meine Pflicht anzuerkennen, solange ich mich nicht aus freiem Willen dazu verpflichtet habe. Damit sind Schuldgefühle passé. Wann immer Sie eine Verpflichtung in dem Wissen eingehen, daß Sie gar nicht die Mittel, die Zeit oder die Berufung haben, sie zu erfüllen, machen Sie sich zum Märtyrer (und jeder weiß, was für ein zweifelhaftes „Vergnügen" der Umgang mit solchen aufreibenden Leuten ist).

Probieren Sie es also aus. Sagen Sie freundlich nein, danken Sie dem Betreffenden, daß er an Sie gedacht hat, und erklären Sie gegebenenfalls Ihre Situation. Aber vergessen Sie nicht, daß es tatsächlich möglich ist, ohne Schuldgefühle nein zu sagen.

Verwandeln Sie Mitgefühl in Einfühlungsvermögen

Henry Ford sagte: „Wenn es ein Geheimnis des Erfolgs gibt, dann liegt es in der Fähigkeit, den Standpunkt des anderen zu verstehen und die Dinge sowohl aus seiner Perspektive als auch aus der eigenen zu betrachten."

Das sehe ich genauso. Wovon er hier redet, ist Empathie – dieses besondere Geschick, sich mit Herz und Verstand in die Lage eines anderen einzufühlen. Das ist das Entscheidende: Herz und Verstand.

Allzuoft verwechseln wir Einfühlungsvermögen damit, daß wir den Schmerz eines anderen im eigenen Herzen nachempfinden. Aber das ist nur Mitgefühl. Und obwohl es sich dabei um einen edlen Charakterzug handelt, ist Mitgefühl nur die Hälfte dessen, was Empathie ausmacht. Bei Empathie kommt zum Mitgefühl noch das Bemühen hinzu, die Probleme des anderen objektiv zu analysieren, bevor man sich hineinstürzt. Und das ist einer der Schlüssel im Umgang mit Schwämmen: analysieren und mitfühlen. Nehmen Sie sich also die Zeit, die Umstände, in denen ein Schwamm steckt, objektiv zu erfassen, bevor Sie sich „Herz über Kopf" daranmachen, ihm zu helfen. Wenn Sie das tun, verwandeln Sie Mitgefühl in Einfühlungsvermögen, was Ihnen selbst im weiteren Verlauf genauso hilft wie dem Schwamm.

Ziehen Sie gesunde Grenzen

In meiner Arbeit als klinischer Psychologe in einer Spezialabteilung für Verbrennungen habe ich zahllose Stunden mit Angehörigen verbracht, die wohl alles getan hätten, um ihrem leidenden Familienmitglied zu helfen. Doch bevor ich einen

Patienten, der Verbrennungen erlitten hat, der Fürsorge einer solchen Familie überlasse, sage ich den Angehörigen: „Ziehen Sie Grenzen. Tun Sie am ersten Tag, den der Patient zu Hause verbringt, nichts, wozu Sie nicht auch für den Rest Ihres Lebens bereit sind." Ich habe zu viele Familien erlebt, in denen „vorübergehende" Veränderungen zu permanenten Verhaltensmustern des Entgegenkommens wurden.

> *„Bei einer roten oder auch nur gelben Ampel tust du gut daran, dich von Gott zurückhalten zu lassen."*
> Charles Swindoll

Solche Grenzen müssen wir auch in unseren Kontakten zu Schwämmen ziehen. Sie mögen es für einen guten Ausweg halten, einem Schwamm zu erlauben, für ein einziges Mal auf Ihrer Couch zu übernachten. Aber nachdem dieses Entgegenkommen sich mehrmals im Monat wiederholt hat und zu einer ständigen Einrichtung geworden ist, stellen Sie fest, daß von „vorübergehend" keine Rede mehr sein kann. An diesem Punkt ist es an der Zeit, Grenzen zu ziehen – klare, objektive Regeln, über die sowohl Sie als auch der Schwamm sich im klaren sind.

Am besten können Sie ermitteln, wo Sie Grenzen ziehen müssen, wenn Sie an die Personen denken, bei denen Sie sich besonders engagiert haben, um ihnen zu helfen. Achten Sie einmal darauf, welche Verhaltensweisen in Ihnen den Drang weckten, diese Menschen glücklich zu machen, und überlegen Sie, wie Sie diesen Drang unter Kontrolle halten können. Legen Sie dann Ihre Erwartungen fest, geben Sie sie bekannt, und halten Sie konsequent an Ihrem Entschluß fest. Wenn Sie zum Beispiel bereit sind, einem Schwamm Ihr Auto zu leihen, dann entscheiden Sie, wie oft und für wie lange. Sagen Sie: „Das kann ich für dich tun, aber nicht mehr."

Wählen Sie gegebenenfalls den Weg der Konfrontation

Einer der häufigsten und gefährlichsten Fehler im Umgang mit Schwämmen besteht darin, daß Sie nichts gegen das

„Aussaugen" unternehmen und dadurch zulassen, daß sich in Ihrem Innern immer mehr Druck anstaut. Wenn Sie das tun, werden Sie unweigerlich irgendwann explodieren. Vielleicht schreien Sie dann ohne Vorwarnung los: „Du redest immer bloß von dir. Du treibst mich noch zum Wahnsinn!" Das stimmt zwar, ist aber sogar gegenüber dem schlimmsten Schwamm ein wenig unfair.

Eine wesentlich bessere Strategie wählen Sie, wenn Sie den Schwamm damit konfrontieren, welche Gefühle er in Ihnen auslöst. Eine Konfrontation birgt immer Risiken, ist aber dennoch sicherer, als Ihrer Frustration freien Lauf zu lassen. Stellen Sie sich eine Konfrontation wie einen Spiegel vor, der dem Schwamm hilft zu erkennen, was er eigentlich tut und wie sein Verhalten sich auf Sie auswirkt. Unter Umständen hat er nicht die geringste Ahnung, daß er seinen ganzen Schutt bei Ihnen abläd oder Sie das Gefühl haben, daß er Ihnen nie zuhört. Möglicherweise geht er davon aus, daß Sie, gerade weil er so offen über seine Probleme redet, irgendwann die Initiative ergreifen und auch über Ihre sprechen werden.

> *„So weit du auch gehen magst: Es nützt nicht viel, wenn die Richtung nicht stimmt."*
> William Barclay

Retten Sie in dieser arbeitsintensiven Beziehung, was Sie können, indem Sie umsichtig zum Ausdruck bringen, wie die Dinge Ihrer Meinung nach ablaufen. Es könnte das Wertvollste sein, was Sie für die Schwämme in Ihrem Leben tun können.

Querverweis

Weitere im Hinblick auf Schwämme relevante Informationen finden Sie auch in den Kapiteln über das Chamäleon, den Neidhammel und den Märtyrer.

DER WETTKÄMPFER:
führt über jede Kleinigkeit Buch, steht ständig zu allen in Konkurrenz

Die Wüstensonne ist gerade aufgegangen, und schon sticht die Hitze, wie es allenfalls eine Eidechse lieben würde. Es wäre etwa 40° im Schatten, wenn es irgendwo Schatten gäbe. Die aufgeheizten Plätze auf dem Gelände des Tennisclubs liegen einsam da, bis auf einen. Auf seiner flimmernden Fläche donnert eine Teenagerin die Bälle so schnell über das Netz, wie ihr Trainer sie ihr zuspielen kann. Einen Rückhandball nach dem anderen schmettert sie außerhalb seiner Reichweite.

Das Teenie-Mädchen entpuppt sich als Jennifer Capriati, die schon mit dreizehn Jahren eine Profikarriere einschlug und einmal als „nächste Chris Evert" bezeichnet wurde. Doch kaum drei Jahre nachdem sie die jüngste Spielerin geworden war, die je unter den Top Ten rangierte, bei ihren Prämien in Wimbledon die Millionengrenze überschritten hatte und in Barcelona Olympiasiegerin geworden war, war Jennifer am Tiefpunkt angelangt. Nach einer verunsichernden Niederlage bei den US Open 1993 verfiel Jennifer in Depressionen und geriet in einen selbstzerstörerischen Strudel, der unter anderem dazu führte, daß sie sich schließlich wegen Kaufhausdiebstahls und Drogenbesitzes vor Gericht verantworten mußte. Monatelang hatte Jennifer immer wiederkehrende Alpträume über Niederlagen. „Ich habe danach eine ganze Woche im Dunkeln im Bett verbracht und einfach alles gehaßt", berichtete sie später einigen Reportern. „Wenn ich in den Spiegel schaute, sah ich eigentlich nur dieses entstellte Bild: Ich war so häßlich und so fett, daß ich mich am liebsten umgebracht hätte." Was Jennifer tatsächlich zerstörte, war ihr öffentliches Leben. Sie kehrte dem Tennis den Rücken zu, stieg aus dem Wettkampfsport aus und weigerte sich monatelang, einen Tennisschläger anzurühren.

Jennifer faßt diese Abwärtsspirale mit den Worten zusammen: „Mein Selbstbild hing davon ab, wie ich spielte, und wenn ich schlecht spielte, sagte ich mir immer: ‚Ja, ich kann das schaffen.' Doch in Wirklichkeit konnte ich es nicht; ich hatte das Gefühl, daß niemand mich als Person mochte." In einem Augenblick völliger Offenheit bekannte sie einmal: „Von mir wurde erwartet, daß ich immer an der Spitze stehe, und wenn ich nicht gewann, bedeutete das für mich, daß ich eine Verliererin war."

Mit einem einzigen Satz beschreibt dieser junge Tennisstar hier treffend, was es heißt, vom Ehrgeiz des Wettkampfs verzehrt zu werden. Für Wettkämpfer, ob im Sport oder anderswo, bedeutet Gewinnen alles und Verlieren eine Katastrophe.

Die meisten von uns lassen sich von Zeit zu Zeit gern mal auf einen freundschaftlichen Wettkampf ein; Wettkämpfer dagegen wissen nicht, wann sie aufhören müssen. Sie machen praktisch jede Aktivität zum Wettstreit und wissen gar nicht mehr, wohin mit ihren Auszeichnungen, Trophäen und Plazierungen. Alles und jedes wird zu einer Gelegenheit, Sie zu übertrumpfen und in den Schatten zu stellen – vom Tischreservieren im Restaurant über das Heiraten bis zum Aufstehen am Morgen. Das Leben ist ein einziger Konkurrenzkampf. Wenn man Wettkämpfern erzählt, was für einen tollen Urlaub man erlebt hat, berichten sie prompt, wieviel besser ihr eigener war – eins zu null für den Wettkämpfer. Erwähnt man, wie hart man heute gearbeitet hat, wird man sofort mit dem Hinweis auf ihren übervollen Kalender und ihre endlosen Termine übertrumpft. Zwei zu null für den Wettkämpfer. So läuft das Spielchen – man zählt die Punkte.

> *„Was aus Rivalität getan wird, entbehrt jeder Schönheit."*
> John Ruskin

Natürlich trifft man Wettkämpfer nicht nur am Arbeitsplatz oder in gesellschaftlichen Kreisen an. Oft leben sie bei uns zu Hause. Welcher Bruder oder welche Schwester hätte keine Geschichte über unablässige Eifersucht und Rivalität zu erzählen? Noch im Erwachsenenalter macht geschwisterliche Rivalität sich gelegentlich bemerkbar. Doch bei Wettkämpfern hört sie nie auf. Für sie wird sogar Weihnachten zum Wettstreit: Ihre Geschenke lassen erkennen, daß sie doch tatsächlich die hingebungsvolleren Kinder sind.

Das unverkennbare Zeichen eines wahren Wettkämpfers, ob Mitarbeiter, Freund oder Verwandter, ist sein Lieblingsspiel, das er für die einzig interessante Gesprächsform hält: „Versuch mal, das hier zu überbieten." Und selbst wenn Sie dieses Spiel durchschauen, finden Sie sich doch immer wieder in einem sinnlosen Wettkampf wieder und wetteifern

> „Der einzige Wettstreit, der eines weisen Menschen würdig ist, ist der mit sich selbst."
> Washington Allston

um . . . na ja, eben um des Wettstreits willen. Und Sie fühlen sich dabei fast immer als Verlierer.

Die Anatomie eines Wettkämpfers

Wettkämpfer lassen sich selten in eine vorgegebene Form pressen. Im allgemeinen sind Menschen, die sich völlig von ihrem Wetteifer vereinnahmen lassen, jedoch ehrgeizig, neidisch, unbarmherzig, individualistisch, kleinkariert, großspurig, strategisch, einschüchternd und strafend.

Ehrgeizig

„Das hier ist ein Dschungel", sagen Wettkämpfer, „eine Welt, in der einer den anderen frißt und nur der Stärkste überlebt." Da gibt es keinen Raum für die gleichmütige Einstellung, einmal einfach auf das Beste zu hoffen. Wettkämp-

216

fer haben einen Tiger im Tank, einen unstillbaren Ehrgeiz, der sie nach allem streben läßt, was gerade außerhalb ihrer Reichweite liegt. Sie brauchen den Tiger auch gar nicht aufzuspüren. Der Wettkämpfer ist der erste, der Sie wissen läßt, daß er im Aufstieg begriffen ist, daß er etwas Großes ins Auge gefaßt hat. Wettkämpfer klettern auf der Leiter ganz nach oben und gewichten jede Situation danach, was sie dazu beitragen kann, ihre Position zu verbessern.

Neidisch

Neid ist nicht nur das eifersüchtige Gefühl „Ich möchte haben, was du hast." Es ein aggressives „Ich will haben, was du hast, und ich will nicht, daß du es hast. Und wenn ich das nicht erreichen kann, dann verderbe ich es dir."

Wettkämpfer neigen eher zum Neid als zur Eifersucht, die insofern etwas zivilisierter ist, als sie sich mehr darauf konzentriert zu besitzen, was ein anderer hat oder tut, und damit die Rivalität aus dem Spiel läßt. Neid dagegen wetteifert, indem er vergleicht, was andere haben und was einem selbst fehlt.

> *„Ehrgeiz nach wahrer Ehre und der echten Herrlichkeit und Vollkommenheit unseres Wesens ist das eigentliche Prinzip und der Ansporn der Tugend; aber Ehrgeiz nach Titeln, Positionen, feierlicher Anerkennung und bürgerlichem Pomp ist so eitel und gering wie die Dinge, die wir erstreben."*
> Philip Sidney

Unbarmherzig

Wettkämpfer entspannen sich nur selten und geben fast nie auf. Wie ein hartnäckiger Bullterrier halten sie erbarmungslos fest, worin sie sich einmal verbissen haben. Wettkämpfer verstehen nicht, daß Rivalität das Spielerische jeder Aktivität zerstört, sei es im Sport, in der Musik oder sogar in einer Unterhaltung. Verlieren macht keinen Spaß, und bei den meisten Wettbewerben verlieren mehr als die Hälfte der Beteiligten (denken Sie nur an die vielen Bewerber um eine einzige Arbeitsstelle). Tatsächlich „gewinnen" viele Wettkämpfer nur, weil sie einfach die Anforderungen heruntergeschraubt haben.

Individualistisch

Wettstreiten bedeutet, um etwas zu eifern, was andere auch begehren. Wettkämpfer sind per definitionem Individualisten. „Ich gegen den Rest der Welt" lautet ihr Motto. Nur selten sind sie Mannschaftskämpfer, und sie betrachten es als Zeichen von Schwäche, sich auf andere zu verlassen. Als markante Individualisten halten sie sich an ihre Maxime: „Mach es auf die einfache Art und Weise; bitte keinen um Hilfe."

Kleinkariert

Ich kenne einen Wettkämpfer, der Grammatik büffelt, nur um andere Leute bei sprachlichen Fehlern zu ertappen. Neulich rief er mich an und erkundigte sich, wie eine wichtige Präsentation verlaufen sei. „Ich glaube, ich hatte ziemlich Erfolg", meinte ich.

„Ziemlich Erfolg", gluckste er. Verwirrt hakte ich nach, was denn daran so komisch sei. „Ziemlich! Du hast ‚ziemlich Erfolg' gesagt statt ‚ziemlich viel Erfolg' – hab' ich dich doch bei einem Fehler ertappt!"

Nichts freut diesen Kerl mehr, als wenn er bei völlig unwichtigen Dingen „Punkte" für sich verbuchen kann.

Großspurig

Wettkämpfer neigen dazu, mit ihren – aktuellen oder vergangenen – Leistungen zu prahlen. Sie versuchen, andere mit dem, was sie getan haben, zu beeindrucken. Geht es zum Beispiel um Elternschaft, haben sie keine Mühe, die Leistungen ihrer Kinder aufzuzählen und zu betonen, wie großartig diese doch sind. Diese Art von Großspurigkeit ist

218

ihre Art, Ihnen zu zeigen, daß sie Wettkämpfer sind und daß Sie sich über ihren Leistungsstand im klaren sein müssen, falls Sie sich entscheiden sollten, es mit ihnen aufzunehmen.

Strategisch

Meistens schießen Wettkämpfer nicht spontan. Sie kommen vorbereitet, haben ihre Bewegungsabläufe geübt und ihre Pläne einstudiert. Oft führen Wettkampftypen Bücher mit Spielstrategien mit sich, aus denen sie sorgfältig den richtigen Strategieansatz wählen, um die Schwachstelle ihres Gegners zu ermitteln und sich Vorteile zu verschaffen. Ein Student berichtete mir einmal, daß er immer versuchte, seinen Mitbewohner spät abends um einen Gefallen zu bitten. „Wenn er müde ist, zeigt er sich viel gefälliger", erklärte er mir, „und ist eher bereit zu tun, was ich will."

Einschüchternd

In Amerika stand ein Buch in den Bestsellerlisten, das den Titel trug: „Winning through Intimidation" (Durch Einschüchterung siegen). In diesem Titel spiegelt sich ein wichtiges philosophisches Prinzip vieler Wettkämpfer. Auf der Suche nach jedem beliebigen Mittel, um bei ihrem nie endenden Aufstieg zur Spitze voranzukommen, greifen Wettkämpfer oft auf die Einschüchterungstaktik zurück. Wie jeder Profiboxer Ihnen verraten kann, ist das eine Möglichkeit, Ihren Herausforderer unachtsam werden zu lassen. Also benutzen Wettkämpfer nonverbale Verhaltensweisen wie verunsichernde Blicke oder geringschätzige Gesten, um Ihnen zu signalisieren, daß sie die Oberhand behalten werden.

Bestrafend

Wettkämpfer sind schlechte Verlierer. Kürzlich sah ich einen Jungen in einem T-Shirt mit der Aufschrift: „Auf dem zweiten Platz bist du der erste Verlierer." Ich weiß nicht, ob er sich über die Wirkung seines T-Shirts im klaren war. Wenn ja, war er sicher ein angehender Wettkämpfer.

Wettkämpfer verabscheuen Niederlagen und werden allem und jedem die Schuld dafür geben, daß sie nicht die Ersten waren – auch sich selbst. Wenn Wettkämpfer eine Niederlage erleben, verlieren sie nicht nur das „Spiel", sondern auch einen Teil von sich selbst. Ihre Identität selbst ist betroffen.

Kennen Sie einen Wettkämpfer?

Der folgende Test kann Ihnen helfen zu ermitteln, ob Sie sich in einer arbeitsintensiven Beziehung zu einem Wettkämpfer befinden. Identifizieren Sie die Person, die Ihnen beim Lesen der bisher genannten Merkmale in den Sinn kam. Kreuzen Sie „J" an, wenn eine Beschreibung auf diese Person zutrifft. Kreuzen Sie „N" an, wenn die Aussage sich nicht auf die betreffende Person beziehen läßt.

J N Wenn ich mit dieser Person zusammen bin, stelle ich oft fest, daß ich sie zu beeindrucken versuche.

J N Diese Person bittet mich selten, wenn überhaupt, um Hilfe.

J N Mit aller Gewalt versucht diese Person, auf der Erfolgsleiter nach oben zu klettern.

J N Diese Person kann einen mit ihrer pingeligen Art völlig frustrieren.

J N Manchmal glaube ich, diese Person würde sich freuen, wenn es mir schlecht ginge.

J   N   Diese Person spricht oft davon, was sie kürzlich oder in der Vergangenheit geleistet hat.

J   N   Die meisten Leute würden bestätigen, daß diese Person hart arbeitet.

J   N   Diese Person beglückwünscht mich nie zu meinen Erfolgen, und wenn sie es tut, klingt es nicht aufrichtig.

J   N   Diese Person liebt jeden Wettstreit.

J   N   Oft macht diese Person mich auf unbedeutende Fehler aufmerksam, nur um mir zu zeigen, daß sie ihr nicht entgangen sind.

J   N   Man könnte meinen, in unserer Beziehung gäbe es eine Anzeigetafel, auf der immer der neueste Punktestand verbucht wird.

J   N   Wenn diese Person nicht gewinnt, leidet sie emotional länger darunter als andere Menschen.

J   N   Diese Person läßt fast nie eine Schwäche oder Blöße erkennen.

J   N   Manchmal ermüdet das Zusammensein mit dieser Person mich.

J   N   Diese Person scheint Gefallen daran zu finden, andere einzuschüchtern.

Auswertung: Addieren Sie alle Aussagen, die Sie mit Ja beantwortet haben. Wenn es zehn oder mehr sind, befinden Sie sich mit Sicherheit in einer belastenden Beziehung zu einem Wettkämpfer.

221

Einen Wettkämpfer verstehen

„Woher kommen die Kriege bei euch, woher die Streitigkeiten?" fragte der Apostel Jakobus. „Doch nur vom Kampf der Leidenschaften in eurem Inneren. Ihr begehrt und erhaltet doch nichts" (Jakobus 4,1–2). Da trifft Jakobus den Nagel auf den Kopf, wenn es darum geht, Wettkämpfer zu verstehen. Sie müssen gewinnen, weil sie etwas wollen, was sie nie erreichen können – sie wollen die Leidenschaften in ihrem Inneren stillen. Genauer gesagt beziehen Wettkämpfer ihr gesamtes Selbstwertgefühl aus dem Wettstreit. Und wer will es ihnen verdenken? Unsere Gesellschaft setzt Siege oft mit persönlichem Wert gleich.

Es gibt eine Insel in der Südsee, auf der man keinen Wettkampf kennt. Man vertreibt sich die Zeit zum Beispiel mit einem Spiel, bei dem ein Team Hufeisen wirft und eine bestimmte Punktzahl erzielt. Doch dann versucht das andere Team, dieselbe Punktzahl zu erreichen. Beide Seiten werfen so viele Runden, bis beide die gleiche Punktzahl haben. Das Ziel des Spiels ist nicht der Sieg, sondern der Gleichstand. Es gibt keine Gewinner, keine Verlierer, sondern nur fröhliche Kinder.

> *„Wir schrumpfen, wenn wir versuchen, groß zu sein."*
> E. Stanley Jones

Überraschenderweise sind kooperative Bemühungen dieser Art in vielen Völkern der Welt üblich, während sie den meisten Europäern und Amerikanern fremd sind. Als Kinder lernen wir durch Spiele wie Brennball, Fußball oder Hockey, zu gewinnen (oder zu verlieren). Selbst Partyspiele wie die „Reise nach Jerusalem" sind rücksichtslose Wettbewerbe, bei denen einer gewinnt und alle anderen verlieren. Tatsächlich spielen wir solche Spiele, weil in unserer Kultur der Wettbewerb geschätzt und gepflegt wird, während die Bewohner dieser südpazifischen Inseln auf ihre Art spielen, weil ihre Gesellschaft Kooperation schätzt und pflegt.

Wettbewerb ist für die meisten von uns ein Aspekt unseres Lebens. Wir wachsen mit Slogans auf wie: „Gewinnen ist nicht alles; es ist das einzige." In vielen Berufen werden wir aneinander gemessen, und der Erfolg einer Firma wird oft nach ihrer Wettbewerbsfähigkeit beurteilt. Die meisten Menschen lassen sich innerhalb einer genau umrissenen Arena ganz gern auf einen kleinen Wettkampf ein; das ist etwas, was wir tun, aber auch wieder lassen können. Wir mögen zum Beispiel bei einem Basketball-Match energisch gegeneinander wetteifern, aber wir verwechseln die Fahrt nach Hause dann nicht mit einem Rennen auf dem Nürburgring.

Bei Wettkämpfern ist das anders. Bei ihnen wird der Wettkampf zu einer Obsession, die sie völlig gefangennimmt, alles durchdringt und nicht mehr zu kontrollieren ist. Wettkämpfer mögen sich zwar den Anschein gesunder, sportbegeisterter Menschen geben, doch ihr unablässiger Drang danach, sich zu messen, ist alles andere als gesund. Weshalb? Weil Wetteifer immer den Vergleich mit anderen einschließt: Wenn einer gewinnt, gibt es immer auch einen anderen, der verliert. Und niemand ist gern der Verlierer. Besonders Wettkämpfer nicht!

Wettkämpfer können normalerweise kompetente, vernünftige Leute in ein Bündel aus Aggressionen, Verletzungen und Verärgerung verwandeln – und das manchmal innerhalb weniger Minuten. Das passiert an vielen Schauplätzen. Am Arbeitsplatz kämpfen sie aggressiv um Beförderungen, wobei sie auch mal die Ellbogen einsetzen, um die Aufmerksamkeit des Chefs auf sich zu lenken. In Gesellschaft und bei Freunden ringen Wettkämpfer um Aufmerksamkeit, Bestätigung und Achtung. Sie wollen als der attraktivste, beliebteste oder intelligenteste Gast angesehen werden.

Aber die erbittertsten Rivalen finden sie zu Hause vor. Die Rivalitäten zwischen Müttern und Töchtern oder Vätern und Söhnen sind das ständig wiederkehrende Thema zeitgenössischer Romane und Talkshows. Und wenn man auf Geschwister zu sprechen kommt, beschreibt ein Drittel aller Amerikaner seine geschwisterlichen Beziehungen als lebenslangen Wettstreit. Haben Sie je zwei Schwestern beobachtet, die mit erstaunlicher Treffsicherheit die Schwachstellen der jeweils anderen aufs Korn nahmen, genau so, wie sie es schon in der Grundschule taten? Oder haben Sie je zwei Brüder bei einem Familientreffen wie Erstklässler auf das letzte Stück Schokoladenkuchen zustürmen sehen?

> *„Seid alle eines Sinnes, voll Mitgefühl ... seid barmherzig und demütig! Vergeltet nicht Böses mit Bösem noch Kränkung mit Kränkung!"*
> 1. Petrus 3,8–9

Offenbar zeigt die geschwisterliche Rivalität auch noch im Leben der Erwachsenen ihre Auswirkungen und prägt die Art, wie sie mit den Menschen ihrer Umgebung in Beziehung treten. Ob es sich um Freunde, Mitarbeiter, Nachbarn oder Ehepartner handelt, das Vermächtnis der Kindheit kann reflexartige Wettkampfreaktionen in solchen Menschen auslösen.

Denken Sie an die biblische Geschichte von Jakob und Esau, Zwillingen, die von Anfang an rivalisierten. Schon als ihre Mutter mit ihnen schwanger war, „stießen die Söhne einander im Mutterleib" (1. Mose 25,22). Als erster sollte Esau zur Welt kommen; dann folgte Jakob, und „seine Hand hielt die Ferse Esaus fest" (Vers 26). Die beiden Jungen wuchsen zu Männern ganz verschiedener Prägung heran, und jeder wählte eine ganz andere Art zu leben. Esau wurde ein geschickter Jäger und der Lieblingssohn seines Vaters, weil er ihm Wild nach Hause brachte. Jakob dagegen führte ein seßhafteres Leben als Hirte. Er war der Liebling seiner Mutter. Einmal kam Esau ausgehungert und erschöpft von der Jagd nach Hause. Er bettelte bei Jakob um etwas Eintopf, den er erst erhielt, nachdem Jakob, der die Schwäche seines Bruders kannte, Esau dazu überredet hatte, ihm sein Erstgeburtsrecht abzutreten.

Letztlich betrog Jakob Esau um den Segen ihres Vaters. Noch als Erwachsener ließ Jakob nie die Ferse seines Bruders los.

Bevor man jedoch zu weit geht, ist es wichtig zu erkennen, daß Wettkämpfer nicht unbedingt mit dieser Veranlagung geboren werden. Anthropologen berichten von vielen anderen Kulturen, in denen unsere Art des Wetteifers als unverschämt und außerordentlich lieblos betrachtet wird. Aber natürlich sind Menschen auch nicht von Natur aus kooperativ. Man kann es wirklich in beide Richtungen deuten. Wettkämpfer treffen im Grunde genommen eine Wahl. Sie können nicht ihren Genen die Schuld für ihr „Wettbewerbsdenken" zuschieben. Der Ursprung eines hochgradig rivalisierenden Verhaltens läßt sich im allgemeinen auf tief verankerte Gefühle der Unsicherheit zurückführen. Wettkämpfer haben Angst vor dem Versagen, so daß sie sich schnell bedroht fühlen und immer wieder gezwungen sehen, ihren Wert unter Beweis zu stellen.

Wettkämpfer befinden sich in einer heiklen Lage. Sie messen ihre Leistung nicht an ihren persönlichen Fähigkeiten, sondern an den Fähigkeiten aller anderen. Sie müssen sich ständig mit anderen vergleichen und dabei zwangsweise besser abschneiden, sonst sind sie verloren. Das heißt, daß sie überlegen sein müssen – egal zu welchem Preis. Und das ist gefährlich, weil es Weisheit und Bescheidenheit unterwandert. Es öffnet selbstsüchtigem Ehrgeiz Tür und Tor. Erwägen Sie einmal folgende Aussage aus dem Neuen Testament: „Wer von euch ist weise und verständig? Er soll in weiser Bescheidenheit die Taten eines rechtschaffenen Lebens vorweisen. Wenn aber euer Herz voll ist von bitterer Eifersucht und von Ehrgeiz, dann prahlt nicht und verfälscht nicht die Wahrheit! Das ist nicht die Weisheit, die von oben kommt, sondern eine irdische, eigennützige, teuflische Weisheit. Wo nämlich Eifersucht und Ehrgeiz herrschen, da gibt es Unordnung und böse Taten jeder Art" (Jakobus 3,13–16).

Mit Wettkämpfern klarkommen

Was können Sie tun, wenn Sie mit einer so unbarmherzigen Beziehung konfrontiert sind? Wie wird man mit Wettkämpfern fertig? Sie werden sie jedenfalls nicht ändern können; das steht fest. Ganz im Gegenteil: Je mehr Sie das versuchen, desto stärker werden sie mit Ihnen konkurrieren.

Bleibt uns also nichts anderes übrig, als solche unerwünschten Rivalitäten hinzunehmen? Sie können mehrere Dinge tun, um sich nicht in sinnlose Konkurrenzkämpfe verstricken zu lassen und Ihre Beziehung zu Wettkämpfern zu verbessern.

Stellen Sie sich dem Wettkämpfer in Ihnen selbst

Gibt es eine Seite in Ihnen, die das Rivalisieren mit Wettkämpfern genießt? Finden Sie zum Teil Gefallen daran, miteinander um „Punkte" zu spielen?

Die Wahrscheinlichkeit ist hoch, daß Sie in irgendeinem beruflichen oder privaten Bereich ernsthaft wetteifern – und zwar einfach, weil Sie Spaß daran haben. Vielleicht geben Sie es nicht gern zu, aber unter Umständen ist gerade der Wetteifer das, was Ihre Beziehung zu dem Wettkämpfer aufrechterhält. Laura Tracy, die Autorin des Buchs „The Secret Between Us" (Das Geheimnis zwischen uns), stellt fest, daß „die intensivsten und am stärksten befrachteten Beziehungen im Kontext des Wettstreits bestehen . . . Aber Wettkampf ist eine Art der Verbindung, die geheimgehalten werden muß, besonders vor uns selbst."

Nur wenige Menschen gestehen sich ihr Konkurrenzdenken ein, obwohl wir keine Mühe haben, solche Verhaltenszüge anderen zuzuschreiben. Wenn Sie eine bessere Beziehung zu Wettkämpfern aufbauen wollen, müssen Sie sich zuerst der Tatsache stellen, daß Sie beide etwas gemeinsam haben: Konkurrenzdenken. Sie brauchen dieses

Geheimnis nicht auszuposaunen; Sie müssen es sich nur selbst eingestehen.

Vergessen Sie die Beweggründe des Wettkämpfers nicht

Wenn Sie erst einmal Ihrem eigenen Wunsch auf die Spur gekommen sind, eine rivalisierende Beziehung aufrechtzuerhalten, besteht der nächste Schritt darin, sich ins Bewußtsein zu rufen, warum Wettkämpfer sich so verhalten. Denken Sie daran, daß sie voller Unsicherheit sind. Weil Gewinnen aus ihrer Sicht ein Ausdruck ihrer Identität und die einzige Quelle ihres Selbstwertes ist, haben Wettkämpfer panische Angst davor zu verlieren. Sie sind nicht in der Lage, das, was sie sind, und das, was sie tun, voneinander zu trennen. Wenn sie also einmal unterliegen, halten sie sich gleich für einen Verlierer.

> *Störender als ein Freund mit einem lauten, alten Auto ist nur ein Freund mit einem leisen, neuen.*

Wenn Sie diesen vorrangigen Beweggrund im Umgang mit Wettkämpfern im Gedächtnis behalten und daran denken, daß sie aus Unsicherheit heraus handeln, werden Sie erstaunt sein, wieviel leichter es Ihnen fällt, solche Menschen und ihre Spielchen zu akzeptieren. Genau genommen geht es dabei wieder um Empathie. Wenn Sie sich in die Lage des Wettkämpfers versetzen und seine Perspektive verstehen, geben Sie ihm mehr Raum, so zu sein, wie es seinen Bedürfnissen entspricht. Und Sie werden längst nicht so anfällig für Wettkampfspielchen sein.

Durchschauen Sie den eigentlichen Mythos des Wettbewerbs

Die meisten von uns sind überzeugt, daß wir besser spielen oder arbeiten, wenn wir eine andere Person übertreffen wollen. Wir glauben, daß Wettbewerb zu besseren Leistungen führt. Wettbewerb, vermuten wir, bietet uns den nötigen Ansporn, um die Extrastunde zu investieren oder die zusätzliche Anstrengung zu unternehmen, die den Ausschlag geben wird.

In Wirklichkeit führt Wettbewerb jedoch zu schlechteren Leistungen. Das ist tatsächlich so. Die besten Resultate erzielt man, wenn man nach Selbstbeherrschung strebt. In der Forschung ist das seit Jahren bekannt. 1978 untersuchten Forscher zwei Gruppen von Kindern, die aufgefordert wurden, Collagen anzufertigen. Eine Reihe namhafter Künstler verglich die Collagen und stufte die künstlerische Arbeit der einen Gruppe höher ein. Welcher Unterschied bestand zwischen den beiden Gruppen? Die weniger kreative Gruppe wetteiferte um einen Preis.

Dasselbe Phänomen zeigt sich auch bei Erwachsenen. Athleten, denen es um persönliche Leistungsziele geht, schießen besser und laufen schneller als Sportler, die sich nur darauf konzentrieren, ihre Gegner zu schlagen. Eine der verblüffendsten Entdeckungen stammt aus einer neueren Studie, die von Janet Spence an der Universität von Texas in Austin durchgeführt wurde. Dr. Spence stellte fest, daß leistungsorientierte Führungskräfte 16 Prozent mehr verdienten als wettbewerbsorientierte.[1]

Das ist verständlich, wenn man bedenkt, daß Geschäftsleute, die in ihrem Konkurrenzdenken gefangen sind, größere Versagensangst haben, so daß sie sich damit zufriedengeben, nur zu gewinnen, und deshalb weniger kreative Risiken eingehen und ihre Arbeit weniger genießen. Das Entscheidende ist offenbar, daß Eigenmotivation einen viel stärkeren Anreiz darstellt als Wettbewerbsdenken.

Überprüfen Sie Ihren „Kooperationskoeffizienten"

Der amerikanische Professor und Autor Alfie Kohn sagt: „Der Begriff ‚gesunder Wettbewerb' ist ein Widerspruch in sich."[2] Er vertritt die These, daß die Einstellung „Ich gewinne, du verlierst" nie konstruktiv sein kann.

Aber nicht alle Experten sind einer Meinung. Für viele

Menschen sind bei Gewinnen und Verlieren das Ausmaß und die Einstellung entscheidend. Sie sehen einen Unterschied zwischen konstruktivem und destruktivem Wettbewerb, zwischen Fairneß und schmutzigen Tricks. Lehrer des Jahres zu werden ist ein Zeichen guter Arbeit. Aber man kann sich nicht mit gutem Grund über eine solche Auszeichnung freuen, wenn man sie sich nur durch Sabotage seiner Kollegen erschlichen hat.

Wettkämpfer treffen diese wichtige Unterscheidung nur selten. Aber Sie können das tun. Ein wichtiger Aspekt, den Sie im Gedächtnis behalten sollten, ist die Tatsache, daß konstruktiver Wettbewerb Raum für Kooperation läßt. Das englische Wort für Wettbewerb – competition – geht auf das lateinische Verb competere zurück, das eigentlich „gemeinsam ringen" bedeutet. Und wenn man mit einem Verbündeten gemeinsam um etwas ringt, gibt es keine Verlierer. Sie und Ihr „Gegner" befinden sich eigentlich auf derselben Seite. Beim Golf wollen zum Beispiel beide ihr Spiel verbessern und Spaß haben. Man spornt einander an, statt Energien damit zu vergeuden, den Fehlern des anderen aufzulauern.

Spielen Sie nicht mit

Eines ist klar: Wenn Leute jede Aktion zum Wettkampf machen wollen, wird nichts sie daran hindern. Aber Sie brauchen nicht das Opfer zu werden, und Sie sind nicht verpflichtet, sich an diesem Wettkampf zu beteiligen. Sie können sich einfach weigern mitzuspielen.

Beim Mittagessen mit einem Kollegen erwähnte ich vor kurzem etwas aus einem Buch, das ich gerade las. „Ach, das Buch habe ich schon vor Monaten gelesen, als es gerade erschienen war", erwiderte er. „Ich achte immer auf die neuesten Veröffentlichungen. Mal sehen: Du nennst mir einen Titel, und ich wette, ich habe das Buch schon gelesen."

Es war so dumm, aber ich stellte fest, daß ich mir den Kopf zerbrach, um Neuerscheinungen zu finden und ihm das Gegenteil zu beweisen. Für mich spielte es überhaupt keine Rolle, ob er einen Punkt für die Lektüre von Neuerscheinungen verbuchen konnte. Wenn's ihm Spaß macht . . . Aber warum versuchte ich nun auf einmal, ihm das Gegenteil zu beweisen?

Ganz einfach: Weil er mir einen Köder ausgelegt und ich ihn geschluckt hatte! Er war auf einen Konkurrenzkampf aus, und ohne es zu beabsichtigen, war ich zu seinem Gegner geworden. Es dauerte nicht lange, da fragte er mich, ob ich dieses oder jenes neue Buch gelesen hätte. „Also, das habe ich nicht gelesen, aber ich habe es mir gekauft und eine Buchbesprechung darüber in der New York Times gelesen." Ich traute meinen eigenen Ohren nicht. Da hatte ich doch tatsächlich versucht, ihn zu überzeugen, daß ich kein Büchermuffel war! Aber was zunächst lächerlich war, wurde geradezu absurd, als er den Punktestand bekanntgab: „Vier zu zwei!" Er führte tatsächlich Buch, wer mehr gelesen hatte.

> *„Sind wir getriebene, von den Strömungen unserer Zeit beseelte Menschen, die sich zu Anpassung oder Wetteifer gedrängt fühlen? Oder sind wir berufene Menschen, Empfänger der Gnade Christi, der verspricht, etwas aus uns zu machen?"*
> Gordon MacDonald

Wenn Wettkämpfer Sie insgeheim in das Spielchen „Versuch mal, das hier zu übertrumpfen" verwickeln wollen, können Sie in voller Fahrt unterbrechen, indem Sie zum Beispiel sagen: „Freut mich, daß du so zufrieden mit dir bist, aber wir veranstalten hier doch keinen Wettbewerb, oder? Ich möchte mich einfach nur mit dir unterhalten." Eine solche Äußerung macht fast jedem sinnlosen Konkurrenzkampf ein Ende.

Aber wenn der Wettkämpfer ein alter Veteran ist und auch das nicht funktioniert, dann legen Sie die Regeln fest:

230

„Du kannst machen, was du willst. Ich für meinen Teil lasse mich einfach auf keinen Wettstreit ein."

Berücksichtigen Sie ein einfaches Wirtschaftsprinzip

Wettkämpfer stellen oft Fragen wie: „Wer hat das?", „Wie kann ich das bekommen?" oder: „Warum hast du das und ich nicht?" Sie spielen das, was Wirtschaftler als Nullsummenspiel bezeichnen: Was der eine gewinnt, das verliert der andere. Nach diesem Prinzip ist nur soundso viel vorhanden, und das wird eines Tages verbraucht sein, so daß wir alle bei Null ankommen.

Wettkämpfer handeln nach diesem Prinzip. Ihr Neid läßt sie jedes Gespür dafür verlieren, daß genug vorhanden ist. Sie denken: „Wenn du ein größeres Stück bekommst, wird für mich nur ein kleineres übrigbleiben." Behalten Sie aber im Gedächtnis, daß beim überwiegenden Teil der besten Dinge des Lebens kein Mangel herrscht. So gibt es in den meisten Familien genug elterliche Liebe für alle Kinder. Freundschaften, Ideen und Interessen können miteinander geteilt werden, ohne daß irgendeiner zu kurz kommt. Versuchen Sie, diese ausgewogene Perspektive im Blick zu behalten, wenn Sie mit Wettkämpfern zu tun haben.

Konzentrieren Sie sich auf Ihre eigenen Ziele

Wenn Leute, die in ihrem Beruf an der Spitze stehen, über ihre Motivation reden, sprechen sie oft von der Arbeit selbst und selten davon, daß sie andere übertreffen. Das gilt nicht für Wettkämpfer. Was sie motiviert, ist die Frage, wie sie im Vergleich zu ihren Konkurrenten dastehen. Das läßt natürlich wenig Raum, sich in der Befriedigung über eine gut geleistete Arbeit auszuruhen. Für Wettkämpfer ist eine Arbeit nie abgeschlossen, solange sie nicht die Leistung aller anderen übertrifft. Und dazu kommt es nur selten.

Wenn Sie selbst diese tödliche Spirale vermeiden wollen, dann entscheiden Sie, was Sie erreichen wollen, und verfolgen Sie dann dieses Ziel. Ein „Gewinnen" sollte nur ein vorübergehender Meilenstein sein, an dem Sie Ihren Fortschritt beurteilen, aber nie ein Selbstzweck. Tappen Sie nicht in die Falle, sich mit anderen zu vergleichen, denn am Ende dieser Straße steht nicht der Erfolg, sondern nur Neid und Frustration.

Erregen Sie keinen Neid!

Krampfhafter Wetteifer ist ein Zeichen von Neid. Wenn Wettkämpfer ihr rivalisierendes Spiel beginnen, liegt es oft daran, daß Sie etwas besitzen, was sie sich wünschen. Es kann sich um etwas Erreichbares handeln, wie eine Position, oder es kann etwas Unerreichbares sein, zum Beispiel eine persönliche Eigenschaft wie Selbstvertrauen.

Was immer es sein mag – Sie können eine Kollision mit Wettkämpfern vermeiden, wenn Sie das, was ihren Neid weckt, nicht vor ihrer Nase baumeln lassen wie eine Möhre, die sie nicht erreichen werden. So etwas würde einen Wettkämpfer in Wut versetzen, und Sie müßten sich fragen, warum er immer versucht, Sie zu übertreffen. Soweit Sie es beeinflussen können, sollten Sie Ihre Erfolge nicht zur Schau stellen und vor Wettkämpfern damit prahlen. Denn wenn diese sich durch Ihre Erfolge bedroht fühlen, riskieren Sie nur, jede Chance auf eine vernünftige Beziehung zu ihnen zu verspielen. Es liegt in Ihrem eigenen Interesse, sich davor zu hüten.

> *„Widerstand ereifert den Enthusiasten; bekehren wird er ihn nie."*
> Friedrich Schiller

Lernen Sie die Stärken der Wettkämpfer schätzen

Zugegeben, es ist oft schwierig, Menschen zu schätzen, die das Gewinner-Verlierer-Konzept offenbar schon mit der

Muttermilch eingesogen haben. Aber die meisten Wettkämpfer bereichern jede Beziehung mit einigen hervorragenden Stärken.

Zum einen sind es Leute, die zupacken. Wettkämpfer sitzen nicht tatenlos herum und sehen zu. Wenn sie in irgendeinem Bereich herausgefordert werden, werden sie daran arbeiten, erfolgreich zu sein. Das kann auch Ihre Beziehung einschließen. Wettkämpfer, die genügend Selbsterkenntnis besitzen, werden sich intensiv darum bemühen, ihre Beziehungen zu verbessern.

Wettkämpfer haben auch strategisches Geschick und können hilfreiche Pläne und Programme entwickeln, von denen andere profitieren. Der Schlüssel liegt darin, ihre Wettkampfenergien in die richtige Richtung zu kanalisieren. Viele Wettkämpfer sind auch für einen Spaß zu haben. In ihren lichteren Momenten kann ihre wettkämpferische Veranlagung zum Sprungbrett scherzhaften Geplänkels und erinnernswerter Witze werden.

Betonen Sie die positiven Eigenschaften der Wettkämpfer in Ihrem Leben. Lassen Sie sich durch die Eigenschaften, die Ihnen gegen den Strich gehen, nicht davon abhalten, Wettkämpfer als Freunde zu genießen.

Querverweis

Weitere für den Umgang mit Wettkämpfern relevante Informationen finden Sie auch in den Kapiteln über den Kontrolletti, den Neidhammel, das Arbeitstier und die Dampfwalze.

DAS ARBEITSTIER:

macht immer Dampf, „malocht"
ununterbrochen und ist nie zufrieden

Keiner sah es kommen. Damals in den 50er Jahren, als der Wohlstand wuchs und die maschinelle Automatisierung am Arbeitsplatz Einzug hielt, warnten die Experten vor einem Übermaß an Freizeit. Mit Computern und anderen Extras der Bequemlichkeit ausgestattet, glaubten viele, auf eine Zeit geringerer Arbeit und größeren Vergnügens zuzusteuern. Amerikanische Soziologen gründeten sogar ein Institut, um sich auf die gefährliche Übersättigung mit Freizeit vorzubereiten, die sie voraussahen.

Die Zukunftspropheten hätten nicht weiter am Ziel vorbeischießen können. Berufstätige aller Sparten müssen heute endlos lange, ermüdende Stunden investieren. In den vergangenen fünfzehn Jahren schrumpfte die Freizeit eines Erwachsenen in Amerika um 40 Prozent – von sechsundzwanzig auf sechzehn Stunden pro Woche. Im Durchschnitt steckt ein Erwachsener siebenundvierzig Wochenstunden in die Arbeit (weit mehr als die 1973 angestrebte 40-Stunden-Woche). Und betrachtet man die Situation bei Selbständigen und Firmeninhabern, dann klettern die Zahlen sogar auf fünfundfünfzig Wochenstunden.

Arbeit ist aufreibend. Wir klagen darüber. Wir versuchen, sie zu vermeiden. Wir lassen uns krank schreiben, um ihr zu entfliehen. Doch nur eine kleine Minderheit von uns sagt, daß wir tatsächlich auf unseren Beruf verzichten könnten; wir arbeiten nicht nur, weil wir das Geld brauchen, sondern weil wir unsere Arbeit mögen. Das Modell „Arbeit gegen Geld" ist schon seit Jahrzehnten passé. Heute geht es Berufstätigen auch um Befriedigung und Erfüllung, nicht nur um Sicherheit. Unser Arbeitsdrang hat jedoch dazu geführt, daß

234

die Wochenenden, die traditionell der Freizeit und Erholung dienten, mit weiterer Arbeit gefüllt werden: mit Hausarbeiten und Besorgungen. Inzwischen fühlen sich viele Menschen am Sonntagabend nicht erholter als am Freitag.

Bei einem so hohen durchschnittlichen Arbeitsaufkommen ist schwer vorstellbar, daß manche Leute sogar noch wesentlich mehr arbeiten. Das sind die Arbeitstiere. Und für sie ist Arbeit eine Droge. Ohne können sie nicht leben. Sie sind süchtig.

„Endlich brauche ich mich nicht mehr vom Schnee daran hindern zu lassen, ins Büro zu kommen", erklärte Kevin. Er zeigte mir sein neues Auto mit Allradantrieb. In seiner Stadt schneit es zwar nicht besonders viel, aber wenn es mal Schneefälle geben sollte, wollte er sich dadurch nicht aufhalten lassen. „Früher hatte ich immer Wäsche zum Wechseln im Büro und verbrachte die Nacht dort auf einer Luftmatratze, wenn der Wetterbericht schlecht war", bekannte er. „Jetzt kann ich in meinem eigenen Bett schlafen und komme an verschneiten Tagen trotzdem ins Büro."

Weder Gott noch sein Chef verlangten die Intensität und Quantität an Arbeit, die Kevin beharrlich investierte. Doch Arbeit war sein Lebenselixier. Wenn er nach der Arbeit eine halbe Stunde schwimmen ging, dann diente das nur dazu, frische Energie zu bekommen und sich nach dem Abendessen wieder ans Werk zu machen. Kevin fuhr schnell, aß schnell und hielt sich nie lange mit einer Entscheidung auf. Ich kenne Leute, die von seiner Firma Briefe mit Datum vom 25. Dezember erhielten, weil Kevin Weihnachten zum großen Teil im Büro verbrachte – schließlich waren das „einige der produktivsten Tage des Kalenderjahres". Kevin war kein unangenehmer Mensch; er war eben nur ein Arbeitstier. Und mich ermüdete es schon, ihm nur zuzusehen.

Wenn Sie mit einem Menschen wie Kevin arbeiten oder mit einem Arbeitstier zusammenleben, verzweifeln Sie nicht. Diese arbeitsintensive Beziehung braucht Sie nicht gleich „umzubringen".

Die Anatomie eines Arbeitstieres

Mehr als 26 Millionen Amerikaner – fast die Hälfte der arbeitenden Bevölkerung in den Vereinigten Staaten – haben ihre berufliche Tätigkeit teilweise oder ganz nach Hause verlegt. Es ist eine regelrechte Völkerwanderung. Der Trugschluß lautet, daß das Leben besser wird und sich leichter steuern läßt, wenn wir Job und häusliche Tätigkeiten kombinieren können. Aber Forscher entdecken schnell, daß Arbeitstiere in jeden Winkel vordringen, sei es in einem Bürokomplex oder einer Ecke im Schlafzimmer.

Wie sehen Arbeitstiere innen drin aus? Sie sind unermüdlich, ständig unter Druck, kompetent, unzufrieden, ungeduldig, perfektionistisch, ruhelos und einschüchternd.

Unermüdlich

Bei Arbeitstieren drehen sich die Räder unaufhörlich. Ihr Motor steht nie still. Ihre Maschinen laufen pausenlos. Selbst wenn sie nicht an einem Projekt arbeiten, sind sie damit beschäftigt. Es zwickt sie, es treibt sie an, es läßt sie selten los. In der seelischen Schaltzentrale eines Arbeitstieres gibt es immer zumindest eine Notbesetzung, und diese Crew kennt keine Pause.

Ständig unter Druck

Jeder kann zum Arbeitstier werden, aber am häufigsten trifft man sie in potentiell stressigen Tätigkeitsfeldern an. Hochqualifizierte Leute wie Ärzte, Lehrer, Rechtsanwälte, Musiker und Computerprogrammierer sind besonders anfällig für eine Arbeitswut. Das gleiche gilt aber auch für Pastoren, Missionare und andere christliche Leiter. Es scheint, als kämen schwerbeladene Arbeitstiere nicht einmal in der Gemeinde zur Ruhe. Sie fühlen sich gedrängt, mehr zu tun – viel mehr –, als von ihnen erwartet wird oder nötig wäre.

236

Und ihre Geschäftigkeit überträgt sich auf andere. Arbeitstiere murren oft, daß ihre Kollegen nicht „mitziehen".

Kompetent

Da die meisten Arbeitstiere fachlich hochqualifiziert sind, beruht ihr Leben auf einer Kompetenz, die die meisten Menschen nicht besitzen. Ärzte und Buchhalter, die den ganzen Tag beschäftigt sind, lassen erkennen, daß sie in gewissen Dingen besser Bescheid wissen als andere. Und das tun sie in einer Sprache, die für Laien schwer zu verstehen und kaum zu hinterfragen ist. Mit ihrem Aufstieg auf der Erfolgsleiter wächst auch ihre unangetastete Autorität und das Gefühl von Kontrolle. Selbstvertrauen und eine gewisse Überheblichkeit gehören dann sozusagen zum Inventar. Wenn Arbeitstiere schließlich an der Spitze stehen, sehen sie auf andere herab.

Unzufrieden

Oscar Wilde schrieb einmal: „In dieser Welt gibt es nur zwei Tragödien. Die eine ist, daß man nicht bekommt, was man will, die andere, daß man es bekommt." Er versuchte Workaholics davor zu warnen, daß Erfolg sie nie befriedigen werde, so sehr sie sich auch dafür einsetzen mochten. Und er hat recht. Arbeitstiere werden immer versuchen, die nächste Sprosse zu erklimmen, und weil sie selten zufrieden sind, verbringen sie ihr Leben damit, sich ewig auf das Leben vorzubereiten.

Ungeduldig

Wußten Sie, daß die meisten von uns fünf Jahre ihres Lebens damit verbringen, Schlange zu stehen? Zwei Jahre verwenden wir auf den Versuch, Telefonanrufe zu beantworten, acht Monate verbringen wir mit Brieföffnen und ein Jahr mit der Suche nach verlegten Gegenständen. Nun, für durchschnittliche Leute mag das ganz in Ordnung sein, aber nicht für Arbeitstiere. Sie befinden sich ständig in Eile, sind manchmal mit mehr als einer Sache zugleich beschäftigt, rasen über dunkelgelbe Ampeln und führen die Sätze ihrer Gesprächspartner zu Ende. Dr. Archibald Hart, mein akademischer Mentor, schrieb, daß „die Krankheit der Hast und der zugrundeliegende Adrenalinüberschuß eine ebenso starke und letztlich so zerstörerische Droge sind wie Kokain oder Alkohol".

Perfektionistisch

Arbeitstiere können sich nicht damit zufriedengeben, einfach gut oder gar normal zu sein. Sie meinen, sie müßten die perfekten Eltern, die perfekten Ehepartner und die perfekten Mitarbeiter sein. Ihre Maßstäbe sind anspruchsvoll und unrealistisch; niemand könnte ihnen gerecht werden. Arbeitstiere versuchen es trotzdem. Sie gehen hart mit sich selbst ins Gericht, wenn ihnen irgendein Fehler unterläuft, und leiden unter enormen Schuldgefühlen, weil sie nicht besser sind. In fast jedem Projekt machen sie irgendein Detail ausfindig, das nicht ganz richtig ist, und erklären dann gleich das ganze Unterfangen für gescheitert.

> „Ehrgeiz ist eine so mächtige Leidenschaft in der menschlichen Brust, daß wir nie zu befriedigen sind, so hoch wir uns auch recken mögen."
> Niccoló Machiavelli

Ruhelos

Arbeitstiere sind dann am glücklichsten, wenn sie letzte Hand an ein fast abgeschlossenes Projekt legen. Aber täuschen Sie sich nicht! Arbeitstiere freuen sich nicht etwa darauf, ihren Erfolg zu genießen oder sich zu entspannen; sie haben schon den nächsten Punkt auf ihrer endlosen Liste von Erledigungen im Visier. Selbst wenn sie ein Zeitplus erwirtschaftet haben, kommen sie nicht zur Ruhe.

„Nach den ersten paar Verabredungen", erzählte mir ein irritierter Mann von Ende Zwanzig, „fing Julie an, Arbeit zu unseren abendlichen Unternehmungen mitzubringen. Sie benahm sich ziemlich zappelig und fing dann an, Memos in ein Diktaphon zu sprechen oder eine Geschäftspartnerin per Handy anzurufen, während wir eigentlich romantisch den Mondschein auf meinem Balkon hätten genießen sollen."

Arbeitstiere sind immer und ewig ruhelos.

Einschüchternd

Bertrand Russell berichtete in seinem Essay „Eminent Men I Have Known" (Bedeutende Männer, die ich kannte), daß die beeindruckendste Person des öffentlichen Lebens, der er je begegnete, der britische Staatsmann William Gladstone war, ein eindeutiges Arbeitstier, mit dem er nach einem Essen einmal ein Glas Portwein trank. Russell war damals siebzehn und Gladstone achtzig.

„Lange saßen wir schweigend da", schreibt Russell, „bis er sich schließlich in seiner sonoren Baßstimme zu dieser einen und einzigen Bemerkung herabließ: ,Da haben sie mir einen sehr guten Portwein gegeben, aber warum haben sie ihn mir in einem Rotweinglas gereicht?' . . . Nie wieder habe ich eine solche Angst empfunden."

Arbeitstiere haben eine Art, anderen solche Gefühle zu vermitteln.

Kennen Sie ein Arbeitstier?

Der folgende Test kann Ihnen helfen zu ermitteln, ob Sie sich in einer arbeitsintensiven Beziehung zu einem Arbeitstier befinden. Identifizieren Sie die Person, die Ihnen beim Lesen der bisher genannten Merkmale in den Sinn kam. Kreuzen Sie „J" an, wenn eine Beschreibung auf diese Person zutrifft. Kreuzen Sie „N" an, wenn die Aussage sich nicht auf die betreffende Person beziehen läßt.

J N Diese Person nimmt manchmal berufliche Unterlagen (Papiere, Fachschriften, Laptop) mit in den Urlaub oder ins Bett.

J N Hat diese Person erst einmal eine Arbeit begonnen, wird sie nicht mehr ruhen, bis sie abgeschlossen ist.

J N Diese Person muß immer mit irgend etwas beschäftigt sein.

J N Diese Person macht oft Überstunden.

J N Sowohl von sich selbst als auch von anderen erwartet diese Person Perfektion.

J N Diese Person hat nur wenige enge Freunde, mit denen sie über ihre Gefühle sprechen kann.

J N Es scheint, als wäre diese Person unfähig, bei Arbeit nein zu sagen.

J N Diese Person wirkt unerbittlich ruhelos.

J N Viele Leute fühlen sich durch die Produktivität und sachlich-nüchterne Art dieser Person verunsichert.

J N Diese Person hängt sich immer an der einen Kleinigkeit auf, die an einer Sache zu bemängeln ist.

J N   Man könnte meinen, so wie wir nach einem lan-
       gen, anstrengenden Projekt herunterschalten
       sollten, legt diese Person einen Gang zu, um ein
       neues in Angriff zu nehmen.

J N   Diese Person versucht, mehrere Dinge gleichzei-
       tig zu tun.

J N   Ich habe manchmal den Eindruck, daß diese Per-
       son auf andere herabsieht und sie als weniger
       wichtig betrachtet als sich selbst.

J N   Diese Person lebt extrem zeitbewußt.

J N   Ich mache mir manchmal Gedanken um die kör-
       perliche und emotionale Gesundheit dieser Per-
       son.

Auswertung: Addieren Sie alle Aussagen, die Sie mit Ja beantwortet haben. Wenn es zehn oder mehr sind, befinden
Sie sich mit Sicherheit in einer belastenden Beziehung zu einem Arbeitstier.

Ein Arbeitstier verstehen

Meine seelsorgerliche Beratung erstreckt sich manchmal
über Wochen, wenn nicht Monate. Anders bei Robert und Teresa, die sich seit einem Jahr kannten und in ihrer Beziehung
ein ständiges Auf und Ab erlebten. Sie baten telefonisch um
ein einzelnes Gespräch, zur „Klärung der Verhältnisse", wie
Robert es nannte. Sie wollten eine schnelle Auswertung ihrer
Beziehung, nichts weiter. Ich machte keine Versprechungen,
erklärte mich aber zu einem Gespräch bereit.

Bald erfuhr ich, daß Teresa die Idee gehabt hatte, eine Beratung in Anspruch zu nehmen, und man brauchte kein

241

Sigmund Freud zu sein, um festzustellen, daß Robert sehr widersprüchlich war. Teresa, die als Juristin in einem Unternehmen tätig war, berichtete, daß Robert, ebenfalls ein Wirtschaftsjurist, von Anfang an die Gewohnheit gehabt hatte, Verabredungen in letzter Minute abzusagen.

„Lange Zeit dachte ich mir nichts dabei", erklärte Teresa mir. „Wir waren beide in unseren Firmen in derselben Situation und wußten, wie es ist, wenn dringende Aufgaben zu erledigen sind. Eine juristische Tätigkeit nimmt einen oft völlig in Anspruch." Allmählich fiel Teresa jedoch auf, daß sie sich bemühte, einen Teil ihrer knapp bemessenen Zeit für Robert freizuhalten, während er ihr nicht dieselbe Aufmerksamkeit schenkte.

> „Ehrgeiz ist eine Lust, die nie zu stillen ist, sondern durch den Genuß noch glühender und rasender wird."
> Thomas Otway

Das Problem lag aber nicht bei Teresa; das Problem war, daß Robert nicht ohne Arbeit leben konnte. Wir sprachen kurz über seine Arbeitsbesessenheit, und Teresa erkannte rasch, daß ihre Beziehung nirgendwohin führte. Beide schienen irgendwie erleichtert, daß diese Tatsache offen ausgesprochen worden war, zumal sie es eigentlich schon geahnt hatten, bevor sie mein Büro betraten. Teresas abschließende Bemerkung, als sie zur Tür hinausging, war ziemlich schnippisch: „Da werde ich wohl durch eine Reihe juristischer Aktennotizen ersetzt werden."

Sie hatte recht. Während ich mir einige fachliche Notizen machte, stellte ich mir selbst die Frage, wie dieser junge Rechtsexperte seine Arbeit einer intelligenten und liebenswerten Frau vorziehen konnte. Die Antwort, wurde mir bewußt, lag eigentlich auf der Hand: Als Arbeitstier war für Robert außer seinem Beruf alles andere zweitrangig. Der Beruf erhielt sogar größere Bedeutung als Beziehungen. Was hatte ihn so weit gebracht?

Arbeitstiere sind von einem Gefühl der Minderwertigkeit geprägt. In vielen Fällen sind sie in Familien aufgewachsen, in denen die Eltern hohe Maßstäbe setzten und manchmal streng oder kritisch waren. Im Laufe der Kindheit wurde das Selbstwertgefühl dieser Menschen vermutlich ausgehöhlt, und sie lernten, sich selbst nicht mehr wertfrei wahrzunehmen. Das heißt, sie konnten sich selbst nur lieben, wenn sie erfolgreich und perfekt waren.

Infolge ihres schwankenden Selbstwertgefühls setzten solche Menschen irgendwann das, was sie sind, mit dem gleich, was sie tun. Und bei jedem Erfolg (gute Noten, bester Abschluß, eine hervorragende Anstellung, eine Beförderung) fühlten sie sich etwas besser, hoffnungsvoller, wenn auch nur für einen kurzen Moment. Bedauerlicherweise verstärkt ihr Erfolg die irrige Annahme, Erfolg sei das Maß aller Dinge – auch der Maßstab für den Wert eines Menschen. Das Leben wird für ein Arbeitstier zu einer einzigen großen Bilanz von Verdiensten und Anerkennungen. Und am Ende stehen sie mit der Frage da, ob es sich gelohnt hat. Vielleicht verwirklichen sie tatsächlich alle ihre Träume, vielleicht übertreffen sie sie sogar; aber sie werden sich immer noch die Frage stellen, ob das alles gewesen sein soll.

Jahr für Jahr beobachte ich die College-Studenten in meinem Unterricht in dem Wissen, daß sie keine akademische Ausbildung machen, um ihre Einsicht zu vertiefen und ihren Horizont zu erweitern, sondern um eine höhere Einkommensstufe zu erreichen. Ich fürchte um ihre Zukunft, weil sie dabei möglicherweise lernen, ihren Wert mit ihren Leistungen gleichzusetzen.

> *„Die meisten Menschen würden in kleinen Dingen erfolgreich sein, wenn sie sich nicht mit großen Ambitionen plagten."*
> Henry Wadsworth Longfellow

Verschiedene Autoren haben über das „Hochstapler-Phänomen" geschrieben, den Eindruck vieler erfolgreicher Menschen, ihre Erfolge seien unverdient und eines Tages würden andere sie als die Schwindler entlarven, die sie eigentlich seien. Trotz aller äußeren Zeichen des Erfolgs fühlen Arbeitstiere sich innerlich hohl. Nie können sie zur Ruhe kommen und sich über ihre Leistungen freuen. Sie brauchen einen Erfolg nach dem anderen, um das Gefühl zu haben, daß sie in Ordnung sind, und diese innere Stimme zum Schweigen zu bringen, die ihnen ständig einredet: „Wenn andere Leute dich wirklich kennen würden, dann wüßten sie, was für ein Heuchler du bist."

Für die meisten Menschen ist Arbeit ein Mittel zum Zweck, doch bei Arbeitstieren wird sie zum Selbstzweck. „Den Bedürfnissen meiner Familie gerecht werden" oder „Jesus dienen" wird zu einer rationalen Rechtfertigung für ihre Sucht nach immer mehr Arbeit und Leistung. Die meisten Arbeitstiere verleugnen ihre unablässige Geschäftigkeit und verteidigen ihre Arbeitsgewohnheiten als „normal" oder sogar als „Bemühen um Vorzüglichkeit".

> „Kommt alle zu mir, die ihr euch plagt und schwere Lasten zu tragen habt. Ich werde euch Ruhe verschaffen ... Denn mein Joch drückt nicht, und meine Last ist leicht."
> Matthäus 11,28.30

Unter allen Arbeitstieren, die ich kenne, würden nur wenige offen zugeben, daß die Anerkennung ihrer Leistungen (Titel, Ehren, Beförderungen) oder ein angeknackstes Selbstwertgefühl eine entscheidende Rolle bei der Entstehung ihrer Arbeitsethik gespielt hat. Wenn man sie aufforderte, die Beweggründe für ihre harte Arbeit zu nennen, würden sie seltsamerweise den Anschein erwecken, auf eine solche Frage überhaupt nicht vorbereitet zu sein. Ihre erste Antwort könnte lauten, daß sie darüber eigentlich nie richtig nachgedacht hätten. Aber tief drinnen wissen sie, daß die stärkste Triebkraft in ihrem Leben der Drang nach Bestätigung und Anerkennung ist.

Während meiner psychologischen Ausbildung hielt ein bekannter, sehr renommierter und geschätzter Wissenschaftler einen sehr scharfsinnigen Vortrag über Schizophrenie für die Krankenhaus-Praktikanten. An weite Teile seines Vortrags kann ich mich überhaupt nicht erinnern, aber ich werde nie vergessen, was der Redner gegen Ende seiner Ausführungen sagte. Er schaltete den Overheadprojektor aus, lehnte sich über das Podium und gab eine überraschende Erklärung vor den angehenden Wissenschaftlern ab: „Man bat mich, Ihnen von meinen neuesten Erkenntnissen zu berichten, und das habe ich getan. Lassen Sie mich nun etwas hinzufügen, wovon ich wünschte, man hätte es mir damals gesagt, als ich an Ihrer Stelle war. Sie können sich im Lauf Ihrer Karriere einige Frustration ersparen, wenn Sie sich die Frage stellen, aus welchem Grund Sie das tun, was Sie tun. Seit über dreißig Jahren habe ich darum gerungen und gekämpft, auf meinem Gebiet einen entscheidenden Fortschritt zu erzielen, und mancher würde sagen, daß mir das gelungen ist." Im Hörsaal war es totenstill. „Doch erst vor kurzem ist mir klargeworden, daß ich meinen eigenen Wert nicht an der Zahl der Artikel messen kann, die ich veröffentlicht habe, noch an der Zahl der Menschen, die mir für meine Leistungen Beifall spenden." Das war alles. Er sammelte seine Vortragsnotizen zusammen und setzte sich. Wir waren sprachlos.

Es dauerte eine Weile, bis wir seine Botschaft verdaut hatten, aber es ließ sich nicht bestreiten, daß er in dieser Gruppe energisch vorwärtsdrängender Studenten einen Nerv getroffen hatte.

Mit Arbeitstieren klarkommen

Eine New Yorker Firma kündigte kürzlich die Entwicklung einer Armbanduhr an, die uns auf Trab hält. Sie ist mit einem Alarm versehen, der ihren Träger regelmäßig mit angenehmer Musik daran erinnert, daß die Zeit verrinnt. Wenn der Träger die Uhr bei Erklingen der Musik nicht neu einstellt oder in einer anderen Weise reagiert, ertönt ein zweiter Alarm, und eine aufgezeichnete Stimme sagt: „Bitte schnell! Bitte weitermachen!"

Arbeitstiere haben so einen beängstigenden Ansporn natürlich nicht nötig. Und Sie aller Wahrscheinlichkeit nach auch nicht, denn das bloße Zusammenleben oder das Arbeiten mit einem Arbeitstier genügt, um die meisten von uns mit Sorge und dem Streßvirus zu infizieren. Was können wir dagegen unternehmen? Erfreulicherweise gibt es eine ganze Reihe von Strategien, mit denen Sie arbeitsintensive Beziehungen zu Arbeitstieren besser bewältigen können.

Stellen Sie sich dem Arbeitstier in Ihnen selbst

Charlie ging mir früher immer auf die Nerven, weil er aus eigenem Antrieb fast unerfüllbare Termine für Projekte festlegte und dann von allen Beteiligten erwartete, so gnadenlos zu schuften wie er, um sie einhalten zu können. Ich brauchte eine ganze Weile, bis ich merkte, daß Charlies Art mich eigentlich nur deshalb so störte, weil ich es selbst oft genauso machte. Zu dieser Einsicht mußte mir erst ein anderer Mitarbeiter verhelfen, aber als er das tat, brachte ich auf einmal viel mehr Geduld für Charlie auf. Gewiß hat er in vieler Hinsicht mehr von einem Arbeitstier als ich, aber schon die Erkenntnis, daß ich mich in seinen hochtourigen Arbeitsstil hineinversetzen konnte, brachte mich einen entscheidenden Schritt weiter in die Richtung, ihn akzeptieren zu können und mich nicht verärgern zu lassen.

Tatsache ist, daß viele von uns die Tendenz zeigen, zu drängen und ungeduldig zu arbeiten. Sobald wir uns dieser Tatsache gestellt haben, schaffen wir die Voraussetzung für eine hilfreiche Dosis Verständnis – und das ist ein wichtiger Schritt zu einem effektiveren Umgang mit Arbeitstieren.

Versuchen Sie, Schritt zu halten, und treten Sie andernfalls zurück

Der Kontakt zu Arbeitstieren läßt sich mit Radfahren vergleichen – sobald man nicht mehr in die Pedale tritt, fällt man um. Weil die Arbeitswut in solchen Menschen so tief sitzt, ist es oft am leichtesten, mit dem Strom zu schwimmen und nach Möglichkeit Schritt zu halten – oder aus dem Weg zu gehen, falls man dieses Tempo nicht durchhalten kann. Wenn Sie, anders ausgedrückt, Ihr Limit erreicht haben und ein Arbeitstier Sie zu ständig höheren Leistungen antreibt, dann stecken Sie die Grenze ab.

„Ich habe für dieses Projekt jetzt getan, was ich konnte", können Sie zum Beispiel sagen. „Wenn Sie noch mehr wollen, dann müssen Sie sich in einer anderen Richtung umschauen. Tut mir leid." Erlauben Sie sich selbst, zurückzutreten, und lassen Sie die anderen weitergehen. Versuchen Sie nicht, Schritt zu halten, wenn Ihre Kräfte erschöpft sind. Damit würden Sie die Sache für das Arbeitstier und sich selbst nur noch schlimmer machen. Außerdem erhöhen Sie Ihre Produktivität nicht gerade, wenn Sie weiter geschäftig sind, nachdem Sie Ihre Arbeit erledigt haben.

Daran wurde ich bei einer Parisreise erinnert, als ich die französische Redewendung kennenlernte: „Im Zweifelsfall galoppieren!" Dahinter steckt der Gedanke, daß man um so bessere Ergebnisse erzielt, je aktiver man ist. Das ist natürlich ein Fehlschluß – ein Mythos, nach dem Arbeitstiere leben. Sie glauben, um so mehr erledigen zu können, je härter sie arbeiten. Robert Pearse von der Boston University hat dafür den Begriff „Schweiß-Syndrom" geprägt.

Doch es läßt sich keine direkte Verbindung zwischen harter Arbeit und positiver Leistung voraussetzen. Das amerikanische Wortspiel „work smarter, not harder" (arbeite klüger, nicht härter) hat seine Wurzeln in der Einsicht in diesen Fehlschluß. Ich kenne sogar Menschen, die für Arbeitstiere tätig sind und in der Hälfte der Zeit mehr leisten als diese.

Akzeptieren Sie, daß Sie auch nur ein Mensch sind

Die hohen Erwartungen und das erbarmungslose Drängen von Arbeitstieren läßt wenig Raum für Fehler. Dr. David Burns, ein Psychiater aus Philadelphia, spricht von Personen, „deren Maßstäbe unerreichbar oder unvernünftig hoch sind."[1] Sie streben zwanghaft und mit unerbittlicher Anstrengung nach unmöglichen Zielen und erwarten von anderen dasselbe.

Aber tappen Sie nicht der Lüge in die Falle, Sie müßten perfekt sein. Wer das tut, begibt sich in eine ausweglose Situation. Warum? Weil Sie, wenn Sie hinter diesem Ziel zurückbleiben (und das wird zwangsläufig der Fall sein), denken werden: „Was für ein Idiot ich doch bin; ich kriege aber auch gar nichts hin." Erlauben Sie sich statt dessen, unvollkommen zu sein, ein Mensch zu sein.

Einer meiner Bekannten hat eine Vorliebe für die Kultur Marokkos, und von ihm habe ich unter anderem gelernt, daß Marokkaner eine tolle Art haben, sich selbst daran zu erinnern, daß sie nur Menschen sind: Sie umgeben sich mit großartigen Teppichen, die sorgfältig in einzigartigen Designs gearbeitet sind. Aber jeder dieser Teppiche enthält absichtliche Fehler! Die Teppichknüpfer weben absichtlich Unvollkommenheiten in ihre Meisterwerke, um sich daran zu erinnern, wie anmaßend es wäre, vollkommen sein zu wollen. Ihnen gilt sogar schon der Versuch der Perfektion als Anmaßung. Die Fehler, die in die Teppichmuster eingewebt sind, rufen ihnen ins Gedächtnis, daß Menschen nun einmal Menschen sind und nur Gott Gott ist.

> „Vielleicht liegt der Lohn des Geistes, der sich bemüht, nicht im Ziel, sondern in der Übung."
> E. V. Cooke

Ein solcher Webfehler wäre für jeden, der beruflich oder privat mit schweißtreibenden Arbeitstieren zu tun hat, eine wertvolle Hilfe.

Vergessen Sie den Spaß an der Sache nicht, auch wenn Arbeitstiere dafür nichts übrig haben

Arbeitstiere haben eine Art, jeder Unternehmung die Freude zu entziehen. Was als spielerischer Zeitvertreib ge-

dacht war – wie zum Beispiel der Besuch in einem Vergnü-
gungspark –, entartet zu einer Herausforderung.

Ich kenne einen Mann, der mit seiner Familie einmal jähr-
lich ins Disneyland fährt, und zwar an dem Tag, an dem es
voraussichtlich am wenigsten Besucher geben wird. Er hat
seine eigene Strategie, wie man jede Attraktion am effektivsten nutzt, und hat für den ganzen Tag einen genauen Plan
vorbereitet. Soviel zum Thema Spontaneität. Er ist der einzige Mensch, den ich kenne, dem es gelingt, diesen Festtag
am fröhlichsten Ort der Welt in einen Bürotag zu verwandeln.

Also, wenn Sie solche Leute kennen oder mit ihnen zusammenleben, dann lassen Sie sich von ihnen nicht um Ihre
Freude bringen. Seien Sie fest entschlossen, trotz der Veranlagung solcher Menschen die schönen Seiten der Arbeit und
des Lebens zu genießen. In Amerika haben einige Unternehmen sogar spezielle Vorsorge dafür getroffen, ihren Arbeitstieren zu mehr Spaß und Freude zu verhelfen: Die
Palette reicht von Massagen gegen verspannte Schultern in
beruflichen Stoßzeiten über Kostümbälle bis zu Hula-
Hoop-Wettbewerben. Ein spezieller Firmenführer mit dem
Titel „Die hundert angestelltenfreundlichsten Unternehmen
in Amerika" enthält Dutzende von Beispielen für Spaß und
Spiel in vielen führenden Unternehmen der Vereinigten
Staaten.

Die Sache ist nämlich die: Wer auch am Arbeitsplatz mal
lachen kann, braucht sich selbst nicht mehr ganz so ernst zu
nehmen. Spaß muß sein.

Achten Sie auf das, was zwischen den Zeilen gesagt wird

Bei vielen Arbeitstieren wird Arbeit zum Betäubungsmittel
gegen emotionalen Schmerz, und manchmal dient sie als
Barriere, um andere fernzuhalten und sich nicht ehrlich mit
Beziehungen auseinandersetzen zu müssen. Vielleicht ist
das die traurigste Nebenwirkung einer Arbeitswut.

Sie können jedoch dazu beitragen, die emotionale Lähmung abzubauen, wenn Sie die Kunst des reflektierenden Zuhörens erlernen. Das ist so einfach, daß Sie schon heute damit beginnen können. Es geht darum, nicht nur den Worten zuzuhören, die ein Arbeitstier ausspricht, sondern auch auf die dahinterliegenden Gefühle zu achten.

Wenn jemand zum Beispiel sagt: „Die Leute erledigen einfach ihre Aufgaben nicht", dann neigt man normalerweise dazu, das Problem lösen zu wollen. Beim reflektierenden Zuhören legt man das Problemlösen zunächst beiseite, konzentriert sich auf die Empfindungen hinter den Worten und sagt beispielsweise: „Das klingt, als wären Sie über Ihre Kollegen enttäuscht." Eine schlichte Rückmeldung dieser Art zeigt einem Arbeitstier, daß Sie ihm ernsthaft zuhören und ihn wirklich zu verstehen versuchen. Und je mehr Sie diese Art des Zuhörens praktizieren, desto größere Sicherheit vermitteln Sie dem anderen, und desto geringer wird die Wahrscheinlichkeit, daß Sie ihn verletzen. Nur wenige Dinge werden sich in Ihren Beziehungen zu Arbeitstieren als hilfreicher erweisen als aufmerksames Zuhören, das nicht nur auf Worte achtet, sondern auch auf die Gefühle, die sich dahinter verbergen. Reflektives Zuhören wirkt wie Balsam auf die gehetzte Seele. Es hilft den Menschen, herunterzuschalten und allmählich mit den Dingen in Berührung zu kommen, die sie zu solcher Rastlosigkeit treiben.

In den Sprüchen steht: „Gibt einer Antwort, bevor er gehört hat, ist es Torheit und Schande für ihn" (Sprüche 18,13). Und im Neuen Testament werden wir aufgefordert: „Jeder Mensch soll schnell bereit sein zu hören, aber zurückhaltend im Reden" (Jakobus 1,19). Wenn man mit Arbeitstieren zu tun hat, ist dieser Rat eine solide Grundlage.

Lassen Sie Gnade walten

Die Erfolgsethik eines Arbeitstieres befindet sich auf direktem Kollisionskurs mit dem Evangelium. Christus kam nicht, um diejenigen zu retten, die durch eigene Anstrengung zum Erfolg kommen. Er kam, um die Armen, Blinden und Entblößten zu retten. Das Evangelium spricht mit keinem Wort über eine Belohnung für das Belohnenswerte. Es handelt vom Geschenk des Lebens an die Verlorenen und die Toten. Und es handelt von einem Königreich, dessen Prioritäten auf den Kopf gestellt sind: Die Letzten werden die Ersten sein, und wer sein Leben verliert, wird es gewinnen.

Arbeitstiere haben Gottes Gnade aus den Augen verloren. Selbst als Christen ringen sie noch darum, sich Gottes Geschenk der Gnade doch irgendwie zu verdienen. Arbeitstiere finden, daß sie arbeiten müssen, um Gottes Gnade zu bekommen, um irgendwie zu beweisen, daß sie ihrer würdig sind. Ich las kürzlich von einem College-Studenten, der seinen Müll im Hof eines Mietshauses zu verbrennen versuchte, um die Gebühren für die Müllabfuhr zu sparen. Was dieser Student jedoch nicht wußte, war, daß der Müll in dieser kanadischen Stadt kostenlos entsorgt wurde. Ähnlich versuchen auch Arbeitstiere, den Müll in ihrem Leben zu entsorgen. Sie arbeiten fieberhaft, um zu verstecken, was sie loswerden wollen, nämlich das Gefühl der Unzulänglichkeit und die Selbstvorwürfe. Es fällt ihnen außerordentlich schwer zu erkennen, daß Gott jedem Menschen eine „kostenlose Müllabfuhr" anbietet.

„Menschen ermüden sich selbst auf der Jagd nach Ruhe."
Laurence Sterne

Stellen Sie klar, worum es wirklich geht

Oft verlieren Arbeitstiere ihr Ziel aus den Augen. Sie verheddern sich derart in der Dringlichkeit ihrer Bestrebungen und der Produktivität, daß sie alle Zeichen völlig übersehen, die ihnen zeigen, daß sie schon am Ziel angekommen sind. Ein Pastor fragte einmal ein prominentes Mitglied seiner Gemeinde: „Wann immer ich Sie sehe, haben Sie es eilig.

Sagen Sie mir, wohin rennen Sie denn die ganze Zeit?" Der Mann erwiderte: „Ich renne dem Erfolg hinterher, der Erfüllung, dem Lohn für all meine harte Arbeit." Der Pastor entgegnete: „Das ist eine gute Antwort, wenn Sie davon ausgehen, daß diese erstrebenswerten Dinge vor Ihnen liegen und daß Sie sie erhaschen können, wenn Sie nur schnell genug laufen. Aber könnte es nicht sein, daß diese Dinge hinter Ihnen liegen, Ihnen nacheilen und um so größere Mühe haben werden, Sie einzuholen, je schneller Sie rennen?"

Für Arbeitstiere ist Glück ein Luftschloß, das sich verflüchtigt, je näher sie ihrem Ziel kommen.

Könnte es nicht tatsächlich sein, daß Gott alle möglichen wunderbaren Geschenke für Arbeitstiere vorbereitet hat – gutes Essen und atemberaubende Sonnenuntergänge und Blumen, die im Frühling aus dem Boden sprießen, und Blätter, die sich im Herbst färben –, während die Arbeitstiere auf ihrer Jagd nach dem Glück so unablässig auf Trab sind, daß Gott sie zu Hause nicht antrifft, um die Geschenke zu überreichen?

In der Bibel steht: „Lernt von den Lilien, die auf dem Feld wachsen: Sie arbeiten nicht und spinnen nicht. Doch ich sage euch: Selbst Salomo war in all seiner Pracht nicht gekleidet wie eine von ihnen" (Matthäus 6,28–29).

Und Paulus ruft geistlichen Arbeitstieren in Erinnerung: „Aus Gnade seid ihr durch den Glauben gerettet, nicht aus eigener Kraft – Gott hat es geschenkt –, nicht aufgrund eurer Werke, damit keiner sich rühmen kann" (Epheser 2,8–9).

Geben Sie der Familie ihren rechtmäßigen Platz

In seinem hilfreichen Buch „Ordering Your Private World" (Die private Welt ordnen) schreibt der Pastor und Autor Gordon MacDonald: „Ein getriebener Mensch verfängt sich normalerweise in der unkontrollierten Jagd nach weiterer Entfaltung . . . und hat selten einen Augenblick Zeit, sich über das bislang Erreichte zu freuen. Er ist normalerweise zu beschäftigt, um gewöhnliche Beziehungen in Ehe, Familie oder Freundschaften zu pflegen … von der Beziehung zu Gott ganz zu schweigen."[2]

Der zwanghafte Charakter arbeitswütiger Menschen kann sich auf jede Beziehung äußerst zerstörerisch auswirken. Nehmen wir einmal ihr Familienleben. Häufig sind der Ehepartner und die Kinder eines Arbeitstieres verärgert, frustriert oder deprimiert, weil sie sich abgelehnt und ungeliebt fühlen. Unter Umständen lassen die Kinder sich auf üble Dinge wie Drogenmißbrauch, planlosen Sex oder sogar Selbstmordabsichten ein, nur um die Aufmerksamkeit des Arbeitstieres zu gewinnen. Arbeitstiere verstehen dies natürlich nicht, weil sie der Meinung sind, sie gäben ihren Kindern doch „alles, was sie sich je wünschen können". Das heißt natürlich: alles außer dem Arbeitstier selbst.

Wenn Sie mit einem solchen Partner zusammenleben, lassen Sie nicht zu, daß er den Preis einer zerrütteten Familie zu zahlen hat. Schweigen Sie nicht länger. Halten Sie einen Spiegel hoch, in dem der Betreffende sich selbst sehen kann und wahrnimmt, was seine Arbeitswut Ihnen und den Kindern antut. Seien Sie sanft, aber geradeheraus. Und lassen Sie das Arbeitstier selbst vorschlagen, auf welche Weise es mehr ungestörte Zeit zu Hause verbringen kann (das heißt, unbehelligt von Telefon, Fax oder Computer).

Reflektieren Sie Ihre eigenen Träume

In „Seasons of a Man's Life" (Entwicklungsphasen im Leben eines Menschen) betrachtet der Entwicklungspsychologe Dr. Daniel Levinson die mittleren Jahre eines Erwachsenen als Chance, „der Tyrannei des Traums" abzuschwören und auf einer realistischeren Basis erfolgreich zu werden. Er schreibt: „Wenn ein Mensch nicht länger das Gefühl hat, er müsse bemerkenswert sein, ist er freier, er selbst zu sein und nach seinen eigenen Wünschen und Talenten zu arbeiten."[3]

Das ist eine Lektion, die Arbeitstiere lernen müssen. Bedauerlicherweise können Sie nur wenig tun, um sie dabei zu unterstützen. Es ist eine Lektion im Leben, die eher erfahren werden muß, als daß sie gelehrt werden könnte.

Sie können allerdings Ihre eigenen Träume in Gegenwart des Arbeitstieres erforschen, in der Hoffnung, daß einige Erkenntnisse aus Ihrer eigenen Erfahrung abfärben. Ein solcher Versuch ist natürlich von vornherein zum Scheitern verurteilt, wenn Sie nicht ehrlich sind. Aber Ihre authentische Selbsterforschung kann Arbeitstieren neue Einsichten vermitteln. Einen der besten Ansätze wählen Sie dabei, wenn Sie an die Weisheit des Betreffenden appellieren und ihn um entsprechende Kommentare zu Ihren Überlegungen bitten. Erzählen Sie ihm beispielsweise bei einer Tasse Kaffee von der Vision, die Sie als junger Mensch hatten, von Ihrem Traum, etwas Besonderes zu werden. Vielleicht wurde dieser Traum von Eltern oder Lehrern gepflanzt, oder er entsprang Ihrer eigenen Vorstellung. Sprechen Sie über Ihre damaligen Hoffnungen, daß Ihre Arbeit auf Anerkennung stoßen und Ihre Kinder sich vorbildlich entwickeln würden. Erwähnen Sie dann, wie Sie nun lernen, was Forschungen nachgewiesen haben: daß Sie nie glücklich sein können, solange Sie nicht aufhören, die Leistungen Ihres realen Lebens an Ihrem Traum zu messen.

Wenn Sie ein solches Gespräch führen und das Arbeitstier aufrichtig um ein Feedback bitten können, springt der Funke einer inneren Selbstprüfung vielleicht auch auf das Arbeitstier über.

Zeigen Sie eine dankbare Einstellung

Beruflicher Erfolg erhöht die Gefahr, sich auf eigenes Fachwissen und Geschick zu verlassen. Wir vergessen, daß jede erfahrene Gunst, jeder größere Durchbruch ebenso auf Gottes Gnade wie auf unseren eigenen Anstrengungen beruht. Letztlich ist alles, was wir tun, nur möglich, weil er uns die Voraussetzungen dazu geschenkt hat.

„Im Himmel", schrieb Robert Farrar Capon, „gibt es . . . keine aufrechten Erfolgsmenschen, die kraft ihrer eigenen Integrität in den großen himmlischen Countryclub aufgenommen wurden. Da gibt es nur Versager, nur solche, die ihren Tod in ihren Sünden akzeptiert haben und vom König auferweckt wurden, der selbst starb, damit sie leben können."

Das ist etwas, das Arbeitstiere leicht vergessen. Und obwohl Sie die Arbeitstiere in Ihrem Leben nicht daran erinnern können, können Sie es ihnen durch Ihr eigenes Vorbild vor Augen führen. Sie können Ihre Dankbarkeit für Gottes Geschenke zum Ausdruck bringen. Sie können Ihre günstigen Lebensumstände anerkennen. Wenn Sie das tun, erkennen Arbeitstiere, daß Sie sich nicht selbstgefällig auf Ihre eigenen Anstrengungen verlassen, um erfolgreich zu sein. Und während sie Sie beobachten, kann es geschehen, daß sie es Ihnen einfach nachmachen.

> *„Der Mensch sieht, was vor den Augen ist, der Herr aber sieht das Herz."*
> (1. Samuel 16,7)

Knüpfen Sie ein Sicherheitsnetz

Nicht jeder, der Sonderschichten einlegt, ist arbeitssüchtig. Manche Menschen werden durch die Arbeit, mit der sie ihren Lebensunterhalt verdienen, inspiriert und mit neuem Tatendrang erfüllt, und ihr Wohlbefinden und das Gefühl der Erfüllung sind ein Beweis, daß sie sich damit nicht in eine selbstzerstörerische Aktivität stürzen. Doch bei anderen fällt die Diagnose unterschiedlich aus. Jede Art von Arbeitstier kann im Umgang problematisch sein, doch die letzteren muß man unter Umständen schützen.

Das sind die Arbeitsbienen, deren Körper revoltieren. Ihre langen Arbeitsstunden, schlaflosen Nächte und das gnadenlose Regiment haben ihren Körper so weit gebracht, daß er zurückschlägt. Sie fühlen sich übermüdet, ohne sich entspannen zu können. Nachts schlafen sie nur in Intervallen und wachen immer wieder mit dem Gedanken an die Arbeit auf. Oder noch schlimmer: Sie stehen mitten in der Nacht auf und stürzen sich in die Arbeitsunterlagen, die sie mitgebracht haben.

> *„Ein in ständiger, mühevoller Arbeit verbrachtes Leben ist ein vergeudetes Leben, es sei denn, ein Mensch wäre so töricht, eine geschmacklose Todesanzeige als reichliche Belohnung zu betrachten."*
> George Jean Nathan

Häufige Kopfschmerzen, Magenbeschwerden, Rückenschmerzen oder ähnliches sind Warnsignale, die auf destruktive Arbeitsgewohnheiten hindeuten.

Wenn die Arbeitstiere in Ihrem Leben zu dieser Kategorie gehören, sind sie dabei, sich zu ruinieren. „Ich glaube, daß die Herzerkrankungen vieler Menschen im Kopf beginnen", sagt der Herzspezialist Dean Ornish. Er muß es wissen. In den vergangenen Jahren hat dieser Internist an der University of California versucht, die verstopften Arterien von Herzpatienten durch eine radikale Veränderung ihrer Lebensweise zu entschlacken. Die Arbeitstiere, die er behandelt, werden als Persönlichkeitstyp A bezeichnet. Solche Menschen sind anfällig für Herzerkrankungen und brauchen Hilfe. Wenn Sie das an Arbeitstiere erinnert, die Sie kennen, dann bitten Sie diese eindringlich, ärztliche Hilfe in Anspruch zu nehmen.

Halten Sie die Hoffnung wach

Falls Sie entmutigt sind, lassen Sie sich ermuntern. Es besteht Hoffnung für Arbeitstiere. Erwägen Sie einmal folgenden bekannten Abschnitt aus den Schriften des Apostels Paulus: „Doch was mir damals ein Gewinn war, das habe ich um Christi willen als Verlust erkannt" (Philipper 3,7).

Worüber schrieb Paulus hier? Er war doch gewiß kein Arbeitstier, oder? Ich nehme an, daß er in seinen frühen Jahren sehr wohl eines war. Er beschreibt sich selbst als „Pharisäer nach dem Gesetz". Das ist etwa so, als würde man von einem „Arzt nach allen Regeln der Kunst" oder einem „Prediger unter den Predigern" sprechen; mit anderen Worten war er unter den Pharisäern einer, der herausragte. Stolz zählte er auf, was ihn alles auszeichnete. Er hatte alle Traditionen erfüllt, die man von einem Pharisäer erwartete: Im Alter von acht Jahren war er beschnitten worden; er stammte aus einer rein jüdischen Familie, aus dem Stamm Benjamin; er hatte alle jüdischen Gebote und Gebräuche strikt eingehalten (Philipper 3,4–6). In seinen jungen Jahren war Paulus ein Zelot gewesen, ein entschieden leistungsorientierter Eiferer.

Doch auf der Straße nach Damaskus bekehrte sich der Pharisäer Saulus, und diese Erfahrung veränderte sein Leben. Er änderte sogar seinen Namen: Aus Saulus, dem Pharisäer, wurde Paulus, der Missionar. Der Verfolger war nun ein Verkündiger der Guten Nachricht. Er war noch immer ein Mann voller Leidenschaft und Tatendrang. Es war dieser Eifer, der ihm die Energie gab, in ganz Kleinasien Gemeinden zu gründen und den christlichen Glauben auszubreiten. Der Unterschied war jedoch, daß Paulus eine größere Ausgewogenheit besaß und ein neues Ziel vor Augen hatte: Gott zu vertrauen und ihn zu verherrlichen, statt sich selbst Ehre zu verschaffen. Eine grundlegende Entscheidung verwandelte sein Leben: „Doch was mir damals ein Gewinn war, das habe ich um Christi willen als Verlust erkannt. Ja noch mehr: Ich sehe alles als Verlust an, weil die Erkenntnis Christi Jesu, meines Herrn, alles übertrifft. Seinetwegen habe ich alles aufgegeben und halte es für Unrat, um Christus zu gewinnen" (Philipper 3,7–8).

Querverweis

Weitere im Hinblick auf Arbeitstiere relevante Informationen finden Sie auch in den Kapiteln über den Wettkämpfer, die Dampfwalze und den Kontrolletti.

DIE FLIRTNUDEL:

kokettiert und spielt mit dem Feuer; macht Annäherungsversuche, die an Belästigung grenzen können

Stellen Sie sich folgende Situation vor: Sie und Ihr Mann fahren nach einer Party nach Hause, als er diese Frau erwähnt. „Die Frau von Wie-hieß-er-doch-gleich, die mit dem hübschen Lächeln", so beschreibt er sie. Als ob Sie noch eine Beschreibung brauchten. „Du meinst diese Person, die mit jedem Mann auf der Party geflirtet hat?" geben Sie zurück. „Geflirtet?" fragt er in kindlichem Erstaunen. „Was meinst du mit ‚geflirtet'?" Das ist der Punkt, an dem Sie sagen: „Tu doch nicht so. Hast du das etwa nicht kapiert? Willst du behaupten, du hättest das nicht gesehen?" „Was denn gesehen?" fragt er. „Na, sie. Du hast nicht bemerkt, wie sie dir die Hand auf den Arm legte, um jede alberne Bemerkung zu unterstreichen, die sie von sich gab? Du hast nicht bemerkt, wie sie dich anhimmelte, als wärst du John F. Kennedy junior? Du hast nicht bemerkt, wie sie dich zu einem Idioten machte? Du hast nicht bemerkt, daß sie eine Flirtnudel war?"

Und Sie haben nicht bemerkt, daß Sie angefangen haben zu schreien. Als Sie zu Hause ankommen und sich eine Tasse Tee machen, legt Ihr Mann sanft seinen Arm um Ihre Schulter und fragt Sie: „Ist alles in Ordnung, Schatz?" Sie fühlen sich ein bißchen lächerlich. Vielleicht haben Sie überreagiert. Vielleicht war sie eine nette Frau ohne Hintergedanken, und Sie haben ihr Verhalten falsch interpretiert. Dann klingelt das Telefon. Es ist Wendy, eine Freundin, die ebenfalls auf der Party war. „Also, diese Frau! Es ist nicht zu glauben", sagt sie. Erst da bestätigen sich Ihre Vermutungen: Die Frau ist eine Flirtnudel.

Flirten, jenes kokette Spiel, mit dem traditionell eine Liebesbeziehung eingeläutet wird, kann andere regelrecht aus der Fassung bringen, wenn es in einem anderen Kontext geschieht. Wenn eine andere Frau mit Ihrem Ehemann flirtet – und sei es noch so harmlos –, ist das kein Kompliment, sondern eine Bedrohung. Die Flirtnudel hat kein Recht, mit Ihrem Mann zu schäkern, selbst wenn dieses Verhalten ihr scheinbar nicht bewußt ist. Aber das ist Flirtnudeln gleichgültig. Sie lächeln immer und kommen anderen zu nahe. Sie respektieren keine Grenzen und wissen nicht, wann sie sich zurückziehen müssen. Personen des anderen Geschlechts betrachten sie als Trophäen.

Aber die weibliche Flirtnudel steht nicht allein da. Absolut nicht. Auch Männer können Flirtnudeln sein. Und nicht selten ist ihr schäkerndes Verhalten sogar viel ungehöriger als das einer Frau. Es ist offenkundiger und kann an Belästigung grenzen.

Nita Heckendorn ist eine Ausnahmefrau; sie durchbrach die „gläserne Barriere", die so oft weibliche Führungskräfte daran hindert, die Spitzenpositionen der amerikanischen Wirtschaft einzunehmen. Vom ersten Tag ihrer Einstellung bei einer großen Medikamentenfirma an stieg sie rasch durch die männerdominierten Ränge auf. Mit 47 Jahren hatte sie als Strategie-Konzeptionistin so gute Arbeit geleistet, daß sie zur stellvertretenden Geschäftsführerin ernannt wurde und für mehr als 48 000 Angestellte sowie einen Etat von 3,8 Milliarden Dollar verantwortlich war. Mit 50 faßte sie den letzten großen Schritt ins Auge: Sie strebte energisch nach der Spitzenposition als Hauptgeschäftsführerin.

> *„Schmeichelei ist eine Art Falschgeld, das unsere Eitelkeit in Umlauf bringt."*
> François de La Rochefoucauld

Doch dazu sollte es nie kommen. Nita Heckendorn rannte gegen eine massive Wand sexueller Belästigung an. Männliche Direktoren nannten sie wiederholt „Puppe", und einer forderte sie sogar auf, sich bei einer Direktionsbesprechung auf seinen Schoß zu setzen. Handelte es sich dabei um harmloses Flirten oder sexuelle Belästigung? Darüber reden sich im Moment alle die Köpfe heiß. Sexuelle Belästigung am Arbeitsplatz ist das Thema in den Medien, und in Amerika gab es schon einige spektakuläre Prozesse wegen solcher Fälle. Da merkt man schon, daß das „harmlose Flirten" so harmlos anscheinend doch nicht ist!

Inzwischen weiß es wohl jeder: Was einige Männer als harmloses Geplänkel betrachten, empfinden die meisten Frauen als Belästigung. Das ist natürlich immer schon so gewesen, aber nun haben wir es schwarz auf weiß. Nach einer neueren Studie an der Bucknell University ist andererseits ein Flirt für Männer eine ernstere Angelegenheit als für die meisten Frauen. Ihr Ego steht stärker auf dem Spiel, und das Ganze wird zu einer Art Eroberung. Für Frauen dagegen ist Flirten eher eine spielerische Beschäftigung. Es ist ein Selbstzweck und kein Mittel zum Zweck.

Ob es sich um einen Mann oder eine Frau handelt, die problematische Beziehung zu einer Flirtnudel steckt voller vielschichtiger Botschaften und Mißverständnisse.

Die Anatomie einer Flirtnudel

Ob die Flirtnudeln, die Sie kennen, Ihren Ehepartner in ihren Bann ziehen oder auch Sie selbst am Arbeitsplatz belästigen – mehrere Eigenschaften sind ihnen gemeinsam: sie sind raffiniert, eitel, nach Aufmerksamkeit haschend, einsam, verführerisch, machthungrig und opportunistisch.

Raffiniert

J. P. Bolduc war ein Schäker wie jeder andere, bevor er seine Arbeitsstelle verlor. Als Hauptgeschäftsführer eines großen

260

Chemiekonzerns war er dafür berüchtigt, Frauen „geschickt" in unangenehme Positionen zu manövrieren. Weibliche Angestellte, die er kaum kannte, pflegte er beispielsweise zur Begrüßung in eine ungewollte Umarmung zu ziehen, wenn sie ihm die Hand reichten.[1] Viele Flirtnudeln haben ihre eigene, versteckte Art, sich das zu verschaffen, was sie haben wollen.

Eitel

So unglaublich es klingen mag: Flirtnudeln betrachten ihr aufdringliches Verhalten als etwas, wofür andere Menschen dankbar sein sollten. Oft sind sie völlig von ihrer äußeren Erscheinung eingenommen und von ihrem Selbstbild fasziniert. Ein eingefleischter Schäker, der ganz mit sich selbst beschäftigt ist, reagiert fassungslos, wenn eine Frau sich seinem Charme verweigert. Flirtnudeln sind nicht einfach unbescheiden; sie können schamlos eitel sein.

Nach Aufmerksamkeit haschend

„Sie ist die Frau mit den kürzesten Röcken und den tiefsten Ausschnitten", beschreibt ein Bekannter Cindy. „Auf Partys ist sie diejenige, die man aller Wahrscheinlichkeit nach auf irgendeinem Schoß wiederfindet, der ihr bislang unbekannt war und mit dem sie auch nicht vorhat, nach Hause zu gehen." Wie alle Flirtnudeln liebt Cindy die Aufmerksamkeit, die sie auf sich lenkt. Jede Strategie, die das Scheinwerferlicht auf sie zieht, ob durch Kleidung, Konversation oder Verhalten, ist einer Flirtnudel recht.

Einsam

Eine weibliche Flirtnudel ist eher bereit zuzugeben: „Ohne einen Mann, der sich für mich interessiert, fühle ich mich so einsam." Aber der aufdringliche männliche Schäker ist oft genauso einsam. Albert Einstein bemerkte einmal: „Es ist seltsam, so bekannt und doch so einsam zu sein." Flirtnudeln könnten eigentlich dasselbe sagen. Sie sind zwar meistens sehr bekannt, fühlen sich aber nicht wirklich angenommen.

Verführerisch

Wer möchte nicht gefallen? Wir alle fühlen uns besser, wenn wir wissen, daß andere Menschen uns mögen und mit uns zusammensein möchten. Das ist der Grund, weshalb Flirtnudeln manchmal so verführerisch sein können. Sie stellen die Falle auf, indem sie an das fundamentale Bedürfnis eines Menschen appellieren, gebraucht zu werden – und in einem unbedachten Augenblick tappt das ahnungslose Opfer hinein.

Schließlich ist Flirten ein reizvolles Spiel und auch ein Kompliment zwischen den Geschlechtern.

Machthungrig

„Ich fühle mich einfach vitaler und wichtiger, wenn ein neuer Mann mich unwiderstehlich findet", bekannte eine erklärte Flirtnudel. Wie die meisten Flirtnudeln war sie der Ansicht, daß es beim „Erhaschen" von Herzen gar nicht so sehr um Liebe geht als vielmehr um Macht – Macht über Männer und andere Frauen. Flirtnudeln beziehen ein eigenartiges Gefühl der Stärke aus der Tatsache, daß sie eine Beziehung – und sei es nur für kurze Zeit – mit ihren Anspielungen und zweideutigen Bemerkungen dominieren.

Opportunistisch

Haben Sie sich je von einer Flirtnudel in die Ecke gedrängt gefühlt? Wenn ja, geschah es vermutlich nicht ganz zufällig. Flirtnudeln verstehen sich darauf, Sie im geeigneten Moment abzupassen. „Darf ich Sie auf dem Weg zum Supermarkt begleiten?" „Interessant, was Sie da bei der Besprechung gesagt haben. Können wir mal beim Mittagessen weiter darüber sprechen?" Solche Leute werden keine Gelegenheit verstreichen lassen, Sie allein zu treffen und ihren Charme zu erproben.

Potiphars Frau ist ein treffendes biblisches Beispiel einer Flirtnudel. Sie warf „ihren Blick auf Josef und sagte: Schlaf mit mir!" Josef weigerte sich. Als sie ihn an seinem Gewand packte, ließ er es fallen, um ihr zu entfliehen. Daraufhin beschuldigte sie Josef, er habe ihr nachgestellt!

> *„Josef war schön von Gestalt und Aussehen. Nach einiger Zeit warf die Frau seines Herrn ihren Blick auf Josef und sagte: Schlaf mit mir!"*
> (1. Mose 39,6–7)

Sie mißbrauchte ihre Macht, indem sie beharrlich versuchte, Josef zu verführen (1. Mose 39). Flirtnudeln verhalten sich oft taktisch und opportunistisch.

Kennen Sie eine Flirtnudel?

Der folgende Test kann Ihnen helfen zu ermitteln, ob Sie sich in einer arbeitsintensiven Beziehung zu einer Flirtnudel befinden. Identifizieren Sie die Person, die Ihnen beim Lesen der bisher genannten Merkmale in den Sinn kam. Kreuzen Sie „J" an, wenn eine Beschreibung auf diese Person zutrifft. Kreuzen Sie „N" an, wenn die Aussage sich nicht auf die betreffende Person beziehen läßt.

J N Mir schaudert schon, wenn ich nur in die Nähe dieser Person komme.

J N Diese Person zieht sich oft verführerisch an.

J N Am glücklichsten ist diese Person, wenn sie mit Menschen des anderen Geschlechts spricht.

J N Diese Person hascht nach Aufmerksamkeit.

J N Ich habe den Eindruck, daß diese Person mich manchmal absichtlich in unbehagliche Situationen bringt.

J N Diese Person überschreitet allgemein respektierte Grenzen.

J N Maßnahmen gegen sexuelle Belästigung nimmt diese Person auf die leichte Schulter.

J N Diese Person läßt anzügliche Bemerkungen fallen.

J N Diese Person gibt sich selbstbewußt.

J N Ich habe gehört, wie andere Leute Bemerkungen über unerwünschte und unangebrachte Berührungen durch diese Person fallenließen.

J N Ich habe diese Person bei lüsternen Seitenblicken ertappt.

J N Diese Person ist dafür bekannt, daß sie schlüpfrige Witze macht.

J N In Gegenwart dieser Person fühle ich mich gedrängt, meinen Ehepartner in Schutz zu nehmen.

J N Diese Person scheint die Macht zu genießen, die sie mit ihren Flirts ausübt.

Auswertung: Addieren Sie alle Aussagen, die Sie mit Ja beantwortet haben. Wenn es zehn oder mehr sind, befinden Sie sich mit Sicherheit in einer belastenden Beziehung zu einer Flirtnudel.

Eine Flirtnudel verstehen

Neal, ein Pastor, war ein Klient, den ich früh in meiner Ausbildung kennenlernte. Ein Supervisor wertete unsere Sitzungen intensiv aus, und das war gut so. Neal nahm eine Therapie in Anspruch, weil er enorme Probleme mit seiner Frau hatte. Nach vierzehn Jahren Ehe war Lori soweit, daß sie ihn verlassen wollte, wenn er nicht Hilfe in Anspruch nahm. „Ich weiß nicht, was ich tun soll", erklärte mir Neal. „Sie reagiert extrem eifersüchtig, sobald ich mit anderen Frauen zu tun habe. Es ist schon so weit, daß sie sich weigert, mit mir in den Gottesdienst zu kommen, weil sie glaubt, daß ich im Foyer mit Frauen flirte."

> *„Sexualität ist zu einem der meist diskutierten Themen der modernen Zeit geworden.*
> *Die Viktorianer taten so, als gäbe es sie nicht; die modernen Menschen tun so, als gäbe es nichts anderes."*
> Bischof Fulton J. Sheen

Mehrere Wochen arbeitete ich mit Neal daran, wie er mit seiner übertrieben eifersüchtigen Frau umgehen sollte. Sie weigerte sich, zu den Gesprächen mitzukommen, was meiner Auffassung nach ihr Persönlichkeitsproblem bestätigte. Also arbeiteten Neal und ich in Einzelgesprächen weiter. Ich half ihm, verschiedene Strategien zu praktizieren, um die Verdächtigungen seiner Frau auszuräumen. In unserer siebten oder achten Sitzung sagte ich ihm jedoch, daß wir meiner Meinung nach unsere Gespräche beenden sollten. „Solange Ihre Frau sich weigert zu kommen, denke ich, daß wir so ziemlich alles unternommen haben, was man tun kann", erklärte ich. Er war derselben Ansicht, und wir vereinbarten einen abschließenden Termin.

Als er zu dieser Sitzung erschien, wirkte er müde. „Geht es Ihnen gut?" erkundigte ich mich, als ich ihn im Wartezimmer begrüßte. „Letzte Nacht habe ich kaum geschlafen", erwiderte er. „Ich bin aufgestanden, um Ihnen diesen Brief zu schreiben. Hier, bitte." Er reichte mir drei kaum leserlich beschriebene Seiten auf gelbem Notizpapier. Ich warf einen kurzen Blick darauf, während wir den Flur entlanggingen, und reichte es ihm zurück, als wir mein Büro betraten. „Wie wäre es, wenn Sie es mir vorlesen würden, Neal?" schlug ich vor. Er brauchte fast die gesamte Sitzung, um unter Tränen sein Bekenntnis einer homosexuellen Begegnung vorzulesen, zu der es fast zwanzig Jahre zuvor mit einem Zimmernachbarn im Studentenwohnheim gekommen war. Es war nur ein einziges Mal vorgekommen, und er hatte diese Erfahrung sogar seiner Frau verschwiegen. Neal schluchzte hemmungslos, und seine Schultern bebten. „Das ist der eigentliche Grund, weshalb ich Sie aufgesucht habe", sagte er.

Nur eine leidenschaftliche Liebe zur Reinheit kann einen Menschen vor unreiner Leidenschaft bewahren.

Im selben Augenblick fügte sich für mich das Puzzle zusammen. Neals Frau hatte sich das Ganze also doch nicht eingebildet. Neal hatte seine Angst, ein Homosexueller zu sein, dadurch zu kompensieren versucht, daß er tatsächlich mit jeder Frau flirtete, die ihm über den Weg lief. Es war seine Art, sich selbst zu beweisen, daß er kein Homosexueller war.

Dieses Beispiel soll nicht besagen, daß jeder Mann, der ständig flirtet, damit seine Angst vor Homosexualität kompensieren würde. Der Punkt ist, daß die meisten Fälle übertriebenen Flirtverhaltens auf einen zugrundeliegenden psychologischen Auslöser hindeuten. Mit anderen Worten sind solche Menschen nicht unbedingt auf eine Affäre aus. Oft handeln sie aus einer tiefen Unsicherheit und dem Bedürfnis nach Aufmerksamkeit. Und ein Flirt ist ein leichter Weg, sich diese zu verschaffen.

„Habe ich Ihnen schon gesagt, wie gut Sie in diesem Kleid aussehen?" fragt ein Schäker, wobei er Ihnen so nahe rückt, daß Sie seinen Atem an Ihrem Ohr spüren. Ekelhaft, denken Sie, während Sie zurückweichen. Was hat denn der für Probleme?

Sein Problem könnte sein, daß er für Sie nicht mehr als ein tägliches Übel darstellt oder daß er sich von seiner Mutter nie akzeptiert und anerkannt fühlte oder daß er in einer Midlife-Krise steckt – oder was es sonst noch an tausendfältigen Ursachen geben könnte. Es läßt sich kaum mit Gewißheit feststellen, weil Flirten für den, der es tut, nicht immer Flirten bedeutet. Flirtende Gesten sind oft zweideutig. Möglicherweise ist das Problem bei diesem Mann wie bei den meisten Schäkern einfach eine andere Wahrnehmung. Er nimmt sein Verhalten gar nicht als unangemessene Annäherung wahr.

In den meisten Fällen wollen solche Menschen anderen gar nicht zu nahe treten. Eine Studie der American Psychological Association ergab 1985, daß Männer viermal häufiger als Frauen davon ausgehen, daß die Leute, mit denen sie flirten, sich durch ihre sexuellen Avancen geschmeichelt fühlen, und viermal seltener damit rechnen, daß ihr Gegenüber sich beleidigt oder abgestoßen fühlen wird.

In einer Studie der Kansas State University wurde eine Videoaufnahme eines Kaufhausmanagers gezeigt, der eine Mitarbeiterin schulte. Die Forscher stellten fest, daß die Männer, denen sie das Video zeigten, die Auszubildende für wesentlich verführerischer, erotischer und koketter hielten als die Frauen, die das Video sahen. Außerdem gingen sie davon aus, daß die Auszubildende an einer weiterführenden Beziehung mit dem Manager interessiert sei, während die Frauen der Meinung waren, daß es ihr nur um ein freundschaftliches Arbeitsverhältnis gehe.

Man muß noch etwas anderes in bezug auf Flirtnudeln verstehen: Wenn sie aufgrund ihrer Position Macht besitzen, mißbrauchen sie diese oft. Und das ist Nötigung. Man spricht auch von Quidproquo-Ausnutzung, wenn ein Vorgesetzter deutlich macht, daß Sie sich auf eine Verabredung einlassen müssen, wenn Sie in Ihrem Beruf weiterkommen möchten oder ihn nicht sogar ganz verlieren wollen.

Flirts, die an sexuelle Belästigung grenzen, gehen aber nicht nur von Arbeitgebern aus. Auch die Kirche ist übrigens nicht von solchen Verhaltensweisen ausgenommen. In einer Doktorarbeit am Fuller Theological Seminary bekannten sich 37 Prozent der befragten Pastoren zu unschicklichen sexuellen Verhaltensweisen gegenüber einem Gemeindemitglied.

König David ist vielleicht das hervorstechendste biblische Beispiel eines Mannes, der seine Macht für seine sexuellen Gelüste mißbrauchte. Als er Bathseba sah, wollte er sie haben. Und weil er der König war, mußten alle seinen Befehlen gehorchen.

Beiläufiges, impulsives, spontanes Geplänkel zwischen Männern und Frauen ist nicht immer leicht zu klassifizieren. Es liegt in seiner Natur, schnell zu eskalieren und in manchen Fällen gefährlich außer Kontrolle zu geraten. Aber wenn Sie mit mehr oder weniger aufdringlichen Flirtnudeln oder Schäkern zu tun haben, wissen Sie, wieviel Unbehaglichkeit und Kummer sie hervorrufen können. Hier sind einige Vorschläge, wie solche Beziehungen besser zu bewältigen sind.

Mit Flirtnudeln klarkommen

Wenn Flirtnudeln oder Schäker Ihnen am Arbeitsplatz sexuelle Avancen machen, wie können Sie dann gelassen bleiben und in beruflich angemessener Weise reagieren? Wenn jemand plötzlich seinen Charme spielen läßt und sich an Ihren Mann oder Ihre Frau heranmacht, wie können Sie das amouröse Geplänkel dieser Person in taktvoller Weise mäßigen?

Wenn solche Leute das nächste Mal etwas sagen oder tun, was Ihnen zu weit geht, haben Sie mehrere Möglichkeiten. Einige der folgenden Vorschläge beziehen sich ausschließlich auf das berufliche Umfeld, andere auf das Eheleben. In beiden Fällen können Sie verschiedene Schritte unternehmen, um mit der arbeitsintensiven Beziehung zu Flirtnudeln fertig zu werden.

Stellen Sie sich dem Flirter in Ihnen selbst

Unter allen arbeitsintensiven Beziehungen ist es bei dieser wohl am schwierigsten, sich entsprechende Züge bei sich selbst einzugestehen. Denn wenn Sie in einer solchen Beziehung stecken, fühlen Sie sich wahrscheinlich von den verletzenden und belästigenden Verhaltensweisen abgestoßen. Versuchen Sie aber, sich zu erinnern, wie Sie in Ihrem eigenen Leben Ihren Charme haben spielen lassen. Bestimmt haben auch Sie irgendwann in Ihrem Leben versucht, die Aufmerksamkeit des anderen Geschlechts auf sich zu lenken. Und das ist natürlich auch normal. Erinnern Sie sich aber auch, was für ein gutes Gefühl es war, als Ihr Gegenüber positiv darauf reagierte? Behalten Sie das im Gedächtnis, während Sie sich bemühen, mit Flirtnudeln besser klarzukommen.

Stellen Sie sich der ernsten Seite des Flirtens

Vielleicht denken Sie: „Was macht es schon, wenn man mal ein bißchen herumflirtet?" Vielleicht glauben Sie, daß es nichts schaden kann, wenn Sie sich Ihrerseits auf einen kleinen Flirt einlassen.

Falls Sie das tun, spielen Sie mit dem Feuer. Flirten ist erotisch und weckt sofort eine Atmosphäre sexueller Erregung zwischen zwei Menschen, die dafür offen sind. Das ist ja genau das eigentlich Attraktive bei einem Flirt. Biologen haben kürzlich sogar entdeckt, daß es mehr als eine Metapher ist, von der „Chemie" zwischen einem flirtenden Paar zu sprechen. Flirten löst eine Reihe hormoneller und neuronaler Reaktionen aus, wie sie normalerweise mit angenehmen sexuellen Aktivitäten verbunden sind. Wenn Sie also nicht gerade mit einem Menschen flirten, mit dem Sie sich tatsächlich näher einlassen möchten, dann machen Sie sich klar, daß der „harmlose kleine Flirt" zu einem Desaster werden kann.

Suchen Sie die Schuld nicht bei sich

Oft haben die Opfer von notorischen Flirtern das Gefühl, sie müßten etwas falsch gemacht haben, daß sie so aufdringlich behandelt werden. Vielleicht stellen Sie sich nach einer solchen Situation ähnliche Fragen. „Was habe ich getan, um ein derartiges Verhalten zu provozieren? Habe ich irgend etwas gesagt? Lag es an der Art, wie ich gekleidet war? Sollte ich kein Parfüm mehr benutzen? Sollte ich den Kollegen mit größerer Distanz begegnen? Bin ich als Ehepartner nicht gut genug?"

Selbst wenn Sie sich streng an den beruflichen Verhaltenskodex gehalten haben, und selbst wenn Sie ein idealer Ehepartner sind, mögen Sie sich Gedanken machen, ob die Schuld nicht bei Ihnen liegen könnte. Aber das ist ganz sicher nicht der Fall. Lassen Sie es mich ohne Umschweife sagen: Wenn Sie zur Zielscheibe eines unangemessenen Flirtverhaltens geworden sind, dann suchen Sie die Schuld nicht bei sich.

Lassen Sie sich nie in die Ecke drängen

Eine der besten Schutzmaßnahmen gegen Flirtattacken ist eine vorbeugende Reaktion. Wenn Sie das Problem lösen, bevor es beginnt, werden Sie sich eine Menge emotionaler Spannungen ersparen. Obwohl es manchmal der Fall ist, erscheinen die meisten Flirtnudeln nicht ohne jede Vorwarnung auf der Bildfläche. Sie wissen zum Beispiel bestimmt, wer in Ihrem Freundes- und Bekanntenkreis ein notorischer Flirter ist. Sie haben Geschichten gehört oder Verhaltensweisen bemerkt, die Sie aufhorchen lassen. Wenn Ihre innere Antenne stimmt, dann ist es am besten, wenn Sie diesen Leuten einfach aus dem Weg gehen. Lassen Sie es nicht dazu kommen, daß Sie – oder Ihr Ehepartner, wenn die Dinge so liegen – mit einer Flirtnudel allein sind. Benutzen Sie irgendeine Entschuldigung, um dem Flirter keine Gelegenheit für einen Schachzug zu geben.

Zeigen Sie die Zuneigung zu Ihrem Ehepartner offen

Wenn Sie verheiratet sind (oder eine feste Beziehung haben) und dann einer Flirtnudel begegnen, können Sie auf eine der effektivsten Techniken zurückgreifen, um kokette Annäherungsversuche zu zerstreuen. Ganz gleich, ob Sie am Arbeitsplatz, in der Gemeinde oder sonstwo sind, bei dieser Technik haben Sie die

> *„Tatsachen hören nicht auf zu existieren, wenn man sie ignoriert."*
> Aldous Huxley

größten Chancen, den Flirt im Keim zu ersticken: Zeigen Sie Ihre Zuneigung zu Ihrem Partner bewußt ganz offen. Wenn Sie zusammen sind, halten Sie sich an der Hand. Wenn Ihr Ehepartner nicht anwesend ist, sprechen Sie immer wieder über ihn oder sie. Beugen Sie vor, indem Sie im Büro Fotos von Ihrem Partner aufstellen. Vor allem aber sollten Sie Ihren Partner nie in Gegenwart einer Flirtnudel kritisieren, weil diese das als Zeichen deuten kann, daß Sie in Ihrer Ehe oder Beziehung nicht glücklich sind und eventuell nach einer neuen Liebschaft Ausschau halten.

Lassen Sie sich nicht zum Opfer machen

Eine Verwaltungsangestellte erinnerte sich an den Morgen, an dem ihr Chef unerwartet in ihrem Büro auftauchte. Sie bot ihm an, ihm eine Tasse Kaffee zu bringen. Als sie sich vorbeugte, um ihm die Tasse auf den Tisch zu stellen, „streifte er mein Bein mit der Hand". Das war kein Zufall, kommentierte sie. „Als ich ihn ansah, grinste er mich breit an." Schockiert stapfte sie aus dem Zimmer und unternahm nichts weiter. Da überrascht es nicht, daß ihr Chef solche Verhaltensweisen fortsetzte, bis sie aus völliger Hilflosigkeit kündigte. Wenn man einen solchen Flirter nicht beim ersten Anzeichen eines ungebührlichen Verhaltens zur Rede stellt, wird er damit weitermachen. Wenn Sie nicht zur Zielscheibe werden wollen, müssen Sie gleich bei der ersten anzüglichen Geste Grenzen ziehen. Denn sagen Sie nichts, geben Sie dem Flirter zu verstehen, daß er mit Ihnen leichtes Spiel haben wird.

> *„Sinnliche Freuden sind wie Seifenblasen, sprühend, schillernd. Die Freuden des Geistes sind still, anmutig, erhaben, von immerwährender Dauer und steigen hinauf zu den Grenzen der sichtbaren Welt."*
> John H. Aughey

Viele Frauen erleben immer wieder solche unangenehmen Szenen mit männlichen Flirtnudeln, weil sie ihren Gefühlen nicht auf den Grund gegangen sind und weil sie einfach nicht „Halt!" gesagt haben. Eine Umfrage der amerikanischen Zeitschrift „Working Woman" (Die berufstätige Frau) zeigt, daß nur 26 Prozent der Frauen, die sagen, daß sie zum Opfer aufdringlicher Avancen geworden sind, diesen Vorfall melden. Die übrigen bleiben passive Opfer.

Halten Sie eine passende Antwort bereit

Wenn Sie in Ihrem Beruf Flirtnudeln begegnen, dann benutzen Sie eine Äußerung wie diese: „Einen Moment mal. Ich denke, wir sollten als Kollegen einmal offen darüber reden, was da gerade abgelaufen ist."

Eine solche Äußerung versetzt Sie nicht in die Lage, peinlich berührt oder moralisierend reagieren zu müssen, sondern erstickt den Flirt im Keim und legt den weiteren Gesprächsverlauf in Ihre Hand. Sie holt das Geschehen auf eine sachliche Ebene zurück. Hinzu kommt, daß Ihr Gegenüber verblüfft sein wird, wie gefaßt und gelassen Sie sind. Flirtnudeln merken dann, daß Sie nichts anderes im Sinn haben als eine rein berufliche Arbeitsbeziehung. Wenn Sie so reagieren, wie oben vorgeschlagen, stellen Sie damit das freundschaftlich-kollegiale Verhältnis wieder her, das Sie brauchen, damit die betreffende Person Sie wieder als gleichwertig behandelt.

Finden Sie einen guten Kameraden

In der amerikanischen Filmkomödie „Frankie und Johnny" wird eine Kellnerin namens Frankie von einer Kollegin um Hilfe gebeten. Sie soll einen männlichen Gast in die Schranken weisen, der das Recht zu haben glaubt, mit jeder Frau zu flirten, die ihm das Essen serviert. Sofort schlägt Frankie ihrer Kollegin vor: „Du schüttest. Ich remple." Einen Zusammenprall vortäuschend überschütten die beiden den Mann mit Eiswasser.

Obwohl ich derart drastische Maßnahmen nicht unbedingt zur Nachahmung empfehlen möchte, würde ich Ihnen raten, mit jemandem darüber zu sprechen, wie unbehaglich Ihnen bei bestimmten Verhaltensweisen zumute ist. Sie brauchen einen Menschen, der auf Ihrer Seite steht.

> *„Angst ist der Sand im Getriebe des Lebens."*
> E. Stanley Jones

Es steht Ihnen zu, jemanden zu haben, der weiß, was passiert ist, und der das ernst nimmt. Es steht Ihnen auch zu, jemanden zu haben, der Sie emotional unterstützt und weiß, daß Sie es nicht verdient haben, von anderen so respektlos behandelt zu werden.

Unterscheiden Sie, was Flirten und was sexuelle Belästigung ist

Vor etwa 20 Jahren war sexuelle Belästigung wohl auch verbreitet, aber man benutzte diesen Begriff nur selten. Viele Menschen wußten nicht, wie sie überzogenes Flirtverhalten und entwürdigende sexuelle Annäherung bezeichnen sollten. Sobald es für Nötigung oder sexuelle Belästigung jedoch einen Namen gab, versuchten verschiedene Organisationen, genauer zu definieren, was unter diesen Begriff fällt.

Als sexuelle Belästigung gilt ein Verhalten mit Elementen wie „verbale sexuelle Anspielungen oder Witze, ständiges begehrliches Ansehen oder Begaffen, das ‚zufällige' Streifen des Körpers einer anderen Person, ein ‚freundlicher' Klaps oder Armdruck, den Arm um die andere Person legen, der Person schnell einen Kuß geben, wenn sie allein ist, unsittliche Anträge unter Androhung eines Arbeitsplatzverlustes und erzwungene sexuelle Beziehungen".

Solche Verhaltensweisen sind eine gesellschaftliche Schande und in jedem Fall unzulässig. Selbst wenn anzügliche Bemerkungen und Verhaltensweisen als Schmeichelei verhüllt werden, fallen sie unter den Begriff der sexuellen Nötigung. Wenn das geschieht, haben andere Menschen nicht nur Ihre Privatsphäre verletzt, sondern sich auch strafbar gemacht. Wenn dieser Punkt erreicht ist, haben Sie das gute Recht, eine Beschwerde einzureichen und gegebenenfalls sogar rechtliche Schritte zu unternehmen.

Querverweis

Weitere für den Umgang mit Flirtnudeln relevante Informationen finden Sie auch in den Kapiteln über das Chamäleon, den Neidhammel und die Dampfwalze.

DAS CHAMÄLEON:

hängt sein Fähnchen nach dem Wind, will es allen recht machen und vermeidet Konflikte

Monika und Ellen waren ungefähr sechs Wochen lang die besten Freundinnen. Sie lernten sich bei einer Einführungsveranstaltung für neue Mitarbeiter einer städtischen Bank kennen. Den ganzen Morgen wurden ihnen Vorträge und Videos über das Bankenprotokoll und die richtigen Verfahrensweisen präsentiert. Beim Mittagessen landeten die beiden Frauen gemeinsam in einer Sandwichbar. Als Monika ein Sardinensandwich bestellte, sagte Ellen: „Sardinen sind mein Leibgericht." „Sag bloß", erwiderte Monika.

> *„Wenn zwei Geschäftsmänner immer übereinstimmen, ist einer von beiden überflüssig."*
> William Wrigley jr.

„Und ich dachte immer, ich sei der einzige Sardinenfreak der Welt!" Schließlich teilten sie sich ein Sandwich und schienen sich auf Anhieb zu verstehen.

In den folgenden Wochen war Monika über ihre vielen Gemeinsamkeiten verblüfft. Sie und Ellen entdeckten immer mehr gemeinsame Interessen und hatten viel Spaß miteinander – bis Monika anfing zu begreifen. Ellen mochte nämlich alles, was Monika gefiel. Was immer Monika tun wollte, wollte Ellen ebenso. Aber es war mehr als das. Ellen begann, jedem Wunsch vorzugreifen, den Monika hatte. So kaufte sie ihr einen Toaster, weil Monika beiläufig erwähnt hatte, daß ihrer kaputt war. Ellen schenkte ihr ein Abonnement für eine Gartenillustrierte, weil Monika daran dachte, ihr Gemüse selbst zu ziehen. Offenbar konnte Monika sich nicht regen oder einen Wunsch andeuten, ohne daß Ellen darauf einzugehen versuchte. Allmählich wurde Monika das Ganze unheimlich. An diesem Punkt passierte es dann. Monika stellte Ellen zur Rede, und Ellen schluchzte: „Ich dachte, wir seien Freunde. Warum sprichst du so mit mir? Magst du mich nicht?" Monika fühlte sich scheußlich. „Natürlich mag ich dich", beschwichtigte sie Ellen. „Aber du hast mich mit deinem Verhalten fast verrückt gemacht."

Haben Sie so etwas je erlebt? Wenn ja, wissen Sie, wie schwierig die Beziehung zu einem Chamäleon ist, zu einem Menschen, der seine eigene Identität aufgibt, um so zu werden, wie Sie es seiner Meinung nach mögen. Wie Monika waren Sie wahrscheinlich zuerst überrascht, wieviel Sie mit dem Chamäleon gemeinsam hatten, wie stark Sie übereinzustimmen schienen. Übereinstimmung ist natürlich ein entscheidender Baustein für das Gelingen jeder Beziehung. Übereinstimmung vermittelt Trost, Sicherheit und Verständnis. Aber kann es auch zuviel Übereinstimmung geben? Durchaus.

Um zu wachsen, braucht jede Beziehung eine gewisse Unvereinbarkeit, etwas Konfliktstoff, der sie lebendig macht. Deshalb kann die Beziehung zu einem Chamäleon so frustrierend sein. Nach kurzer Zeit wirkt seine Freundlichkeit erdrückend, verdächtig hilfsbedürftig und hohl.

> „Es gibt kein langweiligeres Gespräch als das, bei dem alle einer Meinung sind."
> Michel de Montaigne

Der schottische Historiker Thomas Carlyle sagte einmal: „Ich spreche nicht gern mit Leuten, die mir immer nur zustimmen. Eine Zeitlang ist es ganz amüsant, mit einem Echo zu spielen, aber man wird der Sache schnell überdrüssig."

Wenn es Ihnen so geht wie den meisten Menschen, die mit einem Chamäleon zu tun haben, sehen Sie das wahrscheinlich genauso. Eine solche Beziehung kann Sie zunächst in Hochstimmung versetzen, wird Sie aber schon bald ermüden. Wenn Sie sie nicht in den Griff bekommen, wird diese Beziehung Sie unterbuttern.

Die Anatomie eines Chamäleons

Unter allen arbeitsintensiven Beziehungen, die in diesem Buch erörtert werden, ist die zu einem Chamäleon die trügerischste. Weshalb?

Weil es zunächst keine arbeitsintensive Beziehung zu sein scheint. Chamäleons streiten nicht, sondern schwimmen mit dem Strom. Man kommt gut mit ihnen aus. Aber unter ihrem äußerlichen Einverständnis verbirgt sich ein komplexes Gewebe verzerrter Wahrnehmungen und unersättlicher Sehnsüchte. Schließlich stellt sich heraus, daß Chamäleons eine Menge Aufmerksamkeit brauchen. Sie sind übergefällig, unzuverlässig, unselbständig, nachgiebig, unsicher, selbstanklagend, engstirnig und oberflächlich.

> *„Passe dich an und sei stumpfsinnig."*
> J. Frank Doble

Übergefällig

„Klar kann ich das machen." „Kein Problem, ich werde da sein." „Wetten, daß es mir gefallen wird?" Solche Kurzkommentare sprudeln einem Chamäleon ständig über die Lippen. Um nur ja niemanden zu enttäuschen – von der anonymen Kellnerin bis zum nahen Verwandten –, erklären Chamäleons sich mit allem einverstanden, was gerade angesagt ist. Wenn Sie keine Pizza mögen, wollen sie auch keine. Wenn Ihnen zu warm ist, schwitzen sie auch.

Unzuverlässig

In ihrem Eifer, es allen recht zu machen, enttäuschen Chamäleons andere oft. Sie machen unrealistische Versprechungen: „Bis morgen hast du den Bericht." Oder: „In einer knappen Stunde bin ich zu Hause." Sie meinen es ehrlich und in guter Absicht, aber oft ziehen sie das Versprochene einfach nicht durch. Irgendwann merkt man, daß sie unzuverlässig sind. Ihre Worte stimmen nicht mit ihren Taten überein.

Unselbständig

Weil Chamäleons unermüdlich darum ringen, anderen zu gefallen, können sie kaum eine eigene Entscheidung treffen. Statt dessen machen sie sich vom zwischenmenschlichen Klima abhängig. Wenn Sie ihnen die Entscheidung nicht abnehmen, werden sie Ihren Gesichtsausdruck studieren und zu ermitteln versuchen, was Ihrem Wunsch entsprechen würde. Wenn Chamäleons auf eigenen Füßen zu stehen versuchen, geraten sie ins Wanken.

Nachgiebig

„Nur ja niemandem auf den Schlips treten" lautet das Motto, nach dem Chamäleons leben. Sie sagen nach Möglichkeit nicht, was sie wirklich denken, um potentiellen Konflikten auszuweichen. Es ist, als säße ständig ein Zensor in ihrem Kopf, der alles umformuliert und anpaßt, was sie anderen mitteilen. Warum? Weil ein Chamäleon lieber sterben würde, als mit anderen zu streiten und sich damit „unbeliebt" zu machen.

Unsicher

Chamäleons nehmen alles persönlich. Wenn Sie einen anderen Anruf entgegennehmen, während Sie mit ihnen telefonieren, fühlen sie sich gekränkt und folgern, daß sie etwas gesagt haben müssen, das Sie verstimmt hat. Wenn Sie mit Verspätung zu einem verabredeten Mittagessen erscheinen, sind sie sicher, daß Sie ihretwegen verärgert sind. Wenn Sie ihren Hund nicht mögen, fühlen sie sich persönlich angegriffen. Wenn irgend etwas schiefgeht, gehen sie sofort da-

278

von aus, daß der Fehler bei ihnen liegt. Chamäleons leiden an hoffnungsloser Unsicherheit.

Selbstanklagend

Ein Chamäleon schleppt ständig einen ganzen Sack voller mehr oder weniger berechtigter Selbstanklagen mit sich herum. „Warum kann ich kein besserer Freund sein?" „Wenn ich nur nicht so ungeschickt wäre." „Ich hätte meine Enttäuschung nicht zeigen sollen."

Von zermürbenden Gewissensbissen getrieben, leben Chamäleons ständig unter dem Eindruck, den Anforderungen nicht gewachsen zu sein.

Engstirnig

„Das Essen war nicht schlecht, aber ich habe die Möhren nicht ganz gar gekocht", sagt ein Chamäleon nach einer hervorragenden Mahlzeit. Der kleine Mangel ist völlig unbedeutend, und niemand stört sich daran, aber Chamäleons lenken die Aufmerksamkeit auf ihre Schwächen. Sie haben es so an sich, einen einzigen negativen Kommentar herauszupicken und unverhältnismäßig aufzublähen. Ein kritisches Wort kann alle Anerkennung ausradieren, die sie im Laufe eines ganzen Monats erhalten haben.

Oberflächlich

Chamäleons plagen sich ständig mit der Frage herum: „Was werden die Leute denken?" Es ist eine Frage, die sie sich Tag für Tag immer wieder stellen. Sie dient ihnen als Antenne, um jedem Mißfallen auf die Spur zu kommen. „Was werden die Leute denken, wenn ich dies oder jenes anziehe? Werde ich ihnen gefallen?" Die Folge dieser fixen Idee ist eine Oberflächlichkeit, die sich mehr damit beschäftigt, wie sie aussehen, als damit, wer sie sind.

Kennen Sie ein Chamäleon?

Der folgende Test kann Ihnen helfen zu ermitteln, ob Sie sich in einer arbeitsintensiven Beziehung zu einem Chamäleon befinden. Identifizieren Sie die Person, die Ihnen beim Lesen der bisher genannten Merkmale in den Sinn kam. Kreuzen Sie „J" an, wenn eine Beschreibung auf diese Person zutrifft. Kreuzen Sie „N" an, wenn die Aussage sich nicht auf die betreffende Person beziehen läßt.

J   N   Diese Person ist mit fast allem einverstanden, was ich sage.

J   N   Manchmal habe ich das Gefühl, als hätten sich unsere Identitäten vermischt.

J   N   Das Leben dieser Person kreist ständig darum, anderen zu gefallen.

J   N   Diese Person sagt selten nein.

J   N   Oft zieht diese Person nicht durch, was sie versprochen hat.

J   N   Diese Person kann offenbar keine eigene Entscheidung treffen.

J   N   Konflikte vermeidet diese Person um jeden Preis.

J   N   Manchmal erscheint diese Person mir irgendwie hohl, völlig auf die Welt des Äußerlichen konzentriert.

J   N   Diese Person nimmt alles persönlich und ist schnell in ihren Gefühlen verletzt.

J N   Wenn irgend etwas schiefläuft, sucht diese Person sofort die Schuld bei sich.

J N   Diese Person fühlt sich von mir offenbar nicht akzeptiert, obwohl ich sie wirklich schätze.

J N   Auch wenn diese Person etwas Großartiges leistet, pickt sie irgendeinen winzigen, unbedeutenden Mangel heraus und hängt sich daran auf.

J N   Ich bekomme den Eindruck, daß diese Person so gut wie alles ändern würde, nur um es mir recht zu machen.

J N   Diese Person stimmt fast immer zu, wenn ich irgend etwas sage.

J N   Diese Person sehnt sich stark nach Anerkennung und Bestätigung durch andere.

Auswertung: Addieren Sie alle Aussagen, die Sie mit Ja beantwortet haben. Wenn es zehn oder mehr sind, befinden Sie sich mit Sicherheit in einer belastenden Beziehung zu einem Chamäleon.

Ein Chamäleon verstehen

Der Journalist Henry Bayard Swope, der mit dem Pulitzerpreis ausgezeichnet wurde, bemerkte einmal: „Ich kann Ihnen keine Formel für den Erfolg nennen, aber ich kann Ihnen die Formel für den Mißerfolg geben: Versuchen Sie, es allen recht zu machen."

Genau das tut ein Chamäleon. Das Bedürfnis, anderen zu gefallen, prägt die Identität solcher Menschen. Sie stylen sich mit dem Ziel, anderen zu gefallen, sie reden mit dem

Ziel, anderen zu gefallen, und sie verhalten sich immer so, wie sie denken, daß es anderen gefallen würde. Sie lächeln bei jeder Gelegenheit. Schon der Hauch einer Möglichkeit, sie könnten jemanden brüskiert oder die Gefühle anderer verletzt haben, versetzt sie in Angst und Schrecken. Mit ihrer Bereitwilligkeit und ewigen Zustimmung sind sie äußerst geschickt darin, Anerkennung zu gewinnen.

So wie die Wüste nach Regen lechzt, so lechzt ein Chamäleon nach Anerkennung. „Lechzen" ist vielleicht ein drastischer Begriff, aber nur ein so ausdrucksstarkes Wort beschreibt annähernd, welche Macht das Bedürfnis nach Anerkennung über solche Menschen hat. Sie leben in schrecklicher Angst vor der Ablehnung.

Für Chamäleons geht es letztlich immer darum, zuvorkommend zu sein. Sie machen bereitwillig Abstriche bei ihren eigenen Interessen, um auf die Wünsche anderer Rücksicht zu nehmen. Offenbar haben sie es sich zur Gewohnheit gemacht, anderen den besseren Platz im Kino anzubieten, völlig Fremden die Tür aufzuhalten, das letzte Stück Schokolade einem Freund zu geben. „Schlichte Höflichkeit" mögen wir das nennen, aber das ist eigentlich nicht mehr so normal. Höfliche Zuvorkommenheit ist eine großartige Umgangsform, die sich heute leider allmählich rar macht, und ein Chamäleon bietet zumindest dem ungeübten Auge ein erfrischendes Beispiel, wie man sie praktizieren kann.

„Ich habe nie in meinem Leben irgend etwas von einem Menschen gelernt, der mit mir einer Meinung war."
Dudley Field Malone

Das Problem dabei ist nur, daß Chamäleons das erstens zu weit treiben und zweitens aus den falschen Motiven heraus tun. Weil sie süchtig nach Anerkennung sind, greifen sie zu einer Überdosis Zuvorkommenheit. Die Folge ist, daß sie eine fehlgeleitete oder falsche Form des Entgegenkommens an den Tag legen, bei dem sie ihr Eigeninteresse eigentlich nie beiseite legen. In Wirklichkeit sind sie anderen Menschen gegenüber nicht aus gutem Willen so nett, sondern nur aus der Angst heraus, nicht akzeptiert zu werden.

Chamäleons verbringen einen großen Teil ihrer Zeit mit der Sorge darüber, ob die Leute sie mögen, mit ihnen einverstanden sind, sie verstehen, sich um sie kümmern, sie respektieren und sie bewundern. Sie sind wie besessen von der zwanghaften Vorstellung, es allen recht machen zu müssen.

Die Konsequenz ist, daß Chamäleons jedem nach der Pfeife tanzen. Sie haben ein nachgiebiges Wesen und versuchen verzweifelt, andere stets zufriedenzustellen. Als Kinder bestand ihr vorrangiges Ziel nicht etwa darin, Mannschaftskapitän oder Klassensprecher zu werden, sondern ihre Eltern glücklich zu machen.

> *„Es ist besser, für das gehaßt zu werden, was man ist, als für das, was man nicht ist."*
> André Gide

Um zu verstehen, was in einem Chamäleon vorgeht, müssen wir erkennen, daß das Äußere für solche Menschen entscheidend ist. Auf andere Dinge kommt es nur wenig an. Chamäleons sind hervorragende Schauspieler und wechseln die Rolle von einem Augenblick zum anderen, wenn sie glauben, damit Ihren Wünschen entgegenzukommen. Wenn sie heiter und fröhlich sind, während Ihnen eher nach einem ernsten Gespräch zumute ist, werden sie ebenfalls ernst werden (und umgekehrt). Was Sie auch wollen: ein Chamäleon wird sich immer nach Kräften bemühen, es Ihnen zu geben. Es wird sogar versuchen, Ihre Gedanken zu lesen, um Ihren Wünschen auf die Spur zu kommen. Diese Art von Anpassung zieht das hohle Gefühl einer oberflächlichen Beziehung nach sich, die eher auf dem Tun als auf dem Sein aufgebaut ist.

Das Minderwertigkeitsgefühl eines Chamäleons sitzt tief, weil sein Selbstbild auf Leistung beruht. Für einen solchen Menschen ist das, was Sie über ihn denken – oder besser: das, was Sie seiner Vermutung nach über ihn denken –, gleichbedeutend damit, wer er ist.

Mit Chamäleons klarkommen

Mit einem Chamäleon in einer Beziehung zu stehen ist so, als würde man das Gaspedal durchtreten, aber das Getriebe im Leerlauf lassen und den anderen Fuß auf der Bremse halten: Es kostet Sie sämtliche Energie und bringt Sie kaum weiter. Falls Sie jedoch im Begriff stehen, den zermürbenden Kontakt zu einem Chamäleon aufzugeben, sollten Sie davon absehen. Es gibt eine Reihe bewährter Strategien, wie sich solche Beziehungen verbessern und in die richtige Richtung bringen lassen.

Stellen Sie sich dem Chamäleon in Ihnen selbst

Vielleicht sind Sie ein lebensbejahender Mensch. Vielleicht haben Sie keine Mühe, Ihre wahren Gefühle und Empfindungen auszusprechen. Aber seien Sie ehrlich: Gab es da nicht Augenblicke, in denen Sie Ihre eigenen Wünsche begraben und mit einem Lächeln getan haben, was der andere wollte? Haben Sie nicht auch schon Situationen erlebt, in denen Sie so viel Wert auf die Anerkennung eines anderen Menschen legten, daß Sie sich übergefällig und nachgiebig verhalten haben?

„Petrus aber saß draußen im Hof. Da trat eine Magd zu ihm und sagte: Auch du warst mit diesem Jesus aus Galiläa zusammen. Doch er leugnete es vor allen Leuten und sagte: Ich weiß nicht, wovon du redest."
(Matthäus 26,69–70)

Zugegeben, dieses Verhalten ist vielleicht nicht gerade charakteristisch für Sie, aber wenn Sie sich erinnern können, wie man sich fühlt, wenn man ängstlich auf Bestätigung bedacht ist, werden Sie zumindest ein bißchen Verständnis für Chamäleons aufbringen. Wenn Ihnen sonst nichts einfällt, dann denken Sie an Ihr schlimmstes Vorstellungsgespräch – damals, als Sie die Stelle unbedingt haben wollten und sich über Ihre Aussichten keine allzu großen Hoffnungen machten. Genau so fühlen Chamäleons sich tagein, tagaus in fast jedem zwischenmenschlichen Kontakt: immer auf dem Prüfstand, immer unter dem Druck, um jeden Preis gefallen zu müssen. Schrecklich, nicht wahr?

Zeigen Sie persönliches Interesse

Chamäleons werden offener und aufrichtiger, wenn sie sich verstanden fühlen. Was wissen Sie eigentlich über die Chamäleons in Ihrem Leben? Sind Sie ehrlich interessiert zu erfahren, wer sie sind und was sie tun?

Ich habe einmal in einer Klinik gearbeitet, in der eine Bürogehilfin sich als Chamäleon erwies. Im Umgang mit den Klienten verhielt sie sich ausgesprochen freundlich und tadellos. Aber sie ließ manche Arbeiten unerledigt. Mir fiel allerdings auf, daß sie alle Aufgaben erledigte, die ihr vom Direktor übertragen wurden. Ich brauchte eine Weile, aber als ich mich am Verhalten des Klinikdirektors orientierte, begann ich zu begreifen, was Cindy zur Arbeit motivierte. Er gab Cindy nicht einfach Anweisungen, um dann sofort wieder seinen Aufgaben nachzugehen. Er erkundigte sich, wieviel sie zu tun habe, und fragte nach anstehenden Projekten. Wenn er etwas brauchte, fragte er, ob sie einen bestimmten Termin einhalten könne. Darüber hinaus fragte er, wie ihr Wochenende gewesen sei, und zeigte ein aufrichtiges Interesse an ihrem Wohlergehen. Und Cindy reagierte dankbar auf sein persönliches Interesse und begann, die Aufgaben zügig zu erledigen, die er ihr übertrug.

> *„Anpassungsfähigkeit ist nicht dasselbe wie Nachahmung. Sie bedeutet Widerstandskraft und Assimilation."*
> Mahatma Gandhi

Wenn Sie beruflich mit Chamäleons zu tun haben, dann erkundigen Sie sich nach ihrer Familie. Finden Sie heraus, was sie für ihren bevorstehenden Urlaub planen. Aber vergewissern Sie sich, daß Ihr Interesse ehrlich ist. Ein Chamäleon hat zumeist ein außerordentlich gutes Gespür für Unaufrichtigkeit.

Stärken Sie das Selbstbewußtsein des Chamäleons durch Bestätigung

Chamäleons leiden unter etwas, was Experten als „Kommunikationsangst" bezeichnen. Aus Angst, etwas gesellschaftlich Inakzeptables zu sagen oder zu tun, spielen sie immer anderen den Ball zu. Zum Beispiel überlassen sie immer Ihnen die Wahl des Restaurants, um auf keinen Fall Ihre Gunst zu verspielen („Was ist, wenn ihnen das Restaurant nicht gefällt, das ich ausgesucht habe?").

Dieser Mangel an Eigeninitiative beruht auf einem geringen Selbstwertgefühl. Sie können das Selbstbewußtsein solcher Menschen stärken, indem Sie ihre Entscheidungen bestätigen, auch wenn es dabei um noch so geringfügige und scheinbar unbedeutende Dinge geht. Behalten Sie im Gedächtnis, daß Chamäleons wissen müssen, daß Sie sie akzeptieren. Je mehr sie das spüren, desto eher werden sie es wagen, größere Risiken einzugehen und sich zu öffnen. Wenn Sie möchten, daß ein Chamäleon offener zu Ihnen ist, dann bestätigen Sie jeden kleinen Schritt, denn der Betreffende in diese Richtung unternimmt. Wenn er sich einmal traut, seine Meinung auszusprechen, dann sagen Sie, daß Sie das schätzen. Solche Menschen leiden zwar an Ängsten, blühen aber auf, wenn sie Bestätigung erfahren.

Vermeiden Sie alles, was Schuldgefühle wecken könnte

In seiner Predigt „The Weight of Glory" (Das Gewicht der Herrlichkeit) warnt C. S. Lewis vor den Gefahren übertriebener Selbstlosigkeit: „Selbstlosigkeit birgt die Gefahr, daß es uns nicht in erster Linie darum geht, anderen Gutes zukommen zu lassen, sondern selbst auf etwas zu verzichten, so als ob unsere Abstinenz und nicht ihr Glück das Entscheidende wäre."

Ein Chamäleon muß lernen, daß ein guter Freund oder netter Kollege sich nicht in erster Linie durch Verzicht auszeichnet. Selbstverleugnung kann gelegentlich als Mittel dienen, um den Bedürfnissen eines anderen zu begegnen, aber sie darf nie zum Selbstzweck werden. Wir können uns sogar verbrennen lassen, wie die Bibel sagt, ohne daß das ein Zeichen von wahrer Liebe ist (siehe 1. Korinther 13,3). Bewahren Sie das Chamäleon davor, in diese Falle zu tappen, indem Sie alles vermeiden, was Schuldgefühle auslösen könnte. Vergessen Sie nicht, daß solche Menschen ohnehin von Gewissensbissen geplagt werden.

Klären Sie, welche Verpflichtungen einzuhalten sind

Sie können sich und Chamäleons viel Kummer ersparen, wenn Sie bei Verpflichtungen, die sie eingehen wollen, nachhaken. Wenn ein Chamäleon zum Beispiel verspricht, innerhalb von fünfzehn Minuten zu Hause zu sein, Sie das aber aufgrund des Verkehrs für unmöglich halten, dann haken Sie nach: „Meinst du nicht, daß eine halbe Stunde um diese Tageszeit realistischer ist?"

> „Es bereitet mir wirklich großes Vergnügen zu sehen, wie die Sturheit eines unverbesserlichen Nonkonformisten wohlwollend gefeiert wird."
> Albert Einstein

Das gibt dem Betreffenden die Gelegenheit, sich den Tatsachen zu stellen, statt nur auf Ihre Gefühle zu achten. Es läßt ihm die Möglichkeit, etwas zu erwidern wie: „Du hast wahrscheinlich recht. Es wird wohl eher eine halbe Stunde dauern."

Eine einfache Klärung öffnet dem Chamäleon einen Spaltbreit die Tür zu größerer Wahrheitstreue. Es mag Ihnen dumm vorkommen, derart geringfügige Dinge klären zu müssen, aber denken Sie daran, wieviel Wert Chamäleons auf Frieden legen. Harmonie ist ihnen so wichtig, daß sie immer leugnen oder übersehen werden, daß irgend etwas falsch sein könnte. Friede und Übereinstimmung sind ihnen wichtiger als Wahrheit. Tun Sie sich also den Gefallen, und helfen Sie dem Chamäleon, Verpflichtungen realistisch einzuschätzen und einzuhalten.

Bitten Sie um eine ehrliche Meinungsäußerung

„Sagen Sie, was Sie sagen müssen, und nicht, was Sie sagen sollten", empfahl Henry David Thoreau.

Dieser Rat ist für Chamäleons schwer zu verdauen. Sie wollen ja gar nicht unaufrichtig sein; sie wollen nur niemanden verletzen. Aus diesem Grund brauchen solche Menschen einen kleinen Schubser. Oft genügt schon die direkte Bitte um eine ehrliche Meinungsäußerung: „Ich möchte wirklich wissen, was Sie denken. Ich schätze Ihren ehrlichen Kommentar." Eine Einladung, ehrlich zu sein und ehrlich seine Meinung zu sagen, ist eine Sache, die ein Chamäleon braucht, um offener zu werden. Bringen Sie deshalb klar zum Ausdruck, daß der Betreffende auf keinen Fall Ihr Mißfallen wecken wird, wenn er Ihnen die Meinung sagt oder sogar Kritik äußert. Statt zu fragen: „Hat Ihnen an unserem Vorschlag heute morgen irgend etwas nicht gefallen?" sagen Sie: „Ich freue mich, daß der Vorschlag Ihnen gefällt, aber es gibt doch bestimmt auch noch Schwachstellen. Welche Aspekte, würden Sie sagen, ließen sich verbessern?"

Vielleicht müssen Sie Ihr Gegenüber noch weiter ermuntern. Aber je öfter Sie solche Menschen einladen, ehrlich zu sein, desto aufrichtiger werden sie werden.

Seien Sie auf einen Kollaps gefaßt

Mahatma Gandhi sagte: „Ein aus tiefster Überzeugung geäußertes Nein ist besser und beachtlicher als ein Ja, nur um zu gefallen oder, noch schlimmer, um Probleme aus dem Weg zu gehen."

Chamäleons neigen leider eher dazu, ein Ja zu murmeln, um keine Ablehnung zu riskieren. Selten sagen sie: „Es hat mich verletzt, daß Sie . . ." oder: „Ich glaube, wir haben da ein Problem miteinander, das wir lösen müssen."

Ein Chamäleon geht einen Konflikt nie direkt an. Früher oder später sieht der Betreffende sich jedoch in die Enge getrieben. An diesem Punkt wird er dann gewöhnlich nachgeben („Es liegt an mir; ich bin schuld!"), manchmal aber auch explodieren.

Es ist wie in der Geschichte von dem kleinen Texaner, der unter einem Kaktus ein Chamäleon entdeckte und es als Haustier mit nach Hause brachte. Er hatte riesigen Spaß, wenn er es auf rotes, grünes oder blaues Papier setzte und zusehen konnte, wie es die Farbe wechselte. Eines Tages kam ihm dann eine gemeine Idee. Er setzte das Chamäleon auf ein Stück Stoff im Schottenkaro, und es geriet völlig in Verzweiflung bei dem Versuch, alle Farben auf einmal zu produzieren.

Den überarbeiteten und erschöpften Chamäleons in Ihrem Leben kann es genauso ergehen. Seien Sie darauf vorbereitet.

Querverweis

Weitere für den Umgang mit Chamäleons relevante Informationen finden Sie auch in den Kapiteln über die Plaudertasche, den Märtyrer und den Verräter.

Aus jeder Beziehung das Beste machen

Um arbeitsintensive Beziehungen zu verändern, genügt es nicht zu wissen, wann man Grenzen ziehen oder Dinge ansprechen muß. Im Umgang mit „unmöglichen" Leuten reicht es nicht, nur etwas zu *tun*. Die wichtigste Voraussetzung ist, eine andere Person zu *sein*.

Der Schriftsteller James A. Michener hat in der literarischen Welt seine Spuren hinterlassen mit grandiosen Werken wie „Hawaii", „Verheißene Erde", „Texas" und „Mazurka", um nur wenige zu nennen. In allen diesen Büchern vollzieht Michener die Geschichte eines Landes oder Landstriches anhand der Entwicklung einer oder mehrerer Familien über mehrere Jahrhunderte hinweg nach. Micheners Stil bezieht seine Kraft und Schönheit aus der lebensnahen Charakterisierung seiner Personen mit ihrer umfassenden Genealogie und ihren tiefen kulturellen Wurzeln. Und dabei ist Michener ironischerweise ein Mann ohne Geburtsurkunde. Als Kind ausgesetzt und als Pflegesohn in einer Familie aufgewachsen, in der eine Witwe für die Kinder sorgte, lernte James seine biologischen Eltern nie kennen.

Trotz seines freundlichen Wesens zog Michener mit seinen außergewöhnlichen Leistungen den Zorn eines Mitglieds seiner Adoptivfamilie auf sich. Dieser Mensch warf ihm vor, den guten Namen Michener – den zu gebrauchen er „kein Recht" habe – zu beschmutzen. „Immer noch mißbrauchst du einen Namen, der dir nicht gehört. Immer noch ein Betrüger. Immer noch versuchst du, etwas Besseres zu sein, als du bist."

Michener verwandelte das negative Potential dieser Anschuldigung in eine echte Herausforderung. „Er hatte mit allen Anschuldigungen recht", bekannte Michener. „Ich habe mein ganzes Leben damit verbracht, etwas Besseres sein zu wollen, und fühle mich all denen verbunden, die dasselbe Anliegen haben."[1]

Wenn wir sogar aus unseren schwierigen Beziehungen das Beste machen wollen, dann liegt es daran, daß wir versuchen, besser zu sein, als wir sind – und das ist gut so, denn es bedeutet, daß wir danach trachten, die Art von Menschen zu sein, zu denen Gott uns berufen hat.

Jesus stellt zu diesem Thema in seiner Bergpredigt eine eindringliche Frage: „Wenn ihr nämlich nur die liebt, die euch lieben, welchen Lohn könnt ihr dafür erwarten? . . . Und wenn ihr nur eure Brüder grüßt, was tut ihr damit Besonderes? Tun das nicht auch die Heiden? Ihr sollt also vollkommen sein, wie es auch euer himmlischer Vater ist" (Matthäus 5,46–48).

> *„Wir finden kaum vernünftige Menschen außer denen, die mit uns einer Meinung sind."*
> François de La Rochefoucauld

Besser sein zu wollen, als wir sind, setzt die Entscheidung voraus, daß wir in unserer Geduld, in unserem Mitgefühl, in unserer Ehrlichkeit, in unserer Bereitschaft, Liebe zu praktizieren, und in unserer Fähigkeit zur Vergebung Jesus immer ähnlicher werden wollen.

Ich fordere Sie heraus, besser sein zu wollen, als Sie sind, Jesus ähnlicher zu werden, indem Sie ihm erlauben, vier Tugenden in Ihnen zu entwickeln: Demut, Entschlossenheit, Annahme und Hoffnung.

Demut

Wenn man mit arbeitsintensiven Beziehungen zu tun hat, ist die Versuchung groß, stolz darauf zu sein, wie viel besser oder schlauer wir doch sind. Dabei ist das natürlich eine Lüge. Stolz läßt per definitionem keinen Raum für Demut. Und ohne Demut besteht keine Hoffnung auf Veränderung in uns selbst oder in unseren Beziehungen. Letztlich, sagt uns die Bibel, gibt es keine Hoffnung auf Erlösung ohne Demut (siehe Matthäus 18,3–4).

Ich weiß nicht, wie es Ihnen geht, aber mir hilft es oft, daran zu denken, daß ich genauso eine schwierige Person bin wie die arbeitsintensiven Mitmenschen, die mir das Leben schwermachen. Auch ich kann ein Kontrolletti sein. Auch ich kann anderen die kalte Schulter zeigen. Es fällt nicht leicht, sich das einzugestehen, aber ich weiß, daß mein Eingeständnis der erste Schritt auf dem Weg zur Demut ist.

> *„Gebt, dann wird auch euch gegeben werden. In reichem, vollem, gehäuftem, überfließendem Maß wird man euch beschenken; denn nach dem Maß, mit dem ihr meßt und zuteilt, wird auch euch zugeteilt werden."*
> (Lukas 6,38)

Wenn ich mir bewußt mache, daß ich anderen Menschen und besonders Gott zu schaffen mache, und wenn ich erkenne, daß sie mir Gnade erweisen, indem sie mich trotzdem lieben und die Beziehung zu mir nicht aufgeben, dann kann ich dieselbe Gnade für die unmöglichen Menschen in meinem Leben aufbringen.

Demut bereitet den Weg für weitere Tugenden. Wie William Gurnall einmal sagte: „Demut ist der Schleier, hinter dem sich alle anderen Tugenden verbergen." Tatsächlich „schenkt Gott den Demütigen Gnade" (siehe Jakobus 4,6; 1. Petrus 5,5; Matthäus 23,12).

Entschlossenheit

Im Juni 1955, kurz vor seinem Tod, wurde Winston Churchill gebeten, eine Eröffnungsrede in einer britischen Universität zu halten. Eine endlos scheinende Zeit stand er mit gesenktem Kopf da, die Hände an das Podium geklammert. Dann hob er schließlich seinen großen Kopf. „Gib nie auf. Gib nie auf. Gib nie auf." Damit wandte Churchill sich um und kehrte an seinen Platz zurück. Zuerst saßen die Zuhörer in sprachloser Verwunderung da. Doch dann erhoben sich alle wie ein Mann und applaudierten seinen Worten.

Im gesamten Verlauf seiner politischen Karriere hatte Churchill Rückschläge erlebt. Dreimal wurde er abgesetzt, und doch brachte er irgendwie die Entschlossenheit auf, weiterzumachen und darauf zu vertrauen, daß aus schwierigen Umständen etwas Gutes hervorgehen werde.

Churchills Entschlossenheit und Ausdauer können all denen unter uns ein Vorbild sein, die aus jeder Beziehung das Beste herausholen wollen. Weshalb? Wenn wir mit einer schwierigen Person konfrontiert sind, sind die meisten von uns versucht, irgendwann aufzugeben und in sichere Entfernung zu fliehen. Aber das ist fatal. Jede Beziehung braucht Entschlossenheit, besonders in Zeiten der Frustration und des Konflikts.

Die Bibel zitiert viele Beispiele von Menschen, die aufgaben und wegliefen, wenn sie sich mit Konflikten konfrontiert sahen. Als Christus im Garten von Gethsemane mit Todesängsten rang, konnten seine Jünger nicht wach bleiben. In derselben Nacht kam Judas „mit einer großen Schar von Männern, die mit Schwertern und Knüppeln bewaffnet waren" (Matthäus 26,47). Es kam zu einer Konfrontation, doch zum Schluß „verließen ihn alle Jünger und flohen" (Matthäus 26,56).

Auch Adam und Eva, Mose, David, Elia und Petrus versuchten, Konflikten auszuweichen (siehe 1. Mose 3,8; 2. Mose 2,15; 1. Samuel 21,10; 1. Könige 19,3; Markus 14,68).

> *„Wir können nicht denken, fühlen, wollen oder handeln, ohne ein Ziel vor Augen zu haben."*
> Alfred Adler

Seien wir ehrlich – es gibt Situationen, die sind einfach zum Weglaufen! Wenn wir jedoch besser werden wollen, als wir es sind, müssen wir dieser Versuchung widerstehen. Es ist nämlich tatsächlich so, daß viele arbeitsintensive Beziehungen sich zum großen Teil einfach deshalb verbessern, weil eine Person fest entschlossen ist, auf eine Verbesserung hinzuarbeiten.

Annahme

Bei meinen eigenen Bemühungen, im Umgang mit schwierigen Menschen besser zu werden, als ich es bin, merke ich, daß Annahme für mich die größte Hürde darstellt. Ich bekenne, daß es mir viel leichter fällt, problematische Personen in eine Schachtel zu stecken, als über ihre Schwächen hinauszuschauen und sie als die Menschen zu akzeptieren, die sie sind. Ich will, daß sie sich ändern, und es fällt mir schwer, diesen Wunsch aufzugeben.

Kürzlich las ich „The Whisper Test" (Der Flüstertest) von Mary Ann Bird. Diese Geschichte inspiriert mich immer wieder, andere anzunehmen:

„Ich wuchs in dem Wissen auf, daß ich anders war, und ich haßte es. Ich wurde mit einer Hasenscharte geboren, und als ich in die Schule kam, machten meine Klassenkameraden mir klar, wie ich auf andere wirkte: ein kleines Mädchen mit einer mißgestalteten Lippe und einer entstellten Sprache. Ich war überzeugt, daß niemand außer meiner eigenen Familie mich lieben konnte.

„Wenn du dich über die Unverschämtheit eines Menschen entrüstest, frage dich sogleich: ‚Kann die Welt ohne unverschämte Menschen existieren?' Sie kann es nicht; also verlange nichts Unmögliches."
Mark Aurel

Im zweiten Schuljahr gab es jedoch eine Lehrerin, die wir alle liebten: Die kleine, rundliche und fröhliche Dame hieß Mrs. Leonard – eine sprühende Person. Einmal im Jahr machten wir einen Hörtest, und schließlich war ich an der Reihe. Ich wußte aus vergangenen Jahren, daß die Lehrerin dabei an ihrem Pult saß und irgend etwas flüsterte, während wir an der Tür standen und uns ein Ohr zuhielten – Sätze wie: ‚Der Himmel ist blau.' oder: ‚Hast du neue Schuhe?', die wir dann wiederholen mußten.

Da stand ich dann und wartete auf die Worte, die Gott ihr in den Mund gelegt haben muß, jene sieben Worte, die mein Leben veränderten. Mrs. Leonard flüsterte: ‚Ich wünschte, du wärst meine kleine Tochter.' "

Das ist die Annahme, mit der ich den Menschen in meiner Umgebung begegnen möchte, und zwar einschließlich der unmöglichen Leute. Es gelingt mir natürlich nicht im-

294

mer, aber selbst wenn ich es nur versuche, stellt sich ein Gefühl von Frieden ein.

Ich habe zum Beispiel einen Freund, der sich ständig verspätet, und früher war ich dann immer sehr verärgert. Doch statt ihn ändern zu wollen, praktiziere ich inzwischen Annahme, indem ich ein Buch mitnehme, wenn wir uns verabredet haben. Wenn ich ihm ein Manuskript zu lesen gebe, stelle ich mich auf einen Monat Wartezeit ein. Ihn und mit ihm sein störendes Verhalten zu akzeptieren verringert meine Frustration und nimmt den Druck aus der Beziehung.

> *„Jeder achte nicht nur auf das eigene Wohl, sondern auch auf das der anderen."*
> (Philipper 2,4)

Zum Glück erfahren wir selbst täglich von Gott dieselbe geduldige Akzeptanz. Trotz all unserer Schwächen bietet Gott uns eine Annahme an, die wir uns nie verdienen könnten. Und wenn wir seine Annahme empfangen haben, sind wir besser in der Lage, anderen mit derselben Einstellung zu begegnen.

Beten Sie also das bekannte Gebet um Gelassenheit von Niebuhr in leicht modifizierter Form: „Gott, gib mir die Gnade, die unmöglichen Leute, die ich nicht verändern kann, mit Gelassenheit anzunehmen."

Hoffnung

Wenn Sie sich demütig Ihre eigene anstrengende Persönlichkeit eingestanden haben, wenn Sie entschlossen sind, an Ihren Beziehungen zu arbeiten, und wenn Sie andere schwierige Menschen angenommen haben, sind die Voraussetzungen für Hoffnung geschaffen. Hoffnung erweist sich als mächtige Kraft in der Heilung und Weiterentwicklung jeder schwierigen Beziehung. Wenn die Lage sich verfinstert, verbreitet Hoffnung neues Licht.

Auf einer Londonreise besuchte ich das Britische Museum, wo ich ein ungewöhnliches Gemälde mit dem

Titel „Hoffnung" entdeckte. Im Vordergrund saß eine schöne Frau an einer Harfe. Fast alle Saiten baumelten schlaff von der Harfe herunter oder lagen unbrauchbar auf dem Schoß der Frau. Nur eine einzige Saite war straff geblieben.

Mein Reisebegleiter meinte: „Ich frage mich, warum das Bild den Titel ‚Hoffnung' trägt."

Die Antwort schien mir klar. Hoffnung ist das Lied eines zerbrochenen Instruments. Es ist das Zupfen dieser einen Saite in dem Wissen, daß Musik immer noch möglich ist. Ich denke, auch Augustinus hätte den Titel dieses Gemäldes verstanden. Er definierte Hoffnung als „zwei schöne Töchter. Ihre Namen lauten Zorn und Mut; Zorn darüber, wie die Dinge sind, und Mut zu sehen, daß sie nicht so bleiben müssen, wie sie sind". Augustinus muß wohl in seinem Leben einigen arbeitsintensiven Menschen begegnet sein.

> „Güte besteht nicht in den äußeren Dingen, die wir tun, sondern in den inneren Dingen, die wir sind."
> Edwin Hubbel Chapin

Hoffnung ist das, was uns die Kraft gibt, unsere Reserven an Entschlossenheit anzuzapfen und die verbindliche Entscheidung zu treffen, eine unmögliche Person anzunehmen.

Ohne Hoffnung werden arbeitsintensive Beziehungen zur Hölle auf Erden. Dante sagt uns, über dem Eingang der Hölle stehe ein Schild mit der Aufschrift: „Wer hier eintritt, gebe die Hoffnung auf."

Werfen Sie nicht die Hoffnung darauf über Bord, sich selbst und Ihre Beziehungen zu verbessern! Reden Sie sich nicht selbst ein, daß eine unmögliche Person immer unmöglich bleiben wird. Halten Sie die Hoffnung wach.

Lassen Sie sich durch eine arbeitsintensive Beziehung nicht in der Entwicklung eines Jesus ähnlichen Lebensstils behindern. Machen Sie aus jeder Beziehung das Beste, indem Sie Demut, Entschlossenheit, Annahme und Hoffnung praktizieren.

Ein abschließender Gedanke

Ein altes Märchen erzählt von einem Mädchen, das einen Schmetterling befreite, der sich an einem Dorn verfangen hatte. Der Schmetterling verwandelte sich in eine bezaubernde Fee. „Für deine Freundlichkeit", sagte die Fee zu dem jungen Mädchen, „erfülle ich dir deinen größten Wunsch."

Das Mädchen dachte einen Augenblick nach und erwiderte dann: „Ich möchte glücklich sein." Die Fee beugte sich zu ihr herüber und flüsterte ihr etwas ins Ohr, bevor sie plötzlich verschwand.

Als das Mädchen heranwuchs, gab es im ganzen Land niemanden, der glücklicher war als sie. Wann immer jemand sie nach dem Geheimnis ihres Glücks fragte, lächelte sie nur und sagte: „Ich habe auf eine gute Fee gehört."

Als sie alt geworden war, befürchteten die Nachbarn, sie könnte das Geheimnis ihres Glücks mit ins Grab nehmen. „Erzähl uns, was die Fee gesagt hat", drängten sie sie.

Die alte Dame lächelte: „Sie sagte, daß jeder Mensch mich braucht, egal, wie er nach außen hin erscheinen mag!"

Dieses Geheimnis könnte vielleicht der Schlüssel sein, um Ihnen zu helfen, aus Ihren arbeitsintensiven Beziehungen das Beste zu machen. Ob Sie mit übertrieben gefälligen Freunden, einem kontrollsüchtigen Ehepartner, neidischen Angestellten, kritischen Kollegen, explosiven Verwandten, unsensiblen Chefs oder anderen unmöglichen Leuten zu tun haben – wie unangenehm sie auch sein mögen –, vergessen Sie nicht: diese Menschen brauchen Sie.

Über den Verfasser

Dr. Les Parrott III. ist Professor für Psychologie und leitet mit seiner Frau Leslie das „Center for Relationship Development" (Zentrum für Beziehungsentwicklung) an der Seattle Pacific University. Als Dozent für klinische Psychologie lehrt er an der medizinischen Fakultät der University of Washington und ist ordinierter Pastor der „Kirche des Nazareners".

Am Fuller Theological Seminary absolvierte Dr. Parrott ein Magister-Studium in Theologie und promovierte über klinische Psychologie. Les und Leslie Parrott leben in Seattle im amerikanischen Bundesstaat Washington.

Anmerkungen

Stecken Sie in Beziehungen, die Ihre ganze Kraft kosten?

[1] M. Sinetar, Do What You Love and the Money Will Follow, New York 1987

[2] G. Myers, The Pursuit of Happiness, New York 1992

[3] Alle vierundzwanzig Beziehungen der Umfrage wurden von mindestens einer Person als besonders schwierig eingestuft.

Der Kritiker

[1] William Glasser, Control Theory: A New Explanation of How We Control Our Lives, New York 1984, S. 159

[2] E. Stanley Jones, The Way, New York 1978

[3] Deborah Tannen, Du kannst mich einfach nicht verstehen, Goldmann 1993

Der Märtyrer

[1] Carla Perez, Getting Off the Merry-Go-Round, Greenwich 1994

[2] Lesley Hazleton, The Right to Feel Bad, New York 1984

[3] M. Scott Peck, The Road Less Traveled, New York 1978

Der Miesmacher

[1] John P. Kildahl, Beyond Negative Thinking, New York 1992

[2] Jennifer Crocker und Ian Schwarts, Personality and Social Psychology Bulletin 11, Heft 4, 1986

[3] Brian Murphy und Howard Poilio, „I'll Laugh If You Will", in: Psychology Today, Dezember 1973, S. 106–110

Die Dampfwalze

[1] M. E. Jaeger u.a., „Gossip, Gossipers and Gossepees", in: Good Gossip, hrsg. v. R. S. Goodman und A. Ben-Zéeur, Lawrence o.J., S. 154–168

[2] Donna Eder, „The Structure of Gossip: Opportunities and Constraints on Collective Expressions Among Adolescents", in: American Sociological Review 56, 1991, S. 494–508

[3] Jack Levine, „Gossip: Media Small Talk", in: Journal of Communication 27, 1977, S. 169–173

Der Kontrolletti

[1] Judith Rodin, „Health and Aging", ein Vortrag vor der Society of Behavioral Medicine in Boston, 1988

[2] Meyer Friedman und Ray H. Rosenmann, Type A Behavior and Your Heart, New York 1974

DER VERRÄTER
[1] Pat Springle, Trusting: Learning Who and How to Trust Again, Ann Arbor 1994
[2] David Augsburger, Caring Enough to Confront, Scottsdale 1980

DIE KALTE SCHULTER
[1] David Stoop and Stephen Arterburn, The Angry Man, Waco 1991
[2] L. R. Huesmann, „Stability of Aggression over Time and Generations", in: Developmental Psychology 20, 1984, S. 1120–1134

DER SCHWAMM
[1] Jonathan D. Brown und Tracie A. Mankowski, „Self-Esteem, Mood, and Self-Evaluation: Changes in Mood and the Way You See You", in: Journal of Personality & Social Psychology 64, 1993, S. 421
[2] Carmen Renee Berry, When Helping You Is Hurting Me, San Francisco 1989
[3] Erma Bombeck, I Want to Grow Hair, I Want to Grow Up, I Want to Go to Boise, New York 1989, S. 56–57

DER WETTKÄMPFER
[1] Janet Spence, „Achievement Motivation and Scientific Attainment", in: Personality and Social Psychology Bulletin 4, 1978, S. 222–226
[2] Alfie Kohn, No Contest, Boston 1992

DAS ARBEITSTIER
[1] David Burns, Feeling Good: The New Mood Therapy, New York 1980
[2] Gordon MacDonald, Ordering Your Private World, Nashville 1995
[3] Daniel Levinson, Seasons of a Man's Life, New York 1986

DIE FLIRTNUDEL
[1] Richard Lacayo, „Tales from the Elevator", in: Time, 17. April 1995, S. 51

Aus jeder Beziehung das Beste machen
[1] James Michener, The World Is My Home: A Memoir, New York 1991, S. 484–486